Maxime Wegesin

Let's Code Lua!

Dein Einstieg in die Spieleprogrammierung

Rheinwerk
Computing

Liebe Leserin, lieber Leser,

herzlich willkommen in der faszinierenden Welt der Spieleprogrammierung mit Lua! Dieses Buch führt dich Schritt für Schritt an die Entwicklung eigener Games heran – ganz ohne Vorkenntnisse. Denn Lua ist eine einfache und effiziente Programmiersprache. Sie eignet sich besonders gut für Einsteiger. Du lernst die Grundlagen des Programmierens und setzt direkt eigene Spielideen um.

In diesem Buch erwartet dich eine spannende Reise: Du begleitest einen kleinen Magier durch verschiedene Abenteuer. Dabei programmierst du unterhaltsame Spiele wie »Feuer, Wasser, Eis«. Alle Beispiele sind kurz und übersichtlich. So behältst du leicht den Überblick. Zunächst startest du mit einfachen Textspielen. Später lernst du, wie du mit Löve2D auch grafische Oberflächen gestaltest. Am Ende des Buches bist du fit für dein erstes größeres Projekt: die »Cave of Doom«. Entdecke, wie einfach und motivierend Programmieren sein kann!

Noch ein Hinweis in eigener Sache: Wenn du Fragen zum Buch hast, einen Fehler gefunden hast oder einfach mal ein dickes Lob aussprechen willst, dann schreib mir. Ich freue mich auf dein Feedback.

Viel Spaß beim Lesen und Programmieren!

Dein Erik Lipperts
Lektorat Rheinwerk Computing

erik.lipperts@rheinwerk-verlag.de
www.rheinwerk-verlag.de
Rheinwerk Verlag · Rheinwerkallee 4 · 53227 Bonn

Auf einen Blick

TEIL I Reisevorbereitungen

1 Eine (sehr) kurze Geschichte der Programmierung 21
2 Richte deine Entwicklungsumgebung ein 25
3 Hacker's Delight: das Terminal 31

TEIL II Reise nach Lua

4 Daten, Daten, Daten 39
5 Der Computer lernt zuhören 55
6 Kleine Helfer für den Programmierer 63
7 Entscheidungen treffen 73
8 Rechnen mit Wahrheit 85
9 Ich wiederhole mich sehr gern 97
10 Neue Helfer rekrutieren 111
11 Daten am laufenden Band 127
12 Ein Held ist keine Zahl 145
13 Codemonster in Stücke schneiden 173
14 Herzlichen Glückwunsch! 201

TEIL III Aufbruch in eine neue Welt

15 What is Löve? 205
16 Bewegung auf Tastendruck 217
17 Cave of Doom wird bunt 227
18 Es ist so still im Dungeon … 261
19 Zum Abschluss 277

Wir hoffen, dass Sie Freude an diesem Buch haben und sich Ihre Erwartungen erfüllen. Ihre Anregungen und Kommentare sind uns jederzeit willkommen. Bitte bewerten Sie doch das Buch auf unserer Website unter **www.rheinwerk-verlag.de/feedback**.

An diesem Buch haben viele mitgewirkt, insbesondere:

Lektorat Erik Lipperts
Korrektorat Sibylle Feldmann, Düsseldorf
Herstellung Stefanie Häb
Typografie und Layout Vera Brauner, Denis Schaal
Einbandgestaltung Lisa Kirsch
Satz III-Satz, Kiel, gesetzt aus der TheAntiquaB (9,35/13,7 pt) in FrameMaker
Druck und Bindung mediaprint solutions, Paderborn

PEFC
PEFC/04-31-0810

Dieses Buch wurde mit mineralölfreien Farben auf chlorfrei gebleichtem und PEFC®-zertifiziertem Offsetpapier (90 g/m²) gedruckt.

Der Umwelt zuliebe wurde auf die Einschweißfolie verzichtet.

Hergestellt in Deutschland.

Bibliografische Information der Deutschen Nationalbibliothek:
Die Deutsche Nationalbibliothek verzeichnet diese Publikation in der Deutschen Nationalbibliografie; detaillierte bibliografische Daten sind im Internet über *http://dnb.dnb.de* abrufbar.

ISBN 978-3-367-10416-1

1. Auflage 2025

Informationen zu unserem Verlag und Kontaktmöglichkeiten finden Sie auf unserer Verlagswebsite **www.rheinwerk-verlag.de**. Dort können Sie sich auch umfassend über unser aktuelles Programm informieren und unsere Bücher und E-Books bestellen.

Für meine Frau Eva, die mich beim Schreiben dieses Buches bedingungslos unterstützt hat, und für Antje Frenz, die dem kleinen Magier den Mut gegeben hat, wieder loszulaufen.

Inhalt

Vorwort 15

TEIL I Reisevorbereitungen

1 Eine (sehr) kurze Geschichte der Programmierung 21

2 Richte deine Entwicklungsumgebung ein 25

Der Lua-Interpreter 25

Notepad für Coder 29

3 Hacker's Delight: das Terminal 31

Ordner und dir 31

Ordner wechsel dich! 33

Ein Ordner für unseren Code 33

Dein erstes Programm 34

Herzlichen Glückwunsch! 35

TEIL II Reise nach Lua

4 Daten, Daten, Daten 39

Wie sehen Lua-Programme aus? 39

Kommentare 40

Variablen und Ausdrücke 41

Variablennamen 43

Mehrfachdeklaration und -zuweisung 44

Zahlen 45

Ganze Zahlen 45

Kommazahlen 46

Die wissenschaftliche Notation 46

Rechnen mit Zahlen 47

Strings 48

Konkatenation von Strings 49

Der Längenoperator 49

Ein Datentyp für ... nichts 51

Zusammenfassung 51

Game: Marvin und der Mond 52

Das Game 53

Listing 53

5 Der Computer lernt zuhören 55

Eingabe erwartet 55

Mehr Kontrolle über die Ausgabe 56

Escape-Sequenzen 56

Lua hilft gern 58

Fehlermeldungen 59

Zusammenfassung 60

Game: Der Abschied 61

Das Game 61

Listing 62

6 Kleine Helfer für den Programmierer 63

Wie rufe ich eine Funktion auf? 63

Ein kleiner Spaziergang durch die Bibliothek 65
GROSS und klein 65
Ein String und seine Teile 65
Wer suchet, der findet 66
Die echte Länge eines Strings 66
Spiel mit dem Zufall 67
Nutze die Macht des Terminals 69
Und Schluss 69

Zusammen stark 69

Zusammenfassung 70

Game: Marvin auf Reisen 71
Das Game 71
Listing 72

7 Entscheidungen treffen 73

Wenn ja, dann Schwert 73

Ansonsten was? 75

Viele Bedingungen 75

Codeblöcke und die Lebensdauer von Variablen 77
Blöcke in Blöcken in Blöcken 77
Shadowing 78
Globale Variablen 79

Zur Formatierung 80

Zusammenfassung 80

Game: Ein Höhlenabenteuer 81
Das Game 81
Listing 82

8 Rechnen mit Wahrheit 85

Wann erhältst du einen Boolean? 85

Und, oder, nicht? 87

Kompliziertere Bedingungen ... 88

Sind auch andere Ausdrücke als Bedingungen erlaubt? ... 89

Zusammenfassung ... 90

Game: Feuer, Wasser, Eis ... 91

Das Game ... 92

Listing ... 92

9 Ich wiederhole mich sehr gern 97

while und repeat ... 97

Endlosschleifen und break ... 99

Die for-Schleife ... 100

Zusammenfassung ... 102

Game: Markt der Magier ... 103

Das Game ... 103

Listing ... 104

10 Neue Helfer rekrutieren 111

Eigene Funktionen definieren ... 112

Call by Value ... 114

Funktionen und ihre Variablen ... 115

Eine Funktion für Zufallsnamen ... 116

Zahlen, Strings, Booleans ... und Funktionen? ... 117

Zusammenfassung ... 118

Game: Die Zauberschule ... 119

Das Game ... 120

Listing ... 120

11 Daten am laufenden Band 127

Arrays und Indizes ... 127
Arrays wachsen und schrumpfen lassen ... 128
Das Array und die for-Schleife ... 130
Zauberhafter Umgang mit Arrays ... 131
Joris, lebst du noch? ... 131
Gleicher Inhalt, andere Verpackung? ... 132
Zufälliges Element aus einem Array zurückgeben ... 133
Mehrdimensionale Arrays ... 134
Zusammenfassung ... 137
Game: Der Keller ... 138
Das Game ... 139
Listing ... 139

12 Ein Held ist keine Zahl 145

Vom Array zur Table ... 145
Der Schlüssel zum Verständnis ... 146
Tables erweitern ... 147
Arrays sind auch nur Tables ... 148
Eine Table, zwei Variablen ... 149
for-Schleife revisited ... 150
Objektorientierte Programmierung ... 151
Ein Objekt für Ork-Krieger ... 152
Ork-Krieger haben ihre Methoden ... 153
Eine Fabrik für Charaktere ... 156
Meister aller Klassen ... 157
Charakter ist nicht gleich Charakter! ... 159
Zusammenfassung ... 162

Game: Die Rückkehr 163
Das Game 164
Listing 165

13 Codemonster in Stücke schneiden 173

Unser erstes eigenes Modul 173
Module und die Hauptdatei 175
Variablen und Konstanten in Modulen 176
Module, Module, Module 178
Zusammenfassung 179
Game: Cave of Doom 180
Das Game 180
Listing 182
Testen des statusBar-Moduls (main.lua) 186
Testen des characterFactory-Moduls (main.lua) 189

14 Herzlichen Glückwunsch! 201

Epilog 202

TEIL III Aufbruch in eine neue Welt

15 What is Löve? 205

Was ist ein Framework, und wozu brauchen wir es? 205
Installation 206
Ein kleiner Überblick über Löve 208
Module 209
Koordinaten 210
Callbacks 211
Die Hauptschleife 212

Ein kleines Beispiel-Game ... 213
Zusammenfassung ... 215

16 Bewegung auf Tastendruck 217

Einrichten des Projekts ... 217
Wir laden das Spiel in Löve ... 218
Bei jedem Tastendruck eine neue Runde ... 219
Eine Löve-Anwendung beenden ... 222
Eine Hauptschleife, viele Zustände ... 222
Zusammenfassung ... 225

17 Cave of Doom wird bunt 227

Hübsche Kacheln für die Höhle ... 227
Die Vorbereitung ... 228
Das Tileset ... 230
Grafiken laden und ausgeben ... 231
Quads zur Hilfe! ... 232
Neue Daten für das Level ... 235
Aber wie sieht das Level denn nun aus? ... 236
Charaktere und Animation ... 239
Spritesheets und Sprites ... 239
Die Charakter-Objekte lernen, sich zu malen ... 240
Animationen ... 245
Textausgabe ... 249
Ein Rechteck für den Rahmen, bitte! ... 250
Fonts und Text ... 254
Der Vollbildmodus ... 259
Zusammenfassung ... 259

18 Es ist so still im Dungeon ... 261

Sounds laden und abspielen ... 261

Spiel denselben Song noch mal! ... 265

Auch Sounds können Schlange stehen ... 267

Wie aus einem Array eine Queue wird ... 268

Eine Queue für Soundnachrichten ... 269

Zusammenfassung ... 276

19 Zum Abschluss 277

Anhang 279

A Wie geht es von hier weiter? ... 279

2D-Games ... 279

CC:Tweaked ... 280

Roblox ... 281

B Der komplette Code für Cave of Doom ... 285

util.lua ... 285

characterFactory.lua ... 286

gameArea.lua ... 291

statusBar.lua ... 298

main.lua ... 303

C Die Lua-Standardbibliothek ... 307

Grundfunktionen ... 307

Das string-Modul ... 308

Das utf8-Modul ... 309

Das table-Modul ... 310

Das math-Modul ... 311

Das io-Modul ... 312

Das os-Modul ... 312

Index ... 313

Vorwort

Du möchtest lernen, wie man eigene Spielwelten zum Leben erweckt? Du möchtest verstehen, wie der Code hinter Games und anderen Anwendungen aussieht? Dann bist du in diesem Buch genau richtig. Hier lernst du die Grundlagen der Programmiersprache Lua und entwickelst dich Game für Game vom totalen Anfänger zum Spieleprogrammierer. Was genau dich in diesem Buch erwartet, erfährst du hier.

Du hast dich entschieden, programmieren zu lernen! Mit diesem Buch liegst du genau richtig. Egal ob du vielleicht schon Vorkenntnisse hast oder komplett bei null anfängst: Alles, was du brauchst, ist ein wenig Neugier und die Fähigkeit, eine Computertastatur zu bedienen. Vielleicht ist es noch hilfreich, die Grundrechenarten zu beherrschen. Viel mehr Vorwissen wirst du nicht brauchen. Alles andere lernst du mit diesem Buch. Am Ende wirst du in der Lage sein, eigene Spiele zu programmieren und selbst kreativ zu werden.

Willkommen!

Es ist nicht unbedingt einfach, eine Programmiersprache zu lernen, und es fällt nicht jedem Menschen leicht. Man braucht ein gewisses Gespür für logische Zusammenhänge und eine Lust am Knobeln. Das liegt nicht jedem. Aber wenn du dieses Buch in Händen hältst, bin ich sicher, dass du genau der- oder diejenige bist, die Freude daran haben wird, programmieren zu lernen.

Programmieren lernen lohnt sich! Es schult dein logisches Denken. Es kann sein, dass du durch dieses Buch auf einmal bessere Noten in Mathe kriegst. Außerdem wirst du endlich in der Lage sein, nicht nur Spiele zu spielen, die andere gemacht haben, sondern auch eigene Ideen umzusetzen!

Die Programmiersprache, die du in diesem Buch lernen wirst, heißt *Lua*. Es gibt eine Menge Programmiersprachen, und für jede davon gibt es gute Gründe, sie zu lernen. Das klingt vielleicht erst mal frustrierend. Die gute Nachricht ist aber: Es ist relativ egal, mit welcher Sprache du anfängst, weil sich die meisten Programmiersprachen ähneln. Das heißt, solltest du später mal eine andere Sprache lernen wollen, wird das Wissen, das du in diesem Buch erwirbst, dir auch dabei helfen.

Lua ist aber der perfekte Einstieg! Besonders wenn du dich für Spieleentwicklung interessierst. Lua ist eine feste Größe in der Spieleindustrie. Viele kommerzielle Spiele wurden in reinem Lua entwickelt, z. B. *Kingdom Rush* und *Balatro*. Und eine Menge namhafter Videospiele sind zum Teil in Lua programmiert. Dazu gehören beispielsweise die Spiele der Serie *Far Cry*, aber auch *World of Warcraft* und *Dota 2*. Außerdem werden Inhalte für *Roblox* in einer Lua-Variante namens *Luau* geschrieben. Dabei ist Luau aber fast identisch mit Lua, die Entwickler von Roblox haben die Sprache nur um ein paar eigene Features erweitert. Und mit *ComputerCraft* (bzw. *CC:Tweaked*) gibt es eine Minecraft-Erweiterung, die es dir erlaubt, Lua-Code in Minecraft einzusetzen, um sogenannte Turtles durch die Minecraft-Welt zu bewegen und für dich arbeiten zu lassen.

Lua ist eine *High-Level*-Sprache. Was das genau heißt, erkläre ich in Kapitel 1, »Eine (sehr) kurze Geschichte der Programmierung«. Grob heißt es aber: Lua ist etwas langsamer als *Low-Level*-Sprachen, wie z. B. C++, dafür aber einfacher zu programmieren. Du kannst dich ganz auf die Logik deines Spiels konzentrieren und musst dir nicht ständig Gedanken darüber machen, wie viel Speicher du brauchst und wie du ihn beschaffst. Mach dir aber keine Sorgen: Für eine High-Level-Sprache ist Lua verdammt schnell!

Über dieses Buch

Dieses Buch ist in drei Teile gegliedert. Im ersten Teil bekommst du eine grobe Einführung in die Welt der Programmiersprachen, und wir werden deine *Entwicklungsumgebung* einrichten, das heißt, wir werden die Programme installieren, die du brauchst, um mit der Lua-Programmierung anzufangen. Außerdem bekommst du eine kurze Einführung ins Terminal. Das ist unerlässlich für Coder und Hacker!

Im zweiten Teil kommen wir zum Kern dieses Buchs. Du lernst die Programmiersprache Lua kennen. Kapitel für Kapitel erweiterst du deine Möglichkeiten. Grafik und Sound wird es in diesem Teil noch nicht geben, wir bleiben erst mal im Terminal, damit du dich auf das Wesentliche konzentrieren kannst: Programmieren lernen. Am Ende jedes Kapitels wird es ein etwas längeres Codebeispiel geben. Wir werden die Grenzen dessen erkunden, was im Terminal alles möglich ist: eine Wirtschaftssimulation, ein Idle-Game, ein 2D-Puzzle-Game, und zum Schluss programmieren wir mit *Cave of Doom* ein Spiel, in dem du deinen Weg durch eine Höhle finden und dabei eine Horde Dämonen bekämpfen musst. Du wirst dich wundern, was selbst mit den Beschränkungen des Terminals alles möglich ist. Dabei wird uns Marvin begleiten, ein Junge, der einem inneren Ruf folgt, dabei viele gewöhnliche und ungewöhnliche Begegnungen macht, feststellt, dass in ihm unerwartete übernatürliche Kräfte schlummern, und der sich zuletzt dem Abenteuer seines Lebens stellen muss.

Im Terminal wollen wir aber nicht stehen bleiben. Im dritten Teil des Buchs machen wir den Sprung in die 2D-Spieleentwicklung. Du lernst das Spiele-Framework *Löve* kennen, in dem auch die schon erwähnten Spiele *Kingdom Rush* und *Balatro* sowie viele andere kommerzielle Games entwickelt wurden.[1] Wir werden *Cave of Doom* zu einem »richtigen« Spiel mit Ton, Grafik und Animationen machen. Dabei wirst du sehen, dass der Sprung gar nicht so groß ist. Die Logik bleibt gleich. Nur die Methoden für Input und Output ändern sich. Am Ende des Buchs solltest du in der Lage sein, auch jedes der anderen Spiele in eine grafische Variante zu übertragen, falls du das möchtest. Vor allem aber wirst du in der Lage sein, deine eigenen Ideen umzusetzen!

Es ist nicht wichtig, dass du jedes der vorgestellten Games im Detail verstehst und nachvollziehst. Code zu lesen, ist oft schwieriger, als eigenen Code zu schreiben. Lass dich also nicht verunsichern, wenn du nicht alles auf Anhieb verstehst. Mit ein wenig Geduld wirst du immer geübter. Viel wichtiger ist es, dass die hier vorgestellten Games dich auf eigene Ideen bringen! Eigene Projekte umzusetzen, ist der beste Weg, um programmieren zu lernen.

Zwar kann es durchaus hilfreich sein Code abzutippen, um ihn besser zu verstehen, aber keine Sorge: Du findest den Quellcode zu allen Games auch unter *www.rheinwerk-verlag.de/5979* zum Download.

So, und jetzt beginnen wir unsere Reise nach Lua.

1 Auf *https://steamdb.info/tech/Engine/Love2D/* findest du eine Liste aller auf Steam verfügbaren Spiele, die mit Lua und dem Löve-Framework entwickelt wurden.

TEIL I

Reisevorbereitungen

Kapitel 1

Eine (sehr) kurze Geschichte der Programmierung

Seit es Computer gibt, gibt es auch Möglichkeiten, ihnen mitzuteilen, was sie machen sollen. Diese Anweisungen nennt man Programm. In der Anfangszeit musste man selbst für die einfachsten Programme einen riesigen Aufwand betreiben. Zum Glück können wir heute mit weniger Aufwand mehr erreichen. Wie aktuell Computer programmiert werden und warum wir froh sein können, dass wir die Bits und Bytes nicht einzeln eingeben müssen, erfährst du in diesem Kapitel.

Vielleicht hast du schon mal gehört, dass Computer nur Einsen und Nullen verstehen. Das ist richtig. Diese kleinste Dateneinheit im Computer heißt Bit. Ein Bit kann entweder `1` oder `0` sein. Wenn du acht solcher Bits hintereinanderschreibst, erhältst du ein Byte, z. B. `10010110`. Hat man 1.000 Bytes zusammen, spricht man von einem Kilobyte, 1.000 Kilobyte sind ein Megabyte usw.

Alles, was auf deinem Computer gespeichert ist, besteht aus Bits bzw. Bytes. Egal ob es Bilder, Texte oder Videos sind. Insbesondere bestehen auch Computerprogramme aus Bytes: Verschiedene Bytes stehen für verschiedene Befehle. Der *Prozessor* des Computers ist dafür verantwortlich, die Befehle umzusetzen. Es gibt unterschiedliche Prozessoren, die unterschiedliche Befehle verstehen. Auf einem x86-Prozessor gibt es beispielsweise den Befehl `00000100`, der besagt, dass zwei Zahlen addiert werden sollen.

Wenn man die Befehle kennt, die der Prozessor versteht, könnte man theoretisch Computer programmieren, indem man jedes Bit eines Programms einzeln eingibt. Ein Programm in diesem *Binärcode*, der »Muttersprache« des Computers, könnte dann so aussehen:

```
...
01010101 01001000 10001001 11100101 01001000 10000011
11101100 00010000 10001001 01111101 11111100 01001000
10001001 01110101 11110000 01001000 10001101 00111101
00010101 00000000 00000000 00000000 10110000 00000000
11101000 00001000 00000000 00000000 00000000 00110001
```

```
11000000 01001000 10000011 11000100 00010000 01011101
11000011 11111111 00100101 01110101 00000000 00000000
00000000 01001000 01100101 01101100 01101100 01101111
00100000 01010111 01101111 01110010 01101100 01100100
...
```

Listing 1.1 »Hallo Welt!« in Binärcode

Das Beispiel oben ist ein Auszug aus einem Programm, das »Hallo Welt!« auf dem Bildschirm ausgibt.

Weil das für Menschen schwer zu schreiben und zu lesen ist, wurden die *Assemblersprachen* entwickelt. Diese erlauben dir, statt des Maschinencodes leichter merkbare Kürzel zu verwenden. Wenn ich beispielsweise zwei Zahlen addieren möchte, muss ich dann nicht mehr `00000100` schreiben, sondern kann stattdessen `add` schreiben. Diese Befehle werden dann vom sogenannten *Compiler* in Binärcode übersetzt. Der Compiler macht hier aber nicht viel mehr, als in einer Art Tabelle nachzuschauen und die Kürzel in Binärcode zu übersetzen.

So kann das »Hallo Welt!«-Programm dann in Assemblersprache aussehen:

```
section .data
  hello_world db 'Hallo Welt!', 0x0a
  hello_world_len equ $ - hello_world
section .text
  align 4
  sys:
    int 0x80
    ret
  global _start
  _start:
    push hello_world_len
    push hello_world
    push 1
    mov eax, 4
    call sys
    push 0
    mov eax, 1
    call sys
```

Listing 1.2 »Hallo Welt!« in Assemblersprache

Die Assemblersprache hat aber immer noch viele Nachteile: Die Programme sind weiterhin sehr schwer zu schreiben und zu verstehen. Außerdem funktionieren Programme nur für den Prozessor und das Betriebssystem, für den und das sie entwickelt wurden. Denn, wie schon erwähnt, jeder Prozessor kennt etwas unterschiedliche Befehle.

Um das Problem zu lösen, wurden höhere Sprachen entwickelt, die mithilfe von komplexeren Compilern in die jeweils passende Maschinensprache übersetzt werden konnten. Ein bekanntes Beispiel ist die Programmiersprache *C*:

```
#include <stdio.h>

int main(int argc, char** argv)
{
    printf("Hallo Welt!\n");
}
```

Listing 1.3 »Hallo Welt!« in C

Dieses Programm kann nun auf allen Computern laufen, für die es einen C-Compiler gibt, d. h. ein Programm, das den C-Code in Maschinensprache (also Binärcode) übersetzen kann. Es muss dann für jede Maschine, auf der es laufen soll, neu *kompiliert* (d. h. in Maschinensprache übersetzt) werden. Das Endergebnis ist also ein Programm in Maschinensprache, das heißt unter Windows eine *.exe*-Datei.

Auch hier haben wir noch den Nachteil, dass das Programm dann nicht auf jedem Rechner läuft. Kompilierst du dein Programm auf einem Windows-Rechner, läuft es nur auf Windows-Rechnern, kompilierst du es unter macOS oder Linux, dann läuft es nur dort. Außerdem musst du dir in diesen sogenannten Low-Level-Sprachen noch ziemlich viele Gedanken um technische Details machen. In Low-Level-Sprachen wie C oder C++ komplexe Anwendungen zu programmieren, ist ziemlich aufwendig.

Die nächste Generation (zu der auch *Lua* gehört) sind die *interpretierten Sprachen*. Diese Sprachen werden gar nicht erst in Maschinensprache übersetzt. Stattdessen werden sie *interpretiert*. Das bedeutet, dass ein Programm, der sogenannte *Interpreter*, den Code liest und gleichzeitig ausführt. Theoretisch sind interpretierte Programme etwas langsamer als Programme in Maschinencode, praktisch ist die Leistungsfähigkeit moderner Rechner aber heute so groß, dass dieser Unterschied kaum noch ins Gewicht fällt. Fast alle Internet-Anwendungen (also auch Browser-Games und Anwendungen wie Microsoft 365 und Gmail) sind in interpretierten Sprachen geschrieben.

In Lua sieht das »Hallo Welt!«-Programm dann so aus:

```
print("Hallo Welt!")
```

Listing 1.4 »Hallo Welt!« in Lua

Dieses Programm lässt sich auf jedem Rechner ausführen, auf dem der Lua-Interpreter installiert ist.

Wie das funktioniert, erfährst du im nächsten Kapitel.

Kapitel 2

Richte deine Entwicklungsumgebung ein

Du lernst die wichtigsten Werkzeuge eines Lua-Entwicklers kennen: den Lua-Interpreter sowie einen Texteditor, der den Ansprüchen eines Programmierers genügt.

Bevor es losgeht mit dem eigentlichen Programmieren, musst du dir deine *Entwicklungsumgebung* einrichten. In diesem Fall heißt das, dass wir den Lua-Interpreter herunterladen und einrichten müssen. Außerdem brauchst du einen *Codeeditor*. Im Grunde kannst du jeden Texteditor nehmen, um Code zu bearbeiten, ich empfehle dir aber den Editor *Notepad++*, wenn du unter Windows arbeitest, und werde dir am Ende des Kapitels Hinweise dazu geben, wie du ihn installierst.

Könnte ich meinen Code auch in Word bearbeiten?

Textverarbeitungsprogramme wie Word eignen sich leider nicht, um Code zu bearbeiten. Eine Word-Datei enthält neben dem eigentlichen Text nämlich noch zahlreiche weitere Informationen, etwa über Schriftarten, Schriftgrößen, Bilder usw. Dadurch wird sie für den Lua-Interpreter unbrauchbar.

Um Code zu schreiben, brauchst du einen reinen Texteditor, wie beispielsweise Notepad unter Windows. Allerdings werden lange Codedateien in Notepad schnell unübersichtlich, weswegen es sinnvoll ist, einen spezialisierten Codeeditor wie Notepad++ zu verwenden.

Der Lua-Interpreter

Den Lua-Interpreter kannst du unter *https://luabinaries.sourceforge.net/download.html* herunterladen. Dort findest du mehrere Lua-Versionen zum Download.

Dort klickst du auf den Link, der mit »Windows x64 Executables« beschriftet ist.

Nachdem die Dateien heruntergeladen sind, erstellst du einen Ordner für den Lua-Interpreter. Dafür habe ich unter *Programme* einen neuen Ordner mit dem Namen *Lua* erstellt. Der komplette Pfad lautet *C:\Programme\Lua* (bzw. je nach Windows Version *C:\Program Files\Lua*). Du kannst den Ordner aber auch woanders ablegen, wenn es dir lieber ist.

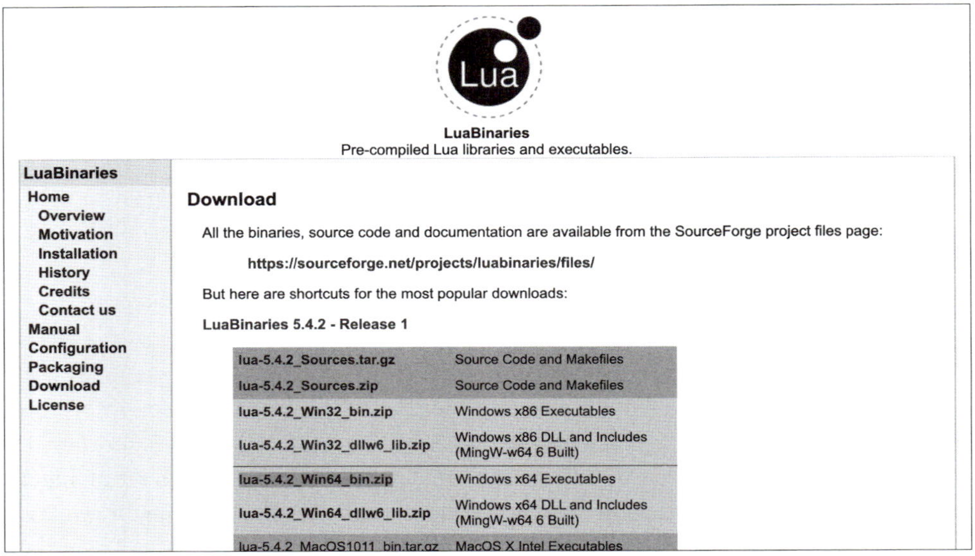

Abbildung 2.1 Hier kannst du dir die richtige Lua-Version herunterladen: »https://luabinaries.sourceforge.net/download.html«.

Anschließend entpackst du die Zip-Datei und kopierst alle darin enthaltenden Dateien in den Lua-Ordner. Eine dieser Dateien ist der Lua-Interpreter (in diesem Fall *lua54.exe*). Es ist sinnvoll, diese Datei in *lua.exe* umzubenennen, das macht es später leichter, den Interpreter aus dem Terminal heraus aufzurufen. Jetzt sollte das Ganze etwa so aussehen:

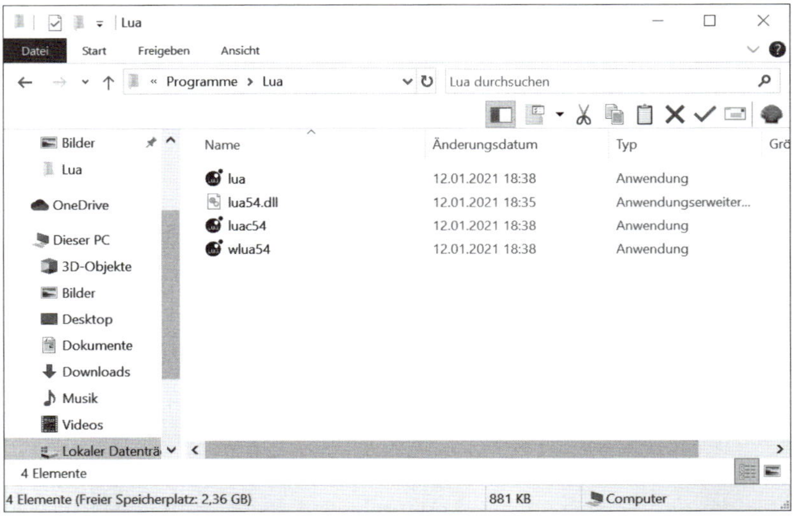

Abbildung 2.2 Der Ordner mit dem Lua-Interpreter

Damit der Lua-Interpreter im Terminal immer verfügbar ist, müssen wir ihn zur Path-Umgebungsvariablen hinzufügen. Das macht es uns später viel leichter, unsere Lua-Programme auszuführen.

Dazu öffnest du die Systemsteuerung und suchst nach SYSTEMUMGEBUNGSVARIABLEN BEARBEITEN.

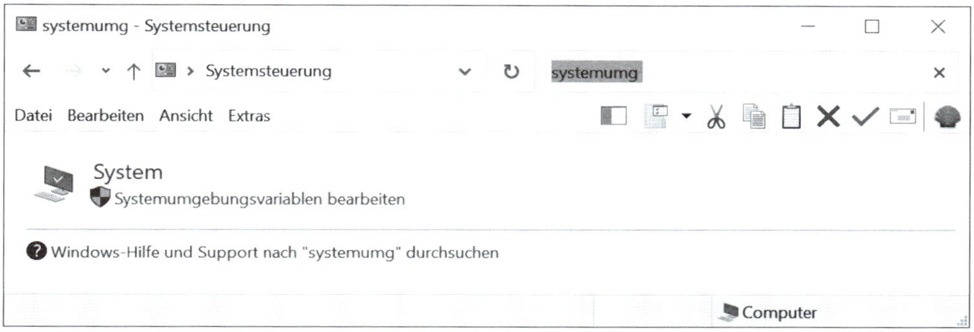

Abbildung 2.3 Systemumgebungsvariablen bearbeiten in der Systemsteuerung

Dort klickst du unten auf den Button UMGEBUNGSVARIABLEN. In dem Fenster, das sich dann öffnet, wählst du oben bei den Benutzervariablen die Variable PATH und klickst auf BEARBEITEN.

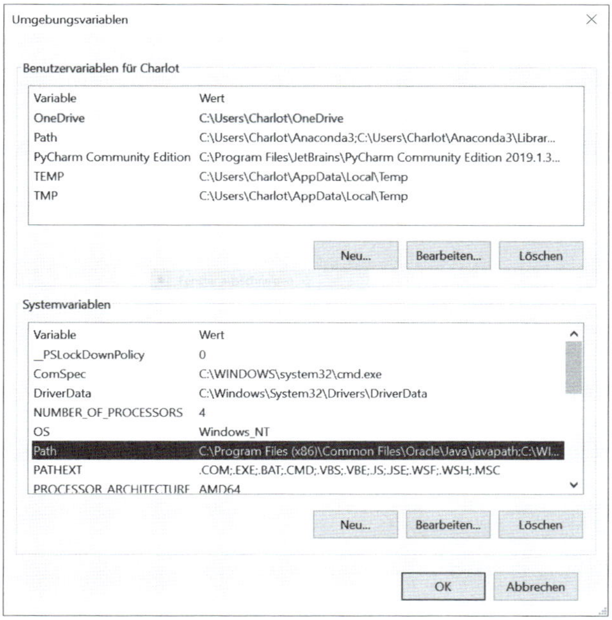

Abbildung 2.4 Wir wollen die Path-Variable bearbeiten.

Dort wollen wir jetzt unseren Lua-Ordner hinzufügen. Klicke auf DURCHSUCHEN und wähle den Ordner aus, in den du Lua installiert hast. Zum Schluss sollte dieser Ordner in der Liste erscheinen:

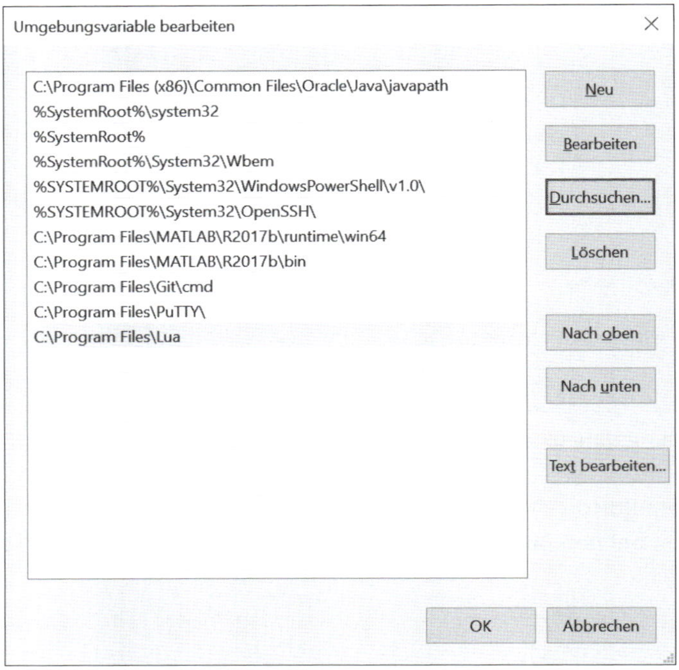

Abbildung 2.5 Hinzufügen des Lua-Ordners zur Path-Variablen

Um auszuprobieren, ob alles geklappt hat, öffnest du jetzt die Eingabeaufforderung und gibst dort `lua` ein. Der Lua-Interpreter sollte dir nun die installierte Version anzeigen und auf deine Eingabe warten.

Drücke zweimal [Strg] + [C], um den Lua-Interpreter wieder zu beenden.

Installation auf macOS oder Linux

Solltest du macOS verwenden, empfehle ich dir, zunächst Homebrew zu installieren. Installationsanweisungen findest du auf *https://brew.sh/*. Wenn Homebrew auf deinem System installiert ist, öffnest du das Terminal, tippst dort `brew install lua` ein und drückst zum Abschluss auf [↵]. Homebrew installiert Lua dann automatisch auf deinem System.

Unter Linux kannst du Lua einfach über den Paketmanager installieren.

Notepad für Coder

Auch wenn du das unter Windows vorinstallierte Notepad benutzen kannst, um deinen Code zu schreiben, empfehle ich dir, einen richtigen Codeeditor zu verwenden. Ein Codeeditor hilft dir, deinen Code ordentlich zu halten, und bietet in der Regel auch sogenanntes *Syntax-Highlighting*. Das bedeutet, dass dein Code zur besseren Lesbarkeit bunt eingefärbt wird, sodass du die verschiedenen Codebausteine auf einen Blick unterscheiden kannst.

Unter Windows empfehle ich dir die Installation von Notepad++, einem freien Codeeditor, der unkompliziert ist und trotzdem tolle Features bietet. Den Download findest du unter *https://notepad-plus-plus.org/downloads/*.

Falls dir Notepad++ nicht gefällt ...

... oder du ein anderes Betriebssystem als Windows verwendest, gibt es noch viele weitere Codeeditoren, die du verwenden kannst. Hier zwei Empfehlungen, die auch unter macOS und Linux verfügbar sind:

- *Geany* ist ein Codeeditor, der vom Funktionsumfang vergleichbar ist mit Notepad++. Für Anfänger sehr zu empfehlen, weil alle wichtigen Features enthalten sind und der Editor trotzdem nicht überladen ist.
- Eine andere kostenfreie Alternative ist *Visual Studio Code* von Microsoft. Der Editor ist ein richtiges Profitool und bietet deutlich mehr Möglichkeiten als die beiden anderen Editoren. Allerdings kann der Funktionsumfang für Anfänger etwas erschlagend wirken. Solltest du also gerade erst mit dem Programmieren beginnen, kann ich dir diesen Editor daher nicht empfehlen.

Kapitel 3

Hacker's Delight: das Terminal

Du dringst tiefer in die Matrix ein und lernst, wie man das Terminal benutzt. Außerdem schreibst du dein erstes Programm.

Am Anfang war das *Terminal*. Hättest du in den späten 1970er- oder den frühen 1980er-Jahren einen Computer gehabt, dann hättest du vergeblich nach einer Maus gesucht. Wenn du den Rechner angemacht hättest, wäre auf dem Bildschirm einfach ein blinkender Cursor erschienen, der auf deine Eingabe wartete. Das änderte sich erst Mitte der 1980er, als Apple die Macintosh-Computer und Microsoft das Windows-Betriebssystem auf den Markt brachte. Seitdem ist es für uns selbstverständlich, dass Programme in Fenstern laufen und dass wir mit der Maus oder dem Touchpad einen kleinen Zeiger über den Bildschirm bewegen können.

Trotzdem spielt das Terminal (auch *Kommandozeile* oder unter Windows *Eingabeaufforderung* genannt) in der Welt der Programmierung bis heute eine wichtige Rolle. Nicht umsonst siehst du zum Beispiel in Filmen aus der *Matrix*-Reihe, wie Hacker vor dunklen Monitoren mit hell leuchtenden Textzeilen sitzen! Aber wer den Code versteht, der sieht eben mehr als nur ein paar Zeilen Text. Für Profis ist das Terminal unverzichtbar, um die volle Kontrolle über ihren Computer zu haben. Außerdem ist das Terminal die perfekte Umgebung, um programmieren zu lernen.

Es lohnt sich also, sich mit dem Terminal ein wenig vertraut zu machen.

Ordner und dir

Suche im Startmenü nach EINGABEAUFFORDERUNG und öffne diese. Jetzt solltest du ein Fenster sehen, in dem ein paar Zeilen Text stehen, etwa so:

```
Microsoft Windows [Version 10.0.19045.4046]
(c) Microsoft Corporation. Alle Rechte vorbehalten.

C:\Users\LetsCodeLua>
```

Für uns interessant ist die Zeile mit dem blinkenden Cursor. Hier kannst du sehen, in welchem Ordner du dich befindest (in meinem Fall *C:\Users\LetsCodeLua*). Außerdem zeigt das >-Zeichen an, dass das Terminal auf deine Eingabe wartet. Diese Zeile nennt man auch (Kommandozeilen-)*Prompt*.

Gib `dir` ein und drücke [↵]. Das Terminal sollte jetzt einige Zeilen Text ausspucken. Bei mir sah das so aus:

```
C:\Users\LetsCodeLua>dir
 Volume in Laufwerk C: hat keine Bezeichnung.
 Volumeseriennummer: 6048-2DAA

 Verzeichnis von C:\Users\LetsCodeLua

11.08.2024  18:37    <DIR>          .
11.08.2024  18:37    <DIR>          ..
08.08.2024  12:33    <DIR>          .ms-ad
08.08.2024  12:21    <DIR>          3D Objects
08.08.2024  12:21    <DIR>          Contacts
11.08.2024  16:49    <DIR>          Desktop
08.08.2024  16:19    <DIR>          Documents
08.08.2024  13:22    <DIR>          Downloads
08.08.2024  12:21    <DIR>          Favorites
08.08.2024  12:21    <DIR>          Links
08.08.2024  12:21    <DIR>          Music
08.08.2024  12:22    <DIR>          OneDrive
08.08.2024  13:02    <DIR>          Pictures
08.08.2024  12:21    <DIR>          Saved Games
08.08.2024  12:22    <DIR>          Searches
09.08.2024  07:49    <DIR>          Videos
               0 Datei(en),              0 Bytes
              16 Verzeichnis(se),    785.207.296 Bytes frei

C:\Users\LetsCodeLua>
```

Der Befehl `dir` steht für *directory* und zeigt dir alle Ordner und Dateien an, die sich im aktuellen Ordner befinden.

Die ersten beiden Einträge haben eine besondere Bedeutung: Der erste Eintrag (`.`) steht für den aktuellen Ordner (also *C:\Users\LetsCodeLua*), der zweite (`..`) für den darüberliegenden Ordner (also *C:\Users*).

macOS und Linux

Unter macOS und Linux heißt die Terminal-App einfach *Terminal*. Das Grundprinzip ist gleich, allerdings ist der Befehl zum Ansehen eines Ordners unter Mac und Linux `ls` (*list*) und nicht `dir`. Außerdem werden die Ordner durch einen Slash (/) getrennt und nicht wie unter Windows durch einen Backslash (\).

Die nächsten Befehle, die ich in diesem Kapitel vorstellen werde, heißen allerdings unter Windows und Mac bzw. Linux gleich, sodass du die Anweisungen auch unter Mac und Linux verfolgen kannst.

Ordner wechsel dich!

Um den Ordner zu wechseln, gibt es das Kommando `cd` (*change directory*). Wenn du zum Beispiel in den Ordner *Downloads* wechseln willst, dann gibst du das so ein:

```
C:\Users\LetsCodeLua>cd Downloads

C:\Users\LetsCodeLua\Downloads>
```

Der neue Prompt zeigt dir an, dass wir uns nun im *Downloads*-Ordner befinden.

Um wieder eine Ebene zurückzugehen, gibst du ein:

```
C:\Users\LetsCodeLua\Downloads>cd ..

C:\Users\LetsCodeLua>
```

Ein Ordner für unseren Code

Um einen neuen Ordner zu erstellen, kannst du das Kommando `mkdir` (*make directory*) verwenden. Es ergibt Sinn, für unseren Code einen eigenen Ordner zu erstellen. Ich möchte meinen Lua-Code in einem speziellen Ordner im *Documents*-Ordner abspeichern. Dafür wechsle ich erst in den *Documents*-Ordner und erstelle dann einen neuen Ordner mit dem Namen *LuaPrograms*:

```
C:\Users\LetsCodeLua>cd Documents

C:\Users\LetsCodeLua\Documents>mkdir LuaPrograms
```

Mit dem `dir`-Kommando können wir überprüfen, ob das funktioniert hat:

```
C:\Users\LetsCodeLua\Documents>dir
 Volume in Laufwerk C: hat keine Bezeichnung.
 Volumeseriennummer: 6048-2DAA

 Verzeichnis von C:\Users\LetsCodeLua\Documents

11.08.2024  18:54    <DIR>          .
11.08.2024  18:54    <DIR>          ..
11.08.2024  18:54    <DIR>          LuaPrograms
               0 Datei(en),              0 Bytes
               3 Verzeichnis(se),    737.677.312 Bytes frei

C:\Users\LetsCodeLua\Documents>
```

Da ist der neue Ordner und wartet darauf, mit Lua-Programmen gefüllt zu werden.

Dein erstes Programm

Genau das machen wir jetzt. Öffne Notepad++ (oder den Codeeditor, den du dir ausgesucht hast) und erstelle eine neue Datei mit folgendem Inhalt:

```
print("Hallo Welt!")
```

Listing 3.1 Unser erstes Programm

Diese Datei speicherst du jetzt unter dem Namen *HalloWelt.lua* in dem Ordner ab, den du gerade erstellt hast. Wichtig ist, dass du die Endung *.lua* mit eingibst, denn so weiß Notepad++, dass es sich um eine Lua-Datei handelt, und kann unseren Code entsprechend aufhübschen. Das sollte dann etwa so aussehen:

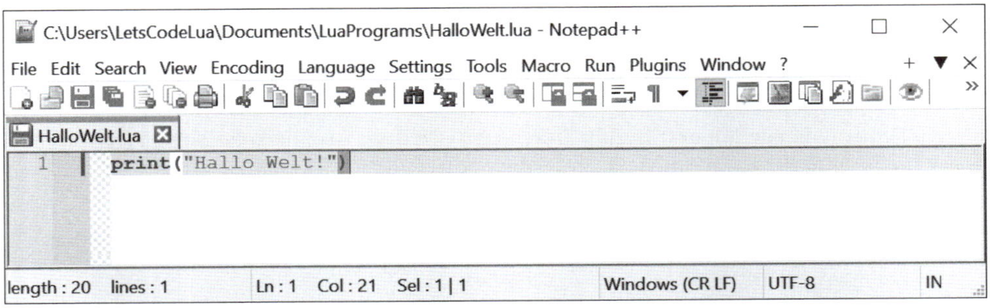

Abbildung 3.1 HalloWelt.lua in Notepad++

Jetzt können wir das Programm mit dem Lua-Interpreter ausführen. Dazu wechselst du zunächst im Terminal in den Ordner, in dem sich deine Datei befindet:

```
C:\Users\LetsCodeLua\Documents>cd LuaPrograms

C:\Users\LetsCodeLua\Documents\LuaPrograms>
```

Jetzt rufst du den Lua-Interpreter auf, indem du `lua` und dann den Namen deines Programms eingibst:

```
C:\Users\LetsCodeLua\Documents\LuaPrograms>lua HalloWelt.lua
```

Wenn alles funktioniert hat, sollte jetzt der Text *Hallo Welt!* im Terminal erscheinen!

Herzlichen Glückwunsch!

Du kannst dich nun im Terminal bewegen und weißt, wie man Ordner erstellt und durchsucht. Und vor allem hast du gelernt, wie du Lua-Programme ausführen kannst! Jetzt hält uns nichts mehr davon ab, tiefer in die Geheimnisse der Programmiersprache Lua einzudringen!

TEIL II

Reise nach Lua

Kapitel 4

Daten, Daten, Daten

Daten sind der Rohstoff, mit dem Computerprogramme arbeiten. Sei es der Punktestand, dein Level oder die Dialoge in deinem Game: Zahlen und Text sind die Elemente, aus dem unsere Programme ihren Output generieren. In diesem Kapitel lernst du den Umgang mit diesen Elementen: wie du sie speicherst und wie du sie mit Rechenoperationen kombinierst.

4

In diesem Kapitel wirst du einige Grundlagen der Programmierung erlernen. Wir werden in diesem Kapitel noch nicht in der Lage sein, ein echtes Game zu programmieren, das wird sich aber bald ändern.

Wie sehen Lua-Programme aus?

Öffne noch mal die Datei *HalloWelt.lua*, die du im letzten Kapitel angelegt hast, und füge eine weitere Zeile hinzu:

```
print("Hallo Welt!")

print("Auf Wiedersehen Welt!")
```

Listing 4.1 Hallo und tschüs Welt!

Wenn du das Programm ausführst, sollte Folgendes erscheinen:

```
C:\Users\LetsCodeLua\Documents\LuaPrograms>lua HalloWelt.lua
Hallo Welt!
Auf Wiedersehen Welt!
```

Allgemein gesprochen, sind Lua-Programme eine Folge von Anweisungen an den Computer. Eine Anweisung kann sein, dass der Computer etwas ausrechnen soll, eine Eingabe von der Tastatur einlesen soll oder, wie in diesem Beispiel, etwas auf dem Bildschirm ausgeben soll.

So eine Anweisung nennt man in der Fachsprache auch ein *Statement*. In der Regel steht jede Anweisung in einer eigenen Zeile im Programm. Das Programm in Listing 4.1 besteht aus zwei Anweisungen. Leere Zeilen werden vom Lua-Interpreter ignoriert. Sie dienen nur der Lesbarkeit des Programms. Und auch bei Leerzeichen ist Lua tolerant. Wo ein Leerzeichen erlaubt ist, sind auch mehrere Leerzeichen oder sogar Zeilenwechsel erlaubt. (Diese »unsichtbaren« Zeichen nennt man in der Programmierung *Whitespace*.) Man könnte das obere Programm also auch so schreiben:

```
    print(
"Hallo Welt!"



) print(    "Auf Wiedersehen Welt!"
)
```

Listing 4.2 Hallo und tschüs, verwirrte Welt!

Dem Lua-Interpreter ist das zwar egal, aber dem Menschen, der deinen Code liest, nicht. Stell dir vor, du möchtest später in einem längeren Programm eine Änderung vornehmen, beispielsweise die Anzahl der Leben oder den Namen deines Hauptcharakters ändern. Je lesbarer der Code, desto leichter wirst du die relevante Stelle finden. Bemühe dich also, Leerzeichen und Leerzeilen so zu verwenden, dass sie die Lesbarkeit deines Codes erhöhen.

Kommentare

Manchmal kann es sinnvoll sein, in deinen Programmen kleine Notizen zu hinterlassen. Vielleicht arbeitest du mit einem Freund zusammen an deinem Code, und die nächsten Zeilen sind so kompliziert, dass es besser ist, eine Erinnerung dazu zu schreiben, wie sie funktionieren.

Solche Notizen nennt man *Kommentare*. In Lua ist alles, was nach einem doppelten Minuszeichen (`--`) kommt, bis zum Ende der Zeile ein Kommentar. Kommentare werden vom Lua-Interpreter einfach ignoriert.

```
-- Dieses Programm gibt zwei Zeilen Text aus.
print("Hallo Welt!")            --> Hallo Welt!

print("Auf Wiedersehen Welt!")  --> Auf Wiedersehen Welt!
```

Listing 4.3 Ein Programm mit drei Kommentaren

Übrigens: Wenn in diesem Buch hinter einer Programmzeile ein Kommentar steht, der mit einem `-->` anfängt, dann siehst du dort, was das Programm in dieser Zeile ausgibt. So musst du nicht jedes Programm extra eintippen.

Wenn du mal einen längeren Kommentar schreiben willst, der über mehrere Zeilen geht, kannst du mit `--[[` einen solchen Kommentar beginnen. Ist der Kommentar fertig, beendest du ihn mit `]]` und schreibst ganz normal deinen Code weiter.

```
--[[
    Längere Kommentare können zum Beispiel hilfreich sein, um am Anfang deines
    Codes eine kurze Beschreibung zu geben. Jemand, der deinen Code liest, hat
    dann sofort einen Überblick.
]]
```

Listing 4.4 Ein mehrzeiliger Kommentar

Variablen und Ausdrücke

Stell dir vor, du möchtest ein Spiel programmieren, in dem der Held gegen Orks, Ratten und Fledermäuse kämpfen muss. Der Spieler hat 7 Orks, 11 Ratten und 13 Fledermäuse getötet. Getötete Orks bringen je 100 Punkte und getötete Ratten und Fledermäuse je 10 Punkte. Diese Punktzahl willst du nun ausrechnen und in einer *Variablen* mit dem Namen `score` speichern. Eine Variable ist so etwas wie eine Kiste, in der wir Werte zwischenspeichern können.

Um eine Variable zu benutzen, müssen wir sie erst deklarieren. Das heißt, wir müssen dem Lua-Interpreter mitteilen, dass er für uns eine Kiste mit dem Namen `score` anlegen soll. Das geht in Lua so:

```
local score
```

Listing 4.5 Hallo Lua. Wir hätten gern eine Variable mit dem Namen »score«.

Jetzt, da die Variable deklariert ist, können wir sie mit Inhalt füllen und sie uns anschließend mit `print()` ausgeben lassen:

```
-- Punkte für 7 Orks, 11 Ratten und 13 Fledermäuse
score = 7 * 100 + (11 + 13) * 10
print(score)      --> 940

-- Noch ein Ork getötet ...
score = score + 100
print(score)      --> 1040
```

Listing 4.6 Nur ein toter Ork ist ein guter Ork.

Sicher hast du schon eine ungefähre Vorstellung davon, was im obigen Code passiert. Trotzdem lohnt es sich, diese Zeile noch mal genau unter die Lupe zu nehmen:

Variable	Zuweisungszeichen	Ausdruck
`score`	`=`	`7 * 100 + (11 + 13) * 10`
Links vom Gleichheitszeichen steht unsere *Variable*.	*Zuweisungen* werden in Lua mit dem Gleichheitszeichen ausgedrückt. Das ist etwas irreführend, weil die Zuweisung wenig mit der Gleichheit aus der Mathematik zu tun hat. Sieh dir zum Beispiel Zeile 5 an: `score = score + 100`. Mathematisch gesehen, ist das einfach falsch. In Lua bedeutet es aber: Nimm die Variable `score`, addiere 100 und speichere das Ergebnis wieder in der Variablen `score`. Leider hat sich das Gleichheitszeichen für Zuweisungen in der Programmierung eingebürgert.	Rechts vom Zuweisungszeichen steht ein *Ausdruck*. Ein Ausdruck ist eine Rechnung, bei der hinterher ein Wert herauskommt, den wir in einer Variablen speichern können.

Vermutlich hast du es dir schon gedacht: Mit dem * in dem Ausdruck oben kannst du Zahlen miteinander malnehmen. Zum Teilen müsstest du ein / verwenden. Lua beachtet übrigens die Regel »Punkt- vor Strichrechnung«.

Deklaration und Zuweisung

Übrigens können wir Deklaration und Zuweisung auch miteinander kombinieren. Anstelle von

```
local score
score = 7 * 100 + (11 + 13) * 10
```

hättest du also auch schreiben können:

```
local score = 7 * 100 + (11 + 13) * 10
```

Das Ergebnis ist genau dasselbe, aber wir sparen etwas Platz, wenn wir Deklaration und Zuweisung in dieselbe Zeile schreiben. Welche Variante du besser findest, bleibt dir überlassen.

Wieso »local«?

Tatsächlich kannst du in Lua auch Variablen benutzen, ohne sie vorher mit **local** zu deklarieren. Lua geht dann davon aus, dass es sich um eine *globale Variable* handelt. Weil die Verwendung von globalen Variablen aber zu unerwarteten Fehlern in deinem Code führen kann, solltest du so oft wie möglich *lokale Variablen* benutzen – also solche, die du mit **local** deklariert.

Was es genau mit lokalen und globalen Variablen auf sich hat, erfährst du in Kapitel 7, »Entscheidungen treffen«.

Variablennamen

Die Variable im vorherigen Listing hatte den Namen score. Grundsätzlich darfst du deinen Variablen jeden beliebigen Namen geben, allerdings gelten dabei ein paar Regeln: Variablennamen dürfen in Lua aus Groß- und Kleinbuchstaben, Zahlen und dem Unterstrich (_) bestehen. Sie dürfen allerdings nicht mit einer Zahl anfangen. In der Regel solltest du einen Variablennamen verwenden, der gut beschreibt, was in der Variablen gespeichert wird.

```
-- Gültige Variablennamen
local killedOrcs = 11
local getoeteteOrks = 11
local POINTS_PER_RAT = 10
local weaponPower1 = 170
local weaponPower2 = 310
local b = weaponPower1 + weaponPower2
local B = b * b

-- Ungültige Variablennamen
local getöteteOrks = 1       -- keine Umlaute oder andere Sonderzeichen
local POINTS PER RAT = 10    -- keine Leerzeichen
local 2orks                  -- nicht mit einer Zahl anfangen
```

Listing 4.7 Es gibt viele Möglichkeiten, eine Variable zu benennen.

Übrigens unterscheidet Lua bei der Benennung von Variablen zwischen Groß- und Kleinschreibung. Das heißt, dass b und B im Beispiel oben zwei verschiedene Variablen sind.

Ob du Variablennamen auf Deutsch oder auf Englisch verwendest, ist Lua egal. In diesem Buch werde ich aber immer englische Variablennamen nutzen, denn Englisch hat sich in der Programmierung einfach als Standard durchgesetzt.

Mehrfachdeklaration und -zuweisung

Wenn du in Lua mehrere Variablen auf einmal deklarieren möchtest, kannst du sie einfach mit einem Komma trennen:

```
local x, y, z
```

Listing 4.8 Eine Zeile, drei Deklarationen

Damit kannst du deinen Code manchmal etwas kürzer gestalten und brauchst nicht für jede Variablendeklaration eine extra Zeile zu verwenden.

Und Lua erlaubt noch einen Trick, mit dem man Codezeilen sparen kann: *Mehrfachzuweisungen*. Das heißt, du kannst Lua eine Liste mit Variablen geben, dann das Zuweisungszeichen schreiben und anschließend eine Liste von Werten angeben:

```
x, y, z = 1, 2, 3

print(x)    --> 1
print(y)    --> 2
print(z)    --> 3
```

Listing 4.9 Eine Zeile, drei Zuweisungen

Im Allgemeinen solltest du mit Mehrfachzuweisungen eher sparsam umgehen, weil dein Code sonst schnell unübersichtlich werden kann. Du solltest sie nur verwenden, wenn die Variablen, denen du Werte zuweist, miteinander zu tun haben. Dann können sie sogar zur Lesbarkeit beitragen.

Mehrfachzuweisungen können auch nützlich sein, um den Wert von zwei Variablen vertauschen:

```
x, y = y, x

print(x)    --> 2
print(y)    --> 1
```

Listing 4.10 In Lua ist das Vertauschen von Variablen kein Hexenwerk.

Jetzt, da du weißt, wie du Variablen deklarierst und ihnen Werte zuweist, werde ich noch mal einige dieser Werte im Detail besprechen.

Es gibt verschiedene Arten von Werten, man spricht hier von *Datentypen* oder auch einfach nur von *Typen*. Dazu gehören zum Beispiel Zahlen und Strings. Es gibt aber auch noch einige andere ... Aber eins nach dem anderen.

Zahlen

Viele Programmiersprachen haben unterschiedliche Datentypen für ganze Zahlen und für Kommazahlen. Man spricht in der Informatik auch von *Integers* und *Floats*. Lua macht es dir leicht und verwendet einfach automatisch den richtigen Typ.

Ganze Zahlen

Wie man Zahlen verwendet, hast du jetzt ja schon gesehen. Lua hat übrigens auch mit negativen Zahlen kein Problem:

```
local gold = 100
local cost = 1000

gold = gold - cost
print(gold) --> -900
```

Listing 4.11 So schnell macht man Schulden ...

Wie man mit Zahlen rechnet, hast du auch schon erfahren.

Kann Lua bis unendlich zählen?

Beim Rechnen mit ganzen Zahlen gibt es leider Grenzen. Wo genau die liegen, hängt von der Lua-Version ab, die du verwendest. Ab Version 5.3 benutzt Lua 64 Bit, um Ganzzahlen zu speichern. Das ist eine ganze Menge. Damit kannst du alle Zahlen von –9.223.372.036.854.775.808 bis 9.223.372.036.854.775.807 speichern. Mehr als genug für die allermeisten praktischen Zwecke.

Kommazahlen

Auch mit Kommazahlen hat Lua kein Problem. Lua hält sich allerdings an die amerikanische Konvention zum Aufschreiben von Kommazahlen: Statt eines Kommas musst du einen Punkt schreiben, also z. B. `0.5` statt `0,5`.

```
-- Dein Held hat 10 Kraftpunkte (strength) ...
local strength = 10
-- ... und sein Schwert vergrößert seine Kraft ums 1,5-Fache.
local swordFactor = 1.5

strength = strength * swordFactor
print(strength)    --> 15.0

-- Doch ein böser Zauber halbiert seine Kraft.
strength = strength / 2
print(strength)    --> 7.5
```

Listing 4.12 Ein gutes Schwert ist die halbe Miete.

Unterscheidet Lua zwischen ganzen Zahlen und Kommazahlen?

Ich hatte am Anfang des Abschnitts geschrieben, dass du dir in Lua keine Gedanken machen musst, ob deine Zahl eine Ganzzahl oder eine Kommazahl ist.

Das ist auch richtig, allerdings unterscheidet Lua seit Version 5.3 intern zwischen Ganzzahlen und Kommazahlen. Sobald in einer Rechnung eine Kommazahl vorkommt, ist das Ergebnis der Rechnung auch ein Kommazahl. Deswegen wird in Zeile 7 `15.0` ausgegeben statt einfach `15`. Daran merkst du, dass Lua hier intern mit Kommazahlen arbeitet. In der Praxis brauchst du dir darüber aber in aller Regel keine Gedanken zu machen.

In 90 % der Fälle reichen uns in der Spieleprogrammierung ganze Zahlen. Wenn du aber mit Kommazahlen arbeiten möchtest, sind hier noch ein paar Besonderheiten, die du wissen solltest.

Die wissenschaftliche Notation

Manchmal spuckt Lua Zahlen in der *wissenschaftlichen Notation* aus. Das passiert in der Regel dann, wenn Zahlen sehr groß oder sehr klein sind. Du erkennst sie daran, dass ein `e` darin vorkommt.

```
print(1/50000)      --> 2e-05
```

Listing 4.13 Ist das überhaupt eine Zahl???

Dabei ist `2e-05` eine Kurzschreibweise für 2×10^{-5}, was wiederum eine andere Schreibweise ist für 0,00002, das heißt eine 2 an der 5. Stelle hinter dem Komma.

Lua versteht auch, wenn wir Zahlen so aufschreiben. Beispielsweise können wir 1.000.000, also eine 1 mit 6 Nullen, auch als 1×10^6 schreiben – in Lua dann also so:

```
print(1e+6)        --> 1000000.0
```

Listing 4.14 Was du kannst, kann ich auch ...

Falls dir das jetzt spanisch vorkommt, ist das nicht schlimm. Wichtig ist, dass du weißt, dass es sich um eine sehr kleine Zahl handelt, wenn hinter dem `e` eine negative Zahl steht, und um eine sehr große Zahl, wenn hinter dem `e` eine positive Zahl steht.

Machen Computer auch mal Fehler?

Es gibt eine weitere Stolperfalle beim Rechnen mit Kommazahlen. Es kann passieren, dass es zu Rundungsfehlern kommt. Das führt manchmal zu unerwarteten Ergebnissen:

```
-- Ganze Zahlen verhalten sich brav ...
print(1 + 2 - 3)         --> 0
-- Kommazahlen nicht immer ...
print(0.1 + 0.2 - 0.3)  --> 5.5511151231258e-17
```

Listing 4.15 Häh?

Das hat damit zu tun, wie der Computer Kommazahlen speichert. Weil der Computer im Dualsystem (also nur mit den Ziffern 0 und 1) und nicht im Dezimalsystem rechnet wie wir, lassen sich manche Kommazahlen nicht exakt speichern, und so verwendet der Computer zum Rechnen die nächstbeste Zahl, die er mit seinen Bits erfassen kann. Der Fehler ist in der Regel sehr klein, aber du als Programmierer oder Programmiererin musst wissen, dass du eben keine exakten Ergebnisse erwarten kannst.

Rechnen mit Zahlen

Lua kennt die vier Grundrechenarten »plus« `+`, »minus« `-`, »mal« `*` und »geteilt« `/`. Wie schon erwähnt, beachtet Lua Punkt- vor Strichrechnung. Um die Reihenfolge zu ändern, kannst du Klammern verwenden, wie du es vermutlich aus dem Matheunterricht kennst.

Neben diesen vier Grundrechenarten kennt Lua noch »hoch« `^` und den Modulooperator `%`. Der Modulooperator gibt den Rest aus, der bei einer ganzzahligen Division übrig bleiben würde. Der Ausdruck `5 % 2` ergibt beispielsweise 1: Die 2 passt zweimal in die 5 hinein, und 1 bleibt als Rest übrig.

Hier ein paar Beispiele:

```
print(5 * 2 + 4)            --> 14
print(5 * (2 + 4))          --> 30
print(10 % 4)               --> 2
print(2 * 3 - 4 ^ 2)        --> -10.0
print(5 ^ 2)                --> 25.0
print(4 / 2)                --> 2.0
print(5 / 2 + 4 / 2)        --> 4.5
print(2 * 3 ^ 2)            --> 18.0
```

Listing 4.16 Rechnen in Lua

Strings

Wenn wir ein Spiel entwickeln wollen, dann wollen wir in der Regel auch eine Geschichte erzählen. Dazu braucht es Text. Der dazugehörige Datentyp heißt in der Programmierung *String*. Ein Beispiel dafür war der Text »Hallo Welt!« in unserem Eingangsbeispiel. Strings lassen sich genau wie Zahlen in Variablen speichern.

Um in Lua einen String zu definieren, müssen wir unseren Text entweder zwischen zwei einfache (') oder zwei doppelte (") Anführungszeichen setzen.

```
local firstName = 'Ganon'
print(firstName)       --> Ganon

local lastName = "Gerud"
print(lastName)        --> Gerud
```

Listing 4.17 Ob du einfache oder doppelte Anführungszeichen verwendest, ist egal.

Welche Notation du verwendest, bleibt dir überlassen. Einen Unterschied macht es nur, wenn in deinem String Anführungszeichen vorkommen. In Strings, die mit ' begrenzt werden, kannst du ohne Probleme " verwenden und umgekehrt.

```
-- Erlaubt
local s1 = "Nervös klopfte er an die Tür des Magician's Inn."
local s2 = 'Der Wirt öffnete die Tür und sagte: "Herzlich willkommen!"'
```

```
-- Nicht erlaubt
local s3 = ""Ich suche meinen Freund", sagte er."
local s4 = 'Der Wirt des Magician's Inn schaute ihn verwirrt an.'
```

Listing 4.18 Aufpassen mit Anführungszeichen in deinem String!

Konkatenation von Strings

Es kommt häufig vor, dass man verschiedene Strings aneinanderhängen möchte. In der Programmierung (oder wenn man besonders schlau klingen will) spricht man von *Konkatenation*. Dafür gibt es in Lua den *Konkatenationsoperator* (`..`). Dieser nimmt zwei Strings und spuckt als Ergebnis den zusammengesetzten String aus.

Das geht nicht nur mit zwei Strings.

```
local name = "Joris"
local race = "Ork"
local class = "Krieger"

print(name .. ", " .. race .. "-" .. class)      --> Joris, Ork-Krieger
```

Listing 4.19 Prima Typ!

Und zum Glück funktioniert das auch mit Zahlen. Wenn auf einer Seite des Konkatenationsoperators eine Zahl steht, ist Lua so freundlich, unsere Zahl automatisch in einen String umzuwandeln und die beiden aneinanderzuhängen.

```
local name = "Joris"    -- Ein Name als String.
local hp = 100          -- Die HP (health points) als Zahl.

print(name .. " hat " .. hp .. " HP.")          --> Joris hat 100 HP.

local damage = 30
print("Er stolpert und bricht sich den kleinen Zeh.")
print(name .. ": " .. (hp - damage) .. " HP")   --> Joris: 70 HP
```

Listing 4.20 Dumm gelaufen ...

Der Längenoperator

Und noch einen Operator gibt es, der für Strings nützlich ist: Mit dem Längenoperator (#) kannst du erfahren, wie lang ein String ist:

```
local name = "Joris"

print(#name)    --> 5
```

Listing 4.21 Fünf Buchstaben

Allerdings musst du aufpassen, wenn dein String Umlaute oder andere besondere Zeichen enthält:

```
local color = "grün"

print(#color)    --> 5
```

Listing 4.22 Obwohl der String nur vier Buchstaben enthält, gibt der Längenoperator 5 zurück.

Der Grund dafür ist, dass der Längenoperator nicht die Anzahl der Buchstaben, sondern die Anzahl der Bytes zurückgibt, aus denen ein String besteht. Warum sich das unterscheiden kann, kannst du im nächsten Kasten lesen. Es ist aber natürlich auch möglich, die Anzahl der Buchstaben zu bestimmen. Wie das geht, zeige ich dir im Abschnitt »Die echte Länge eines Strings«.

Das Kreuz mit den Umlauten

Die Muttersprache des Computers sind Bits und Bytes. Jedes Byte kann einen Wert zwischen 0 und 255 darstellen. Aber wie kann der Computer damit Text speichern? Um Text zu speichern, mussten sich die Pioniere der Informatik einen Code überlegen, mit dem sie jedem Buchstaben eine Zahl zuordnen konnten.

Der Standard, der am erfolgreichsten war, wurde 1962 von Amerikanern entwickelt und nennt sich *ASCII*. ASCII steht für *American Standard Code for Information Interchange*. Dort wurden 128 Buchstaben und Sonderzeichen definiert und einer Zahl zugeordnet. Das große A bekam etwa die Zahl 65 und das Leerzeichen die Zahl 32. Insbesondere genügt ein einziges Byte, um jedes im ASCII-Standard definierte Zeichen zu kodieren.

Leider kamen Umlaute und andere Zeichen, die die Amerikaner nicht brauchten, in diesem Standard nicht vor, und so gibt es bis heute manchmal Schwierigkeiten mit diesen Zeichen. Es wurden verschiedene Lösungen vorgeschlagen, um den ASCII-Code so zu erweitern, dass auch Sonderzeichen aus anderen Sprachen codiert werden können. Am erfolgreichsten ist die *UTF-8*-Codierung, die es erlaubt, 1.112.064 Zeichen zu codieren. Der Haken dabei ist, dass einige Zeichen mehr als ein Byte brauchen, um codiert zu werden.

Lua hat kein Problem mit UTF-8. Aber leider kann die Eingabeaufforderung unter Windows kein UTF-8 und wird deswegen manchmal Blödsinn ausgeben, wenn du versuchst, Strings mit Umlauten oder anderen Sonderzeichen auszugeben. Wundere dich also nicht, wenn die Beispielprogramme in diesem Teil des Buchs Umlaute und sonstige Sonderzeichen vermeiden.

Ein Datentyp für ... nichts

Zum Abschluss dieses Kapitels will ich dir noch einen besonderen Datentyp vorstellen. Wenn du eine Variable deklarierst und ihr keinen Wert zuweist, dann ist nichts darin. Was gibt Lua dann wohl aus, wenn man versucht, den Inhalt der Variablen mit `print()` auszugeben?

```
local a
print(a)
```

Listing 4.23 Eine leere Variable

Im Terminal wird das Wort **nil** erscheinen. Der Wert **nil** ist ein besonderer Wert, der anzeigt, dass die Variable keinen Wert hat. Ein bisschen so, wie die 0 eine Zahl ist, die anzeigt, dass es nichts zu zählen gibt. Klingt ein bisschen komisch, ist aber so. Dabei ist **nil** keine Zahl und kein String, sondern ein eigener Datentyp. Eben ein Datentyp für *nichts*.

Du kannst auch selbst einer Variablen den Wert **nil** explizit zuweisen, um anzuzeigen, dass sie nichts enthält:

```
local b = 5
b = nil
print(b)     --> nil
```

Listing 4.24 In b war mal eine 5. Jetzt ist nichts darin.

Zusammenfassung

In diesem Kapitel hast du einige Grundlagen der Programmierung kennengelernt. Du hast ein paar Beispiele für kurze Lua-Programme gesehen, hast gelernt, wie man rechnet und Zahlen in Variablen speichert. Außerdem hast du Strings kennengelernt und hast erfahren, wie man Strings aufschreibt und aneinanderhängt (oder konkateniert).

Darüber hinaus weißt du jetzt von **nil**, einem Wert, der anzeigt, dass kein Wert vorhanden ist.

Game: Marvin und der Mond

Marvin hatte seine Eltern nie kennengelernt. Er war bei einem Mann aufgewachsen, den die Leute im Dorf den »Alten« nannten. Der Alte hatte sich stets liebevoll um ihn gekümmert, ihn großgezogen und unterrichtet. Sein bester Freund war ein schwarzer Rabe, der ihm nicht von der Seite wich.

Doch in letzter Zeit spürte Marvin, dass sich etwas in ihm veränderte. Eine Sehnsucht wuchs in ihm. Er konnte noch nicht ganz fassen, was es war. Eines Abends saß er auf einer Wiese und schaute den Mond an. »Beim nächsten Vollmond«, kam ihm der Gedanke, »wird es so weit sein.«

Das Game

Ein richtiges Game können wir in diesem Kapitel noch nicht programmieren. Aber wir können zumindest das Terminal mit hübschem Output füllen:

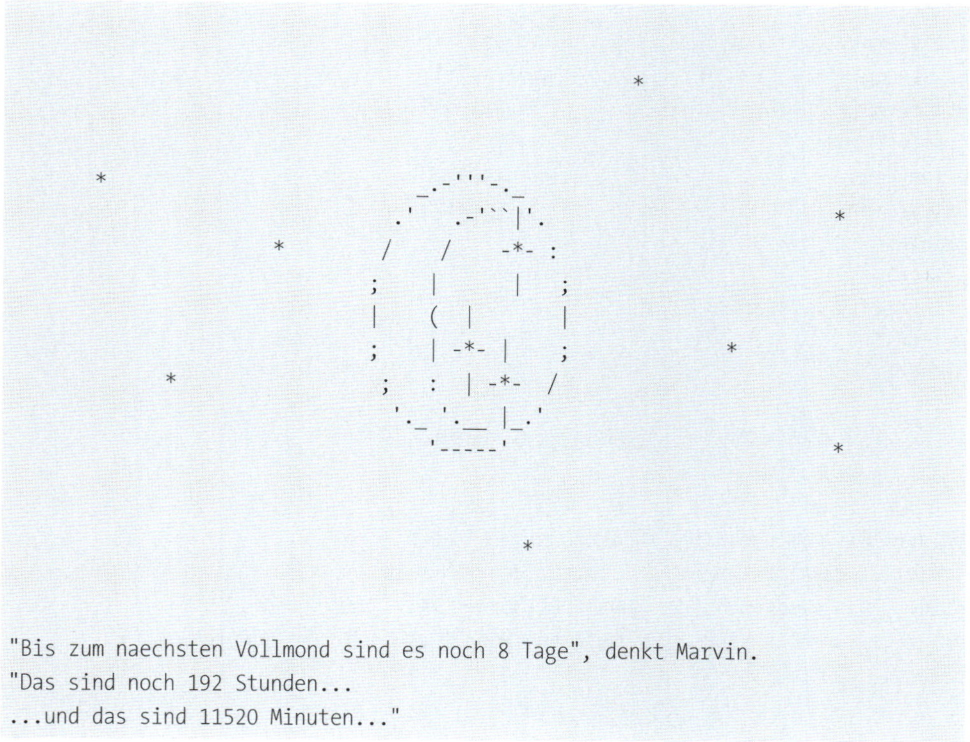

Listing

```
-- Ein paar Hilfsstrings, mit denen wir später den Sternenhimmel generieren.
local empty  = "                                "
local stars1 = "        *                       "
local stars2 = "                       *        "
local stars3 = "              *                 "

print()
print()
print(empty .. stars2)
```

```
print()
print()
print(stars1 .. "    _.-'''-._    " .. empty)
print(empty  .. "  .'   .-'``|'.  " .. stars2)
print(stars2 .. " /    /    -*- : " .. empty)
print(empty  .. ";    |      |   ;" .. empty)
print(empty  .. "|    (  |       |" .. empty)
print(empty  .. ";    | -*- |    ;" .. stars3)
print(stars3 .. " ;   :  | -*-  / " .. empty)
print(empty  .. "  '._ '.__ |_.'  " .. empty)
print(empty  .. "     '-----'     " .. stars2)
print()
print()
print(empty .. stars3)
print()
print()

-- Es sind noch 8 Tage bis zum nächsten Vollmond.
local daysToFullMoon = 8

print('"Bis zum naechsten Vollmond sind es noch '
       .. daysToFullMoon .. ' Tage", denkt Marvin.')
print('"Das sind noch ' .. daysToFullMoon * 24 .. ' Stunden...')
print('...und das sind ' .. daysToFullMoon * 24 * 60 .. ' Minuten..."')
print()
```

Kapitel 5

Der Computer lernt zuhören

Wie langweilig wären Games und andere Programme, wenn man nicht mit ihnen interagieren könnte? Bisher hast du nur gelernt, wie du Dinge ausgibst. In diesem Kapitel kommen wir mit dem Computer ins Gespräch.

Im letzten Kapitel haben wir uns ganz auf die Ausgabe von Zahlen und Text konzentriert. In diesem Kapitel kommt die Eingabe dazu. Damit können wir endlich interessante Programme schreiben. Am Ende dieses Kapitels programmieren wir etwas, das zumindest schon der Anfang eines Games sein könnte.

Eingabe erwartet

Bisher gab es keine Möglichkeit, auf Eingaben des Benutzers zu reagieren. Das ändert sich jetzt. Eine Eingabe vom Nutzer abzufragen, geht so:

```
print("Wie heißt du?")
local name = io.read()
print("Hallo " .. name .. "!")
```

Listing 5.1 Unser erstes Gespräch mit dem Computer

```
Wie heißt du?
Joris
Hallo Joris!
```

Dabei wartet `io.read()` darauf, dass die Nutzerin oder der Nutzer etwas in das Terminal eingibt und auf ↵ drückt. Den eingegebenen Text können wir dann (als String) in einer Variablen speichern.

Mehr Kontrolle über die Ausgabe

Als Gegenstück zu `io.read()` gibt es in Lua auch `io.write()`. Dabei funktioniert `io.write()` sehr ähnlich wie `print()`. Der Unterschied wird in folgendem Beispiel deutlich:

```
io.write("Hallo ")
io.write("Welt!")
print("")
```

Listing 5.2 »Hallo Welt!« mal anders ...

Wenn du das Programm ausführst, solltest du Folgendes sehen:

```
Hallo Welt!
```

Der Unterschied ist, dass `print()` nach der Ausgabe noch einen Zeilenwechsel vornimmt!

Dadurch können wir `io.write()` auch benutzen, um einen Prompt in unserem Programm auszugeben:

```
print("Wie geht es dir?")
io.write("> ")
local mood = io.read()
print("Dir geht es also " .. mood .. ".")
```

Listing 5.3 Ein Prompt zeigt deutlich, dass eine Eingabe erwartet wird.

Durch den Prompt ist viel leichter erkennbar, wann eine Eingabe erwartet wird:

```
Wie geht es dir?
> gut
Dir geht es also gut.
```

Das `io` bei `io.read()` und `io.write()` steht übrigens für *Input/Output*.

Escape-Sequenzen

Wenn du mit `io.write()` trotzdem die Zeile wechseln möchtest, musst du den Zeilenumbruch explizit in den String schreiben. Dafür schreibst du an die Stelle, an der der Zeilenumbruch passieren soll, einfach `\n`:

```
io.write("Moechtest du eine neue Waffe kaufen?\n(j/n) > ")
local input = io.read()
```

Listing 5.4 Neue Waffe gefällig?

```
Moechtest du eine neue Waffe kaufen?
(j/n) >
```


Man nennt diese Sequenzen, die mit einem Backslash (\) anfangen, *Escape-Sequenzen*. Neben dem Zeilenumbruch gibt es noch weitere solche Sequenzen:

Escape-Sequenz	Bedeutung
\n	Zeilenumbruch
\r	Wagenrücklauf (springt an den Anfang der Zeile)
\t	Tabulator (springt in die nächste Spalte und ist super, um Tabellen auszugeben)
\"	doppelte Anführungszeichen
\'	einfache Anführungszeichen
\\	Backslash

Tabelle 5.1 Escape-Sequenzen

Dadurch, dass der Backslash eine Escape-Sequenz einleitet, gibt es auch für den Backslash selbst eine Escape-Sequenz. Da musst du beispielsweise bei Strings beachten, die einen Windows-Dateipfad enthalten:

```
local path = "C:\\Program Files\\LuaPrograms"
print(path)     --> C:\Program Files\LuaPrograms
```

Listing 5.5 Der Backslash selbst wird ebenfalls durch eine Escape-Sequenz dargestellt.

Und hier noch mal ein etwas längeres Beispiel, in dem auch gezeigt wird, wie du das Tabulatorzeichen (\t) verwenden kannst, um Tabellen auszugeben:

```
io.write("\"Willkommen in meinem Laden. Was moechtest du kaufen?\"\n\n")
io.write("Schwerttyp\tKosten\n")
io.write("---------------------\n")
```

```
io.write("Feuerschwert\t200€\n")
io.write("Wasserschwert\t300€\n")
io.write("Eisschwert\t400€\n")
io.write("\n> ")
local input = io.read()
```

Listing 5.6 Wie wohl ein Wasserschwert aussieht?

Der Output sieht dann so aus:

```
"Willkommen in meinem Laden. Was moechtest du kaufen?"

Schwerttyp      Kosten
----------------------
Feuerschwert    200€
Wasserschwert   300€
Eisschwert      400€

>
```

Wann benutzt man »io.write()« und wann »print()«?

Wie du eben gesehen hast, kann `print()` nichts, was `io.write()` nicht auch kann. Bei `io.write()` entscheiden Programmierende selbst, ob am Ende ein Zeilenumbruch erfolgen soll oder nicht.

Die `print()`-Funktion ist eher dafür gedacht, um schnell mal den Wert einer Variablen auszugeben. Daher werden wir im restlichen Buch meistens `io.write()` für Output verwenden.

Lua hilft gern

Schau dir folgendes Beispiel an:

```
io.write("Ein Zaubertrank kostet 24$. Wie viele moechtest du kaufen?\n")
io.write("> ")
local amount = io.read()
io.write("Das macht " .. (amount * 24) .. "$.\n")
```

Listing 5.7 Nicht gerade günstig ...

Wenn man es ausführt, könnte das Ergebnis etwa so aussehen:

```
Ein Zaubertrank kostet 24$. Wie viele moechtest du kaufen?
> 7
Das macht 168$.
```

Das sieht erst mal logisch aus, aber hatten wir nicht gesagt, dass `io.read()` immer einen String zurückgibt? Eigentlich ergibt es keinen Sinn, Strings miteinander zu multiplizieren. Oder hast du eine Idee, was `"Joris" * "Eisschwert"` ergeben könnte?

Zum Glück ist Lua aber clever: Wenn ein String eine Zahl (und nichts anderes) enthält, hilft Lua etwas nach.

```
print("24" * 2)          --> 48
```

Listing 5.8 Lua hilft gern.

Das heißt, aus dem String `"24"` macht Lua, wenn nötig, die Zahl `24`. Das haben wir uns in Listing 5.7 oben zunutze gemacht. Lua kann also Strings in Zahlen verwandeln, wenn es sinnvoll ist, und umgekehrt Zahlen in Strings verwandeln, wenn wir beispielsweise eine Zahl und einen String konkatenieren wollen.

Aber was passiert, wenn ein Nutzer im Programm oben keine Zahl eingibt?

Fehlermeldungen

Je mehr du programmiert, desto mehr Fehlermeldungen wirst du zu Gesicht bekommen, denn ein Programm, das von Anfang an fehlerfrei läuft, gibt es eigentlich nicht. Zum Glück gibt uns Lua hilfreiche Informationen, wenn etwas schiefläuft. Damit ist es etwas leichter, den Fehler zu finden.

Bugs

Statt von Fehlern spricht man in der Programmierung meistens von »Bugs«, wobei Bug eigentlich das englische Wort für Käfer oder Wanze ist. Manche sagen, dass dies darauf zurückgeht, dass in den ersten Computern, die noch ganze Räume ausfüllten, tatsächlich manchmal Insekten für Schwierigkeiten und Fehlfunktionen gesorgt haben. Tatsächlich gab es diesen Begriff aber schon vor der Erfindung der ersten Computer.

Die Suche nach Fehlern in Programmcode bezeichnet man als *Debugging*.

Kommen wir zur Frage zurück, was passiert, wenn ein Nutzer im Beispiel oben keine Zahl, sondern irgendwelchen Nonsens eingibt.

```
Ein Zaubertrank kostet 24$. Wie viele moechtest du kaufen?
> abc
```

Lua versucht, "abc" * 24 zu rechnen. Weil das nicht geht, spuckt Lua eine Fehlermeldung aus:

```
lua: example.lua:4: attempt to mul a 'string' with a 'number'
stack traceback:
        [C]: in metamethod 'mul'
        example10.lua:4: in main chunk
        [C]: in ?
```

Für uns relevant ist die erste Zeile dieser Fehlermeldung. Dort steht, was schiefgegangen ist – in diesem Fall also, dass ein String mit einer Zahl multipliziert werden soll, was natürlich keinen Sinn ergibt. Davor steht `example.lua:4`. Das ist der Dateiname der Lua-Datei, in der der Fehler passiert ist, dann ein Doppelpunkt und dann die Nummer der Zeile, in der der Fehler aufgetreten ist, in diesem Fall also in Zeile 4. Diese Informationen können dir eine Menge Zeit beim Debuggen, also beim Suchen von Fehlern, sparen.

Ich werde dir später zeigen, wie du die Eingabe vorher überprüfen kannst, um dich vor Fehlern dieser Art zu schützen. Für den Moment müssen wir darauf vertrauen, dass der Nutzer sinnvolle Eingaben macht.

Zusammenfassung

In diesem Kapitel hast du gelernt, wie man mit `io.read()` Input von den Benutzenden einliest. Außerdem kannst du nun `io.write()` verwenden, um einen Zeilenumbruch nach dem Output zu verhindern, und du hast gelernt, wie man bestimmte Sonderzeichen einbettet, z. B. den Zeilenumbruch in einen String. Du verstehst, dass Lua ziemlich großzügig ist beim Umwandeln von Zahlen in Strings und von Strings in Zahlen. Und sollte Lua mal eine Fehlermeldung ausspucken, kannst du sie nun lesen und weißt, wo der Fehler zu suchen ist.

Game: Der Abschied

Beim nächsten Vollmond hatte Marvin einen Traum. Er sah eine Straße. In der Ferne blickten ihn freundliche Gesichter neugierig an, als wollten sie ihn kennenlernen. Außerdem sah er ein Schloss, in dem weise Zauberer ein und aus gingen. Als er wach wurde, wusste er, dass er eine Reise beginnen musste.

Er beschloss, zum Alten zu gehen, um seinen Segen für diese Reise zu bekommen.

Das Game

Das Game in diesem Kapitel erzählt die Geschichte weiter. Das Programm stellt dem Spieler dabei einige Fragen und baut die Antworten in die Geschichte ein.

```
Hallo Marvin, schoen, dich zu sehen. Bedrueckt dich etwas?
>
```

Listing

```
io.write("Hallo Marvin, schoen, dich zu sehen. Bedrueckt dich etwas?\n")

io.write("> ")
local answer = io.read()
io.write()

io.write("Du sagst \"" .. answer .. "\". Ich weiss, dass dich etwas\n")
io.write("bedrueckt, und ich ahne, was es sein koennte. Dein Rabe... Wie\n")
io.write("hiess er noch gleich?\n")

io.write("> ")
local name = io.read()
io.write()

io.write("Ah ja, genau, " .. name .. ". Er war schon so unruhig die\n")
io.write("letzten Tage. Du moechtest auf Reisen gehen, stimmt es? Ich sehe es\n")
io.write("dir an. Nun, es wird mir nicht leichtfallen, aber ich wusste,\n")
io.write("dass dieser Tag kommen wuerde, und war darauf vorbereitet. Ich\n")
io.write("hatte dich vor einiger Zeit nach deiner Lieblingsfarbe gefragt.\n")
io.write("Welche Farbe hattest du mir noch mal genannt?\n")

io.write("> ")
local color = io.read()
io.write()

io.write("Richtig, " .. color .. ". Ich habe ein Geschenk fuer dich. Dieses \n")
io.write("Amulett enthaelt einen " .. color .. "en Stein, wie du siehst. Es\n")
io.write("wird dich auf deinen Reisen beschuetzen. Auch fuer " .. name .. "\n")
io.write("habe ich ein Geschenk. Ein " .. color .. "er Ring. Warte, ich\n")
io.write("befestige ihn an seinem Fuss. Er wird dich auf deiner Reise\n")
io.write("begleiten.\n")
io.write("\n")
io.write("Ich wuensche dir und " .. name .. " alles Gute! Packt eure Sachen.\n")
io.write("Morgen werde ich euch verabschieden.\n")
io.write("Sieh nur: Ein " .. color .. "er Schmetterling. Sicherlich ein\n")
io.write("gutes Omen fuer eure Reise.\n")
io.write("\n")
io.write("(Der Alte wendet sich ab, offenbar den Traenen nahe. Marvin\n")
io.write("zoegert kurz, laeuft dann aber los, um zu packen.)\n")
```

Kapitel 6

Kleine Helfer für den Programmierer

Wenn wir Zahlen und Strings als das Rohmaterial für unsere Programme ansehen, dann sind Funktionen so etwas wie die Zaubersprüche, mit denen du dieses Rohmaterial zum Leben erwecken kannst. Mit Funktionen kannst du deine Daten in die Welt schicken (also ausgeben) oder neues »Datenmaterial« erschaffen. In diesem Kapitel wirst du einige Funktionen kennenlernen und sehen, wie man sie aufruft.

Wir haben bis hierher schon drei Funktionen kennengelernt: `print()` und `io.write()` zur Ausgabe von Text und Zahlen sowie `io.read()` zur Eingabe von Text. Lua bringt aber noch viel mehr Funktionen mit. Die Sammlung von Funktionen, die Lua von sich aus mitbringt, nennt man auch die *Lua-Standardbibliothek*.

Wenn wir uns die Standardbibliothek als Bibliothek in einer alten Zauberschule vorstellen, dann sähe es dort vielleicht so aus: Du betrittst einen großen Raum mit zahlreichen Bücherregalen. Auf einem der Bücher entdeckst du die Beschriftung `io`, auf einem anderen steht `string`. Du gehst auf ein Buch zu, das mit `math` beschriftet ist. Es scheint mit lauter mathematischem Wissen gefüllt zu sein. Einer der darin beschriebenen Zaubersprüche heißt `math.random()`. Er scheint mit Zufallszahlen zu tun haben ...

In diesem Kapitel wirst du ein paar Funktionen aus der Standardbibliothek kennenlernen. Am Ende des Kapitels werden wir ein Programm schreiben, das zufällige Namen generiert.

Wie rufe ich eine Funktion auf?

Immer wenn du bisher was ausgegeben oder eingelesen hast, hast du eine Funktion aufgerufen. Funktionsaufrufe sind also nichts Neues für dich. Trotzdem ergibt es Sinn, noch mal allgemein über Funktionsaufrufe zu sprechen und ein paar Begriffe einzuführen, die damit zu tun haben.

Nehmen wir als Beispiel die Funktion `string.rep()`, die einen String wiederholt (`rep` steht für *repeat*). Dafür muss sie wissen, welchen String sie wiederholen soll und wie oft sie ihn wiederholen soll.

```
local leben = 3
local s = string.rep(" *", leben)
print("Leben:" .. s)    --> Leben: * * *
```

Listing 6.1 Eine rudimentäre Statusanzeige

Nehmen wir den Funktionsaufruf mal unter die Lupe:

Rückgabewert		Funktionsname		Argumente	
`s`	`=`	`string.rep`	`(`	`" *", leben`	`)`

Rückgabewert: Viele Funktionen (aber nicht alle) geben einen *Wert* zurück. Beispielsweise gibt uns `io.read()` den String zurück, den der Nutzer eingegeben hat. Die Funktion `string.rep()` gibt einen String zurück.

Funktionsname: Jede Funktion hat einen *Namen*. Um eine Funktion aufzurufen, schreiben wir ihren Namen und anschließend zwei Klammern.

Argumente: In die Klammern schreiben wir die Argumente der Funktion. Wenn es mehrere sind, werden sie durch Kommas voneinander getrennt. Wenn es keine Argumente gibt, lassen wir die Klammern einfach leer.

Ein Funktionsaufruf besteht also aus dem Namen der Funktion, zwei Klammern und dazwischen den Argumenten der Funktion. Manche Funktionen geben einen Wert zurück (wie `string.rep()`), andere nicht (wie `print()`). Du musst den Rückgabewert nicht in einer Variablen zwischenspeichern, du kannst ihn auch direkt weiterverwenden, wie das folgende Beispiel zeigt:

```
print("Leben:" .. string.rep(" *", 3))       --> Leben: * * *
```

Listing 6.2 Zweite Version der rudimentären Statusanzeige

Du kannst den Rückgabewert auch komplett ignorieren:

```
io.write("Joris tritt durch den Hoehleneingang.\n")
io.write("Druecke Enter, um zu erfahren was als Naechstes passiert...\n")
io.read()
io.write("Eine Falltuer loest aus. Joris stuerzt in die Tiefe.\n")
```

Listing 6.3 Ork-Krieger haben ein schwieriges Leben.

Ein kleiner Spaziergang durch die Bibliothek

Jetzt weißt du alles, was es über Funktionsaufrufe zu wissen gibt. Als Nächstes machen wir einen kleinen Spaziergang durch Luas Standardbibliothek und schauen, was alles möglich ist. Eine längere Liste von Funktionen findest du im Anhang.

GROSS und klein

Die Funktionen `string.upper()` und `string.lower()` nehmen einen String, verwandeln alle seine Buchstaben in Groß- bzw. Kleinbuchstaben und geben das Ergebnis zurück:

```
local s = "bEiSPieL"
print(string.upper(s))        --> BEISPIEL
print(string.lower(s))        --> beispiel
```

Listing 6.4 LAUT und leise

Ein String und seine Teile

Die Funktion `string.sub()` gibt einen Teil eines Strings zurück. Dazu bekommt `string.sub()` drei Argumente: den String, den Index des ersten Buchstabens des gewünschten Teilstrings und den Index des letzten Buchstabens des Teilstrings. Wenn du das dritte Argument weglässt, geht `string.sub()` davon aus, dass du den Rest des Strings bis zum letzten Buchstaben zurückbekommen möchtest.

Vielleicht fragst du dich, was mit Index gemeint ist? Der *Index* eines Buchstabens ist einfach die Stelle, an der er sich im String befindet. Der Index des ersten Buchstabens in einem String ist 1, der Index des zweiten Buchstabens 2 und so weiter:

String	"	B	e	i	s	p	i	e	l	"
Index		1	2	3	4	5	6	7	8	

Tabelle 6.1 Strings und Indizes

Ein paar Beispiele verdeutlichen, wie das funktioniert:

```
local s = "Beispiel"

print(string.sub(s, 1, 3))          --> Bei
```

```
print(string.sub(s, 5, 5))          --> p
print(string.sub(s, 4, 8))          --> spiel
print(string.sub(s, 4))             --> spiel
```

Listing 6.5 Langsam wird es kompliziert ...

Wer suchet, der findet

Die Funktion `string.find()` sucht einen String in einem anderen. Wenn der Suchbegriff gefunden ist, gibt `string.find()` den Index zurück, an dem er sich befindet. Wird er nicht gefunden, gibt die Funktion `nil` zurück.

```
local index = string.find("Beispiel", "Bei")
print(index)        --> 1

index = string.find("Beispiel", "spiel")
print(index)        --> 4

index = string.find("Beispiel", "Spiel")
print(index)        --> nil
```

Listing 6.6 Groß- und Kleinbuchstaben sind nicht dasselbe.

Die echte Länge eines Strings

Ich hatte schon erwähnt, dass der Längenoperator (#) die Anzahl der Bytes und nicht die Anzahl der Buchstaben eines Strings zurückgibt. Das kann ein Problem bei UTF-8-codiertem Text sein, weil manche Buchstaben mit mehreren Bytes codiert werden. Glücklicherweise hat Lua in Version 5.3 einige Funktionen zum Umgang mit UTF-8-codierten Strings in seine Standardbibliothek aufgenommen.

Eine davon ist `utf8.len()`, die die Anzahl der Buchstaben in einem String zurückgibt:

```
local color = "grün"

-- Das "ü" wird durch zwei Bytes kodiert.
print(#color)                --> 5
-- Die Anzahl der Buchstaben erhältst du mit der Funktion utf8.len().
print(utf8.len(color))       --> 4
```

Listing 6.7 Vier Buchstaben

Spiel mit dem Zufall

Die Funktion `math.random()` gibt eine Zufallszahl zurück. Je nachdem, wie viele Argumente du übergibst, verhält sich `math.random()` unterschiedlich. Wenn du kein Argument übergibst, gibt `math.random()` dir eine Kommazahl zurück, die zwischen 0 und 1 liegt.

```
print(math.random())        --> 0.88861090307416
print(math.random())        --> 0.40266258824049
```

Listing 6.8 Beispielergebnisse für math.random() ohne Argument

Wenn du eine Ganzzahl übergibst, bekommst du eine zufällige ganze Zahl zwischen 1 und der übergebenen Zahl.

```
print(math.random(6))       --> 6
print(math.random(6))       --> 1
```

Listing 6.9 Beispielergebnisse für math.random() mit einem Argument

Wenn du zwei Zahlen übergibst, bekommst du eine Zahl, die zwischen diesen beiden Zahlen steht.

```
print(math.random(10, 20))  --> 20
print(math.random(10, 20))  --> 18
```

Listing 6.10 Beispielergebnisse für math.random() mit zwei Argumenten

Kann der Computer Zufall?

Wenn du eine ältere Lua-Version als Lua 5.4 verwendest, kann es sein, dass du bei jedem Programmstart dieselben Zufallszahlen erhältst. Das liegt daran, dass Computer eigentlich keine Zufallszahlen generieren können. In Wahrheit rechnet der Computer mit einer Formel Zahlen aus, die für uns aussehen wie Zufallszahlen. Man spricht daher auch manchmal von *Pseudozufallszahlen*.

Dazu fängt er mit einer Zahl an und berechnet aus dieser Zahl die nächste »Zufallszahl«. Die Zahl, mit der der Computer anfängt, nennt man Saat oder *Seed*.

In Lua kannst du die Saat selbst setzen, indem du die Funktion `math.randomseed()` aufrufst. Wenn du eine bestimmte Zahl als Seed setzt, wirst du immer dieselben Zufallszahlen bekommen.

Stell dir zum Beispiel vor, du möchtest ein Spiel programmieren, in dem es Tausende Sternensysteme gibt. Jeder Planet in diesem Sternensystem hat andere Eigenschaften. Weil du dir nicht jedes per Hand ausdenken willst, benutzt du Zufallszahlen, um die Sternensysteme zu generieren. Du möchtest aber, dass bei jedem Spielstart dieselben Sternensysteme generiert werden.

Dann mag es sinnvoll sein, selbst eine Saat zu setzen:

```
math.randomseed(123)

-- Wie viele Monde hat der Planet?
local moons = math.random(10)
-- Ist der Planet bewohnbar? (0 = Nein, 1 = Ja)
local isHabitable = math.random(0,1)

print(moons)          --> 5
print(isHabitable)    --> 0
```

Listing 6.11 Hier kommen jedes Mal dieselben Ergebnisse heraus.

Bei Lua-Versionen vor Version 5.4 musst du einen Trick anwenden, um jedes Mal andere Zufallszahlen zu bekommen: Die Funktion `os.time()` liefert dir die aktuelle Zeit in Sekunden. Das heißt, bei jedem Programmstart bekommst du eine andere Zahl.

```
math.randomseed(os.time())

-- Wie groß ist der Planet?
local diameter = math.random(2000, 140000)
-- Ist der Planet gasförmig? (0 = Nein, 1 = Ja)
local isGasPlanet = math.random(0,1)

print(diameter)       --> 9
print(isGasPlanet)    --> 1
```

Listing 6.12 Hier kommen bei jedem Aufruf unterschiedliche Zahlen heraus

In Lua 5.4 passiert das allerdings automatisch, das heißt, wenn du selbst keine Saat setzt, bekommst du bei jedem Programmstart »frische« Zufallszahlen.

Nutze die Macht des Terminals

Die Funktion `os.execute()` führt einen Befehl im Terminal aus.

```
os.execute("mkdir test")   -- Erstellt einen Ordner mit Namen test.
```

Listing 6.13 Lua reicht die Befehle weiter ans Terminal.

Mit `os.execute()` musst du aufpassen, wenn du Programme schreiben willst, die auf verschiedenen Systemen funktionieren. Jedes System hat eigene Befehle (siehe Kapitel 3, »Hacker's Delight: das Terminal«).

Und Schluss ...

Die Funktion `os.exit()` beendet das Programm auf der Stelle.

Zusammen stark

Ihr volles Potenzial entfalten diese Funktionen erst, wenn man sie kombiniert.

Sagen wir, du schreibst ein Spiel, in dem der Spieler einen Namen für seinen Charakter eingeben kann. Jeder Name fängt mit einem Großbuchstaben an und hat danach nur noch Kleinbuchstaben. Aber was, wenn der Nutzer das nicht beachtet? Dann können wir selbst dafür sorgen, dass der Name richtig gespeichert wird:

```
io.write("Gib einen Namen für deinen Held ein:\n")
io.write("> ")
local name = io.read()

-- Der erste Buchstabe von name
local first = string.sub(name, 1, 1)
-- Die restlichen Buchstaben von name
local rest = string.sub(name, 2)

name = string.upper(first) .. string.lower(rest)

io.write(name .. "\n")
```

Listing 6.14 Erster groß, Rest klein

In Aktion sieht dieses Programm dann so aus:

```
Gib einen Namen für deinen Held ein:
> jORis
Joris
```

Oder vielleicht möchtest du ein Sprachpuzzle programmieren und brauchst dafür einen zufälligen Buchstaben zwischen A und Z.

```
-- Alle Buchstaben des Alphabets
local letters = "abcdefghijklmnopqrstuvwxyz"
-- Ein zufälliger Index zwischen 1 und der Anzahl der Buchstaben
local i = math.random(#letters)

-- Mit string.sub() holen wir den Buchstaben an der Stelle i.
io.write("Buchstabe: " .. string.sub(letters, i, i) .. "\n")
```

Listing 6.15 Ein zufälliger Buchstabe

Mit dieser Technik werden wir im nächsten Beispiel einen Algorithmus schreiben, der zufällige Namen erzeugt.

Zusammenfassung

In diesem Kapitel hast du gelernt, wie man Funktionen aufruft und was Argumente und Rückgabewerte sind. Außerdem haben wir einen kleinen Spaziergang durch Luas Standardbibliothek gemacht, und du hast einige nützliche Funktionen daraus kennengelernt. Oft muss man mehrere Funktionen miteinander kombinieren, um sein Ziel zu erreichen.

Game: Marvin auf Reisen

Voller Tatendrang machte Marvin sich auf den Weg. Der Abschied vom Alten fiel ihm schwer, aber die weite Landschaft und die Straße, die vor ihm lag, beflügelten ihn und gaben ihm eine Kraft, die er vorher kaum kannte. Er fasste sein Amulett an und schaute auf seinen Raben, der ihm einige Meter vorausflog.

Das Game

In diesem kleinen Programm wird der Nutzer nach einem Ortsnamen gefragt. Anschließend wird ein kleiner Text vom Programm generiert, der jedes Mal anders ist. Insbesondere wird jedes Mal ein zufälliger Name generiert für Marvins Weggefährten.

```
Wohin soll Marvin reisen?
> Luasien

Marvin bricht auf nach Luasien. Unterwegs trifft er
Sicil. Gemeinsam wandern sie 4 Tage lang und legen
dabei 99 km zurueck.
```

Listing

Einen zufälligen Namen zu generieren, ist gar nicht so einfach: Wenn wir dafür nur zufällige Buchstaben hintereinanderhängen, wird in aller Regel ein »Name« herauskommen, den man nicht aussprechen kann. Deswegen müssen wir etwas geschickter vorgehen: Wir nehmen Konsonanten und Vokale immer im Wechsel.

```
-- Reiseziel abfragen.
io.write("Wohin soll Marvin reisen?\n")
io.write('> ')
local place = io.read()
print()

-- Wir generieren einen zufälligen Namen für einen Mitreisenden.
local VOCALS = 'aeiou'
local CONSONANTS = 'bcdfghjklmnpqrstvwxyz'

local i = math.random(#CONSONANTS)
local name = string.upper(string.sub(CONSONANTS, i, i))

i = math.random(#VOCALS)
name = name .. string.sub(VOCALS, i, i)
i = math.random(#CONSONANTS)
name = name .. string.sub(CONSONANTS, i, i)
i = math.random(#VOCALS)
name = name .. string.sub(VOCALS, i, i)
i = math.random(#CONSONANTS)
name = name .. string.sub(CONSONANTS, i, i)

-- Wie lange geht ihre gemeinsame Wanderschaft?
local days = math.random(2, 20)

-- Der Output
io.write("\n")
io.write("Marvin bricht auf nach " .. place .. ". Unterwegs trifft er\n")
io.write(name .. ". Gemeinsam wandern sie " .. days .. " Tage lang und legen\n")
io.write("dabei " .. math.random(10 * days, 30 * days) .. " km zurueck.\n")
io.write("\n")
```

Kapitel 7

Entscheidungen treffen

Bisher liefen unsere Programme immer von oben nach unten ab, ohne dass wir die Möglichkeit hatten, auf Eingaben des Nutzers wirklich zu reagieren. Das ändert sich nun endlich! In diesem Kapitel lernst du die »if«-Anweisung kennen.

7

In diesem Kapitel dreht sich alles um Entscheidungen. Du wirst in der Lage sein, die Eingabe des Nutzers zu überprüfen, also zu entscheiden, ob sie gültig ist oder nicht. Du wirst entscheiden können, was in deinem Programm als Nächstes passieren soll, je nachdem, was eingegeben wird oder welche Zahl der Zufallsgenerator ausspuckt.

Am Ende dieses Kapitels werden wir unser erstes richtiges Game programmieren: ein kurzes Text-Adventure, das damit beginnt, dass Marvin eine merkwürdige Begegnung macht.

Wenn ja, dann Schwert

Von vielen Abenteuern erschöpft, erreicht der Held endlich ein Dorf, in dem er neue Ausrüstung kaufen kann. Besonders ein Händler fällt ihm auf: Er versucht, ein Schwert zu verkaufen, das von ausgezeichneter Qualität zu sein scheint. Wird der Held es kaufen?

Und wie können wir als Programmiererinnen und Programmierer auf die Entscheidung des Spielers reagieren? Der Schlüssel dafür ist die `if`-Anweisung:

```
local gold = 1000
local cost = 370

io.write("Du hast " .. gold .. "$. Das Schwert kostet " .. cost .. "$.\n")

io.write("Moechtest du es kaufen? (j/n) > ")
local input = io.read()

-- Ist die Antwort "j"?
if input == "j" then
```

```
    -- Wenn ja, werden die nächsten zwei Zeilen ausgeführt.
    io.write("Du kaufst das Schwert. Es liegt gut in der Hand.\n")
    gold = gold - cost
end

-- In jedem Fall geht es hier weiter.
io.write("Du ziehst weiter. Du hast noch " .. gold .. "$.\n")
```

Listing 7.1 Kaufen oder nicht kaufen?

Neu an diesem Codebeispiel ist, dass das Programm nicht immer gleich abläuft: Nur wenn der Spieler ein `j` eingibt, werden ihm die Kosten für das Schwert abgezogen, und ein entsprechender Text wird ausgegeben.

Die allgemeine Form der `if`-Anweisung ist so:

`if bedingung then`	Im Beispiel oben ist die Bedingung `antwort == "j"`, das heißt, der Block zwischen den Wörtern `then` und `end` wird nur dann ausgeführt, wenn `antwort` gleich dem String `"j"` ist. Ansonsten überspringt Lua den Block und führt das Programm nach dem `end` weiter aus.
`Block`	Der Block zwischen `then` und `end` kann beliebigen Code enthalten. Er kann auch weitere `if`-Anweisungen enthalten. Er wird nur dann ausgeführt, wenn die Bedingung erfüllt ist.
`end`	Mit der Anweisung `end` endet die `if`-Anweisung.

Jetzt weißt du, wie eine einfache `if`-Anweisung aussieht. Wenn die Bedingung erfüllt ist, wird der Block ausgeführt, ansonsten wird der Block übersprungen.

Warum zwei Gleichheitszeichen?

Vielleicht wunderst du dich, dass wir == schreiben müssen und nicht einfach nur =, um zu schauen, ob zwei Werte gleich sind. Der Grund ist, dass das einfache Gleichheitszeichen in Lua schon anderweitig vergeben ist: Es ist der *Zuweisungsoperator*, mit dem einer Variablen Werte zugewiesen werden können.

Daher musste ein anderer Operator eingeführt werden, um zu prüfen, ob zwei Werte gleich sind.

Ansonsten was?

Oft wollen wir, dass Lua etwas macht, wenn die Bedingung erfüllt ist, und etwas anderes, wenn die Bedingung nicht erfüllt ist.

Daher gibt es die Möglichkeit, einen **else**-Block einer **if**-Anweisung hinzuzufügen. Der Code darin wird ausgeführt, wenn die Bedingung *nicht* zutrifft.

```
local hp = 100

io.write("Joris hat " .. hp .. " HP.\n")
io.write("Er versucht, einen Nagel in die Wand zu hauen... Autsch...\n")

local damage = math.random(50, 150)
hp = hp - damage

if hp > 0 then
    io.write("Der Finger tut weh. Joris hat noch " .. hp .. " HP.\n")
else
    io.write("Joris ist ohnmaechtig geworden.\n")
end
```

Listing 7.2 Ein Unglück jagt das nächste ...

In diesem Fall wird geprüft, ob `hp` größer als `0` ist. Wenn das der Fall ist, wird der obere Block ausgeführt werden, ansonsten der untere.

Viele Bedingungen

Manchmal wollen wir nicht nur überprüfen, ob etwas der Fall ist oder nicht, sondern wir müssen zwischen mehreren Fällen unterscheiden. Dafür können wir mit **elseif** eine oder auch mehrere zusätzliche Bedingungen angeben. Dabei bedeutet **elseif** so viel wie: Ansonsten prüfe diese Bedingung, und wenn sie erfüllt ist, führe den nächsten Block aus. In einer **if**-Anweisung dürfen beliebig viele **elseif**-Blöcke vorkommen.

Die allgemeine Form des **if**-Statements sieht damit so aus:

`if bedingung1 then`	Prüfe die erste Bedingung.
`    Block1`	Wenn sie erfüllt ist, wird der erste Block ausgeführt.
`elseif bedingung2 then`	Wenn die erste Bedingung *nicht* erfüllt ist, prüfe die zweite Bedingung.
`    Block2`	Wenn sie erfüllt ist, wird der zweite Block ausgeführt.
`...`	Es darf beliebig viele `elseif`-Blöcke geben.
`else`	
`    else-Block`	Wenn keine der Bedingungen erfüllt ist, wird der `else`-Block ausgeführt.
`end`	

Es wird aber immer nur einer der Blöcke ausgeführt. Das klingt jetzt alles ziemlich kompliziert, aber durch ein Beispiel wird es hoffentlich klar:

In Games werden häufig die Tasten [W], [A], [S] und [D] für die Richtungen oben, links, unten und rechts verwendet. Wir wollen ein Programm schreiben, in dem wir den Nutzer bitten, [W], [A], [S] oder [D] einzugeben. Je nachdem, was er eingibt, speichern wir die entsprechende Richtung als String in der Variablen `direction`. Wenn etwas Ungültiges eingegeben wurde, teilen wir das dem Nutzer mit und beenden das Programm:

```
io.write("Gib eine Richtung ein. (w/a/s/d) > ")
local input = io.read()
local direction = ""

if input == "w" then
    direction = "oben"
elseif input == "a" then
    direction = "links"
elseif input == "s" then
    direction = "unten"
```

```
elseif input == "d" then
    direction = "rechts"
else
    io.write("Ungueltige Eingabe.\n")
    os.exit()
end

io.write("Du bewegst dich nach " .. direction .. ".\n")
```

Listing 7.3 Welche Richtung darf es sein?

Codeblöcke und die Lebensdauer von Variablen

In diesem Kapitel war häufiger von *Codeblöcken* die Rede. In den folgenden Kapiteln werden uns noch mehr Stellen begegnen, an denen solche Blöcke eine Rolle spielen, daher lohnt es sich, hier etwas tiefer ins Detail zu gehen.

Blöcke sind vor allem für die Lebensdauer von Variablen relevant: Eine Variable existiert nämlich nur innerhalb des Blocks, in dem sie deklariert wurde.

Blöcke in Blöcken in Blöcken

Auch die äußere Ebene des Programmcodes ist ein Block. Blöcke können ineinander verschachtelt sein:

```
-- Hier beginnt der äußere Block.
local outer = 1

if outer == 1 then

    -- Hier beginnt
    ein innerer Block.
    local level1 = 2

    if level1 == 2 then

        -- Und in diesem Block
        ist ein weiterer Block.
        local level2 = 3

    end

end
```

Block 1
Block 2
Block 3

Eine mit **local** deklarierte Variable existiert immer nur in dem Block, in dem sie deklariert wurde (und in darunterliegenden Blöcken). Endet der Block, hört auch die Variable auf zu existieren. Man spricht daher von einer lokalen Variablen. Du musst dir also gut überlegen, wo du deine Variable deklarierst.

Im Beispiel oben existiert die Variable `outer` im gesamten Programm (Block 1). Die Variable `level1` existiert in Block 2 (und damit auch in Block 3). Und die Variable `level2` existiert ausschließlich im innersten Block (Block 3). Wenn du die Variable nur innerhalb eines bestimmten Blocks benötigst, solltest du sie auch dort deklarieren. So weiß jeder, der mit deinem Code zu tun hat, dass die Variable nur in diesem Block relevant ist und nicht später an anderer Stelle wieder auftauchen wird.

Shadowing

Was passiert, wenn eine Variable deklariert wird und eine Variable mit demselben Namen bereits in einem darüberliegenden Block existiert?

```
local gold = 10

io.write("Du hast " .. gold .. "$.\n")
io.write("Du siehst einen Regenbogen. Gehst du dorthin? (j/n) > ")

local input = io.read()

if input == "j" then
    local gold = 1000

    io.write("Am Ende des Regenbogens ist ein Topf mit " .. gold .. "$.\n")
end

io.write("Du hast " .. gold .. "$.\n")
```

Listing 7.4 Wahrheit oder Traum?

Was, denkst du, wird in der letzten Zeile dieses Codebeispiels ausgegeben? Ist in der Variablen `gold` jetzt die Zahl 10 oder die Zahl 1000 gespeichert?

Tatsächlich gibt es in diesem Programm zwei unterschiedliche Variablen mit dem Namen `gold`. Die eine existiert im äußeren Block und die andere nur im **if**-Block.

Dadurch, dass beide Variablen denselben Namen haben, ist im **if**-Block nur die innere Variable sichtbar. Die innere gold-Variable überschattet die äußere gold-Variable. Man spricht in der Informatik von *Shadowing*. Sobald der **if**-Block endet, hört die innere Variable auf zu existieren, und es ist nur noch die äußere Variable sichtbar, die immer noch die 10 enthält. Variablen, die mit **local** deklariert werden, sind lokale Variablen, die nur in ihrem Block sichtbar sind.

Globale Variablen

Wenn du in einem Block eine neue Variable verwendest, ohne sie mit **local** zu deklarieren, legt Lua eine *globale Variable* an, das heißt eine Variable, die im gesamten Programm sichtbar ist:

```
io.write("Gib einen Zauberspruch ein: ")
local input = io.read()

-- Die Variable s wurde vorher nicht deklariert ...
if input == "" then
    s = "Du hast keinen Zauberspruch eingegeben.\n"
else
    s = input .. ", " .. input .. ", " .. input .. "...\n"
    s = s .. "Ein Geist erscheint!\n"
end

-- ... und ist daher eine globale Variable.
io.write(s)
```

Listing 7.5 Die Variable s existiert auch außerhalb der Blöcke noch.

In diesem Fall wurde im **if**-Block und im **else**-Block eine neue Variable s verwendet. Weil diese Variable nicht mit **local** deklariert wurde, handelt es sich um eine globale Variable, die auch außerhalb des Blocks noch sichtbar ist.

Im Allgemeinen solltest du auf die Verwendung von globalen Variablen lieber verzichten, weil sonst bei längeren Programmen schwer zu durchschauen ist, ob eine Variable lokal oder global existiert. Wann immer möglich, solltest du eine Variable vor der Verwendung mit **local** deklarieren. So kannst du (oder ein anderer Programmierer) später immer sehen, wo die Variable zum ersten Mal auftaucht und in welchen Teilen des Programms sie sichtbar ist.

Zur Formatierung

Wie du in den Beispielen oben gesehen hast, habe ich die Blöcke immer ein wenig eingerückt. Dem Lua-Interpreter sind diese Einrückungen egal, aber für menschliche Leserinnen und Leser ist der Code mit Einrückungen deutlich lesbarer. Außerdem sind die Einrückungen in Lua (und in den meisten anderen Programmiersprachen) Konvention, das heißt, auch wenn es für die Funktion des Codes nicht notwendig ist, halten sich doch so gut wie alle Programmierer daran.

Zusammenfassung

In diesem Kapitel können wir zum ersten Mal richtig auf Nutzereingaben reagieren. Mit einer `if`-Anweisung kannst du dem Computer sagen, dass er Code nur dann ausführen soll, wenn bestimmte Bedingungen erfüllt sind.

Optional kann noch ein `else`-Block hinzugefügt werden, der ausgeführt wird, wenn die Bedingung nicht erfüllt ist. Mit `elseif`-Blöcken kann auch zwischen einer Reihe von Alternativen entschieden werden.

Außerdem hast du erfahren, was lokale und globale Variablen sind und dass lokale Variablen nicht im ganzen Programm sichtbar sind, sondern nur in dem Block, in dem sie deklariert wurden (und in darin enthaltenen Blöcken). Globale Variablen sind hingegen im ganzen Programm sichtbar und sollten eher vermieden werden, weil ihre Verwendung in der Regel nicht notwendig ist und große Programme durch den Einsatz von globalen Variablen fehleranfälliger werden.

Game: Ein Höhlenabenteuer

Nach einigen Wochen der Reise erreichte Marvin einen Ort namens Ka-ieh. Dieser war dafür bekannt, dass dort eine außergewöhnlich hohe Anzahl von Menschen wohnten, denen hellseherische Kräfte zugeschrieben wurden. Auch Magier sollten dort leben. Ein Ort, der schräg, aber friedlich ist. Vor dem Ortseingang sah Marvin eine Höhle, die in einen Hügel hineinzugehen schien. Davor saß eine alte Frau.

Das Game

Das nächste Spiel ist ein kleines Abenteuer. Die Spielerinnen und Spieler werden vor verschiedene Entscheidungen gestellt. Je nachdem, wofür sie sich entscheiden, geht die Handlung unterschiedlich weiter.

Man nennt das ein *Text-Adventure* oder manchmal auch *Interactive Fiction*, was frei übersetzt so etwas wie »interaktiver Roman« bedeutet. Dieses Genre gibt es seit den 1970ern, und bis heute lebt es in Form von *Visual Novels* weiter.

```
Frau: "Ah, du bist genau richtig hier."
Marvin: "Warum sagst du das?"
```

```
Frau: "Ich spuere so etwas einfach. Komm in die Hoehle, es wird
sich fuer dich lohnen."

1 - "Okay."
2 - "Aeh, nee, danke."

>
```

Listing

Zu Beginn wird Marvin von der alten Frau angesprochen und kann sich für eine von zwei Optionen entscheiden. Achte darauf, dass wir hier häufig einfache Anführungszeichen benutzen, weil im Text doppelte Anführungszeichen vorkommen!

```
io.write('Frau: "Ah, du bist genau richtig hier."\n')
io.write('Marvin: "Warum sagst du das?"\n')
io.write('Frau: "Ich spuere so etwas einfach. Komm in die Hoehle, es wird\n')
io.write('sich fuer dich lohnen."\n')
io.write("\n")
io.write('1 - "Okay."\n')
io.write('2 - "Aeh, nee, danke."\n')
io.write("\n")

io.write("> ")
local input = io.read()
io.write("\n")
```

Wenn er Antwort zwei gewählt hat, wird ein entsprechender Text ausgegeben. Wichtig ist, dass wir als Bedingung `input == "2"` schreiben und *nicht* `input == 2`, denn `io.read()` gibt immer einen String zurück.

```
if input == "2" then
    io.write("Marvin geht an der Frau vorbei. Ihn beschleicht das komische\n")
    io.write("Gefuehl, eine wichtige Gelegenheit verpasst zu haben...\n")
end
```

Die einzige Antwort, die den Spieler weiterführt, ist Antwort eins. Jede andere Antwort führt zur Beendigung des Programms.

```
if input ~= "1" then
    os.exit()
end
```

Die nächste Entscheidung steht an:

```
io.write("Marvin betritt die daemmerige Hoehle, vor ihm sind drei Tueren.\n")
io.write('Ueber jeder der Tueren steht ein Wort: "ENNOS", "DNOM", "ENRETS".\n')
io.write("Welche der Tueren soll Marvin nehmen?\n")
io.write("\n")
io.write('1 - Die Tuer "ENNOS"\n')
io.write('2 - Die Tuer "DNOM"\n')
io.write('3 - Die Tuer "ENRETS"\n')
io.write("\n")

io.write("> ")
input = io.read()
io.write("\n")

if input == "1" then
    io.write("Marvin durchschreitet einen Gang. Zeichnungen von Kreisen, von\n")
    io.write("denen Linien ausgehen, schmuecken die Wand. Nach einiger Zeit\n")
    io.write("tritt er wieder ans Tageslicht. Die Sonne scheint ihn an.\n")
    io.write("Irgendwie hat er den Eindruck, dass dieser Gang nicht fuer ihn\n")
    io.write("bestimmt war.\n")
elseif input == "3" then
    io.write("Marvin betritt einen langen Gang. Lichtpunkte finden sich an\n")
    io.write("der Decke. Der Gang zieht sich, und die Sterne leuchten schon\n")
    io.write("am Himmel, als er wieder ins Freie kommt. Irgendwie hat Marvin\n")
    io.write("den Eindruck, dass dieser Gang nicht der richtige fuer ihn\n")
    io.write("war.\n")
end

if input ~= "2" then
    os.exit()
end
```

Wenn der Spieler bis hierhin richtig gewählt hat, wird er vor das finale Rätsel gestellt:

```
io.write("Marvin betritt einen Raum. Aus einem Loch in der Decke tritt ein\n")
io.write("wenig Licht und beleuchtet einen kreisrunden Stein. An den Waenden\n")
io.write("erkennt er schwach geometrische Zeichnungen von Sicheln und\n")
io.write("Kreisen, die einem ihm unverstaendlichen System zu folgen\n")
io.write("scheinen. Eine innere Stimme laesst ihn nach dem Stein greifen.\n")
io.write("Er fuehlt sich gut an. Marvin verlaesst die Hoehle wieder.\n")
io.write("\n")
io.write('Frau: "Ich sehe, du hast den Stein gefunden. Behalte ihn, er war\n')
io.write("fuer dich bestimmt. Nun weisst du, welches Gestirn dich auf deinen\n")
io.write('Reisen beschuetzen wird."\n')
io.write("\n")
io.write('"Haeh?", denkt Marvin.\n')
io.write("\n")

io.write("(Welches Gestirn ist gemeint?) > ")
input = io.read()
io.write("\n")
```

Wir wollen jede Antwort gelten lassen, die das Wort »Mond« enthält, egal ob der Nutzer »Mond«, »der Mond« oder »ES IST DER MOND!« eingibt. Dazu verwandeln wir die Antwort erst mal in Kleinbuchstaben und prüfen, dann mit `string.find()`, ob sie den String `"mond"` enthält. Erinnere dich, dass `string.find()` nur dann **nil** zurückgibt, wenn der String nicht gefunden wurde! Das heißt, wenn `string.find()` etwas anderes als **nil** zurückgibt, ist der String in der Antwort enthalten.

```
input = string.lower(input)

if string.find(input, "mond") ~= nil then
    io.write("Ein zufriedenes Gefuehl macht sich in Marvin breit. Er blickt\n")
    io.write("in den Himmel, und tatsaechlich hat er das Gefuehl, dass der\n")
    io.write("ruhige Mond ueber ihn wacht. Gestaerkt setzt er seine Reise\n")
    io.write("fort.\n")
else
    io.write('"Komische Alte", denkt Marvin, "keine Ahnung, wovon sie\n')
    io.write('spricht."\n')
    io.write("Froh setzt seine Reise fort.\n")
end
```

Kapitel 8

Rechnen mit Wahrheit

In der Schule hast du gelernt, wie man mit Zahlen rechnet. Aber wusstest du, dass man mit Wahrheit genauso rechnen kann? In diesem Kapitel lernst du, was Booleans sind, und wirst in die Geheimnisse der Logik eingeweiht.

8

Bisher haben wir Zahlen, Strings und den `nil`-Wert als Datentypen kennengelernt. In diesem Kapitel werden wir uns mit einem neuen Datentyp auseinandersetzen: dem Boolean. Zu diesem Typ gehören nur zwei Werte: `true` und `false`, also wahr und falsch. Und so, wie es für Zahlen Operatoren gibt, die zwei Zahlen nehmen und eine neue Zahl produzieren, gibt es auch für Booleans Operatoren, die Booleans nehmen und neue Booleans produzieren. Diese Operatoren heißen `and`, `or` und `not`. Aber eins nach dem anderen ...

Wann erhältst du einen Boolean?

Wenn du einer Variablen den Wert `true` oder `false` zuweisen möchtest, geht das ganz einfach:

```
local isOrcDead = false
local isOrcAngry = true

print(isOrcDead)         --> false
print(isOrcAngry)        --> true
```

Listing 8.1 Booleans können direkt in Variablen gespeichert werden.

Du erhältst aber auch einen Boolean-Wert, wenn du zwei Werte vergleichst. Das klingt wahrscheinlich erst mal kompliziert, ist aber irgendwie auch logisch: Wenn du zwei Werte vergleichst, ist der Ausdruck entweder wahr oder falsch. Zum Beispiel ist `2 < 3` wahr, also `true`, und `2 == 3` ist falsch, also `false`. Ein etwas komplizierteres Beispiel:

```
local hp = 100
local damage = 110

local isOrcDead = (damage >= hp)
local isOrcAlive = (damage < hp)

print(isOrcDead)        --> true
print(isOrcAlive)       --> false
```

Listing 8.2 Der Ork ist tot, wenn der Schaden größer ist als seine Energie.

Einen Operator, der zwei Werte nimmt und vergleicht, nennt man *Vergleichsoperator*.

Der Vollständigkeit halber siehst du hier eine kleine Tabelle mit allen Vergleichsoperatoren. In den zwei rechten Spalten findest du je ein Beispiel für die Verwendung, bei der `true` herauskommt, und je ein Beispiel, bei dem `false` herauskommt. Fühl dich aber frei, die Tabelle beim Lesen zu überspringen und nur bei Bedarf noch mal nachzuschlagen:

Operator	Erklärung	`true`	`false`
`<`	Prüft, ob der linke Ausdruck kleiner ist als der rechte. Bei Strings wird auf alphabetische Reihenfolge geprüft.	`1 < 2`	`"d" < "c"`
`>`	Prüft, ob der linke Ausdruck größer ist als der rechte. Bei Strings wird auf alphabetische Reihenfolge geprüft.	`"b" > "a"`	`3 > 3.14`
`<=`	Prüft, ob der linke Ausdruck kleiner oder gleich dem Ausdruck auf der rechten Seite ist. Bei Strings wird auf alphabetische Reihenfolge geprüft.	`100 <= 100`	`2.5 <= 1.5`
`>=`	Prüft, ob der linke Ausdruck größer oder gleich dem Ausdruck auf der rechten Seite ist. Bei Strings wird auf alphabetische Reihenfolge geprüft.	`"marvin" >= "joris"`	`"joris" >= "marvin"`
`==`	Prüft, ob beide Ausdrücke gleich sind.	`"Joris" == "Joris"`	`"Joris" == "joris"`
`~=`	Prüft, ob beide Ausdrücke ungleich sind.	`3.14 ~= 3`	`3.14 ~= 3.14`

Tabelle 8.1 Die Vergleichsoperatoren in Lua

Und, oder, nicht?

In Wahrheit kennst du Booleans schon seit dem letzten Kapitel: Die Bedingung bei einer `if`-Anweisung, also das, was zwischen `if` und `then` steht, muss wahr oder falsch sein. Mit anderen Worten: Die Bedingung muss ein Ausdruck sein, bei dem ein Boolean herauskommt!

```
local hp = 100
local damage = math.random(0, 150)

if damage > hp then
  io.write("Glueck gehabt. Der Ork ist ausser Gefecht.")
end
```

Listing 8.3 Zwischen if und then steht ein Ausdruck, der wahr oder falsch ist.

Manchmal wollen wir aber etwas mehr, als nur zwei Werte vergleichen. Sagen wir zum Beispiel, dass Orks wütend werden, wenn sie mehr als die Hälfte ihrer HP verloren haben. Wenn ein Ork aber alle seine HP verloren hat, dann ist er tot und kann dementsprechend nicht mehr wütend sein. In unserem Code könnte das so aussehen:

```
local hp = 100
local damage = math.random(0, 150)

if damage > hp / 2 and damage < hp then
  io.write("Der Ork ist stinkwuetend... Du hast ein Problem...")
end
```

Listing 8.4 Schon tot oder noch wütend?

Mit dem `and`-Operator können wir zwei Bedingungen verknüpfen. Beide Bedingungen müssen erfüllt sein, damit der gesamte Ausdruck erfüllt ist.

Ein anderes Beispiel: Wir wollen entscheiden, ob ein Planet bewohnbar ist. Wenn der Planet dauerhaft Temperaturen unter 0° C hat, gibt es dort kein flüssiges Wasser, und es ist kein Leben möglich. Ist die Temperatur über 50° C, dann ist dort ebenfalls kein menschliches Leben möglich.

Im Code könnte das so aussehen:

```
local temperature = math.random(-50, 80)

if temperature < 0 or temperature > 50 then
    io.write("Auf diesem Planeten ist kein Leben moeglich.")
end
```

Listing 8.5 Was melden die Sensoren, Mr. Spock?

In diesem Fall genügt es, dass eine der beiden Bedingungen erfüllt ist, um zu entscheiden, dass der Planet unbewohnbar ist. Der `or`-Operator verknüpft zwei Bedingungen und gibt `true` zurück, wenn eine davon (oder beide) `true` sind.

Und noch einen Operator gibt es im Umgang mit Bedingungen: den `not`-Operator. Damit kann man prüfen, ob eine Bedingung *nicht* erfüllt ist:

```
local isOrcAngry = false

if not isOrcAngry then
  io.write("Der Ork sieht entspannt aus...")
end
```

Listing 8.6 Auch Orks brauchen mal eine Pause!

Die drei Operatoren `and`, `or` und `not` nennt man auch *logische Operatoren*. Sie kombinieren mehrere Bedingungen zu einer neuen Bedingung.

Kompliziertere Bedingungen

Diese Operatoren lassen sich kombinieren, und wie auch bei anderen Rechenoperationen kannst du Klammern setzen, um die Reihenfolge zu bestimmen, in der der Ausdruck ausgewertet wird.

Für das letzte Beispiel stellen wir uns vor, du schreibst an einem Spiel, in dem epische Weltraumschlachten simuliert werden. Dein Raumschiff hat gerade einen heftigen Treffer abbekommen. Aber noch ist nicht alles vorbei. Entscheidend ist, ob die Schilde rechtzeitig aktiviert werden konnten ...

```
io.write("Das Schiff wurde getroffen!\n")

if (isShieldActivated and damage <= 100)
   or (not isShieldActivated and damage < 50)
```

```
then
    io.write("Der Angriff verlief ohne groesseren Schaden.")
    io.write("Der Warp-Antrieb wurde aktiviert.")
else
    io.write("Das Raumschiff explodiert...")
end
```

Listing 8.7 Wird die Crew überleben?

Im Beispiel oben gibt es zwei Möglichkeiten, wie die Crew überleben kann:

- Die Schilde sind aktiviert, und es sind weniger als 100 Schadenspunkte entstanden.

oder

- Die Schilde sind *nicht* aktiviert, und es sind weniger als 50 Schadenspunkte entstanden.

Lass dich von dem Zeilenumbruch in der `if`-Bedingung nicht irritieren: Die Bedingung war einfach zu lang, um in eine Zeile zu passen. Zum Glück erlaubt Lua uns, den Code so zu formatieren, dass er gut lesbar ist.

Meistens verhalten sich **and**, **or** und **not** so, wie man es auch vom Sprechen her erwarten würde. Es gibt aber eben auch Ausnahmen. Wenn du jemanden fragst: »Möchtest du Ketchup oder möchtest du Majo?« und er antwortet mit »Ja«, dann stehen die Chancen gut, dass es ein Informatiker ist ...

Sind auch andere Ausdrücke als Bedingungen erlaubt?

In aller Regel sollte in einer **if**-Bedingung ein Ausdruck stehen, bei dem **true** oder **false** herauskommt. Lua ist hier allerdings großzügig und erlaubt beliebige Ausdrücke in **if**-Bedingungen.

Dabei werden nur die Werte **false** und **nil** als falsch gedeutet. Alle anderen Werte gelten für Lua als wahr, insbesondere auch die Zahl 0 und der leere String `""`.

Manchmal kann man sich diese Eigenschaft in seinem Code zunutze machen. Erinnere dich zum Beispiel an die `string.find()`-Funktion aus Kapitel 6, »Kleine Helfer für den Programmierer«. Wenn sie etwas findet, gibt sie den Index des gefundenen Strings zurück, ansonsten **nil**.

Greifen wir ein Beispiel aus dem vorherigen Game auf. Wir wollen prüfen, ob die Eingabe das Wort »Mond« enthält. Die saubere Version sieht so aus:

```
io.write("Gib einen Satz ein: ")
local input = string.lower(io.read())

if string.find(input, "mond") ~= nil then
    io.write('Der String enthaelt das Wort "Mond"!\n')
end
```

Listing 8.8 Wenn string.find() etwas anderes als nil zurückgibt, wurde der String gefunden.

Wenn wir aber ausnutzen, dass Lua Zahlen als wahr interpretiert und `nil` als falsch, dann können wir den Code etwas abkürzen:

```
io.write("Gib einen Satz ein: ")
local input = string.lower(io.read())

if string.find(input, "mond") then
    io.write('Der String enthaelt das Wort "Mond"!\n')
end
```

Listing 8.9 Fünf Zeichen gespart ...

Oft sind solche »Abkürzungen« aber den zusätzlichen Hirnschmalz nicht wert, den sie beim Schreiben und vor allem beim Lesen kosten. Gehe also sparsam damit um.

Zusammenfassung

In diesem Kapitel hast du den Datentyp Boolean kennengelernt. Ein Boolean kann die Werte `true` oder `false` enthalten.

Wenn man zwei Werte mit einem Vergleichsoperator wie `==` oder `>` vergleicht, ist das Ergebnis dieses Vergleichs ein Wert vom Typ Boolean.

Mit **and**, **or** und **not** lassen sich auch komplizierte logische Bedingungen ausdrücken. Ein Ausdruck mit **and** ist wahr, wenn beide Seiten wahr sind. Ein Ausdruck mit **or** ist wahr, wenn (mindestens) eine von beiden Seiten wahr ist. Der `not`-Operator kehrt den Wahrheitswert um: Aus einer wahren Aussage wird eine falsche Aussage und umgekehrt.

Game: Feuer, Wasser, Eis

In Ka-ieh angekommen, suchte Marvin sich ein Zimmer zum Übernachten. In der Gaststätte herrschte eine freundliche Stimmung. Marvin bestellte sich etwas zu essen und zu trinken, und nach einiger Zeit kam ein junger Mann zu ihm, der sich als Lidus vorstellte.

»Hi. Bist du auch Zauberlehrling?«, fragte er.

»Zauberlehrling? Nicht, dass ich wüsste …«

»Hm. Komisch. Siehst so aus.«

»Wieso denkst du das?«

»Schwer zu sagen. Ist eher so ein Gefühl. Du scheinst eher so ein stiller Typ zu sein. Das ist typisch für Zauberer. Pass auf, ich bringe dir ein Spiel bei. Ist sehr beliebt unter Zauberlehrlingen. Kennst du Feuer, Wasser, Eis?«

»Nie gehört …«

»Ist ganz einfach. Ich erkläre es dir: Wasser löscht Feuer, Feuer schmilzt Eis und Eis gefriert Wasser.«

»Ah, dort, wo ich herkomme, gibt es ein ähnliches Spiel.«

Das Game

In diesem Kapitel werden wir eine etwas abgewandelte Version von Schere, Stein, Papier programmieren. Der Spieler (Marvin) wählt aus, ob er Feuer, Wasser oder Eis manifestieren möchte, und der Computer (Lidus) macht einen zufälligen Zug. Am Ende soll das Programm ausgeben, wer gewonnen hat.

```
Lidus: "Okay, denke an das, was du manifestieren moechtest."

1 - Feuer
2 - Wasser
3 - Eis

> 3

Marvin: "Ich bin so weit."
Lidus: "Okay."
1
2
3
Marvin hat Eis, Lidus hat Wasser.
Marvin gewinnt!

Ein merkwuerdiges Kaeltegefuehl macht sich an Marvins Fingerspitzen bemerkbar.
```

Listing

Als Erstes darf der Spieler (also Marvin) seine Eingaben machen. Dabei übersetzen wir die Eingabe direkt mit `tonumber()` in eine Zahl. Wenn das fehlschlägt, also `tonumber()` statt einer Zahl **`nil`** ausspuckt oder die Zahl nicht zwischen 1 und 3 liegt, dann hat der Nutzer eine ungültige Eingabe gemacht, und wir beenden das Programm.

```
io.write('Lidus: "Okay, denke an das, was du manifestieren moechtest."\n')
io.write("\n")
io.write("1 - Feuer\n")
```

```
io.write("2 - Wasser\n")
io.write("3 - Eis\n")
io.write("\n")

io.write("> ")
local marvin = tonumber(io.read())

if marvin == nil or marvin < 1 or marvin > 3 then
    io.write("Ungueltige Eingabe.\n")
    os.exit()
end

io.write("\n")
io.write('Marvin: "Ich bin so weit."\n')
```


Jetzt hat Marvin seinen Zug gemacht. Nun ist Lidus an der Reihe. Dafür nehmen wir einfach eine Zufallszahl zwischen 1 und 3.

```
local lidus = math.random(1, 3)
io.write('Lidus: "Okay."\n')
```

Bis jetzt sind die beiden Züge als Zahlen gespeichert. Wir wollen sie nun in einen String übersetzen. Einmal, weil wir den Zug so besser an den Nutzer ausgeben können, aber auch für uns, damit wir uns nicht merken müssen, welche Zahl für Feuer und welche für Wasser bzw. Eis steht.

```
if marvin == 1 then
    marvin = "Feuer"
elseif marvin == 2 then
    marvin = "Wasser"
elseif marvin == 3 then
    marvin = "Eis"
end

if lidus == 1 then
    lidus = "Feuer"
elseif lidus == 2 then
    lidus = "Wasser"
```

```
elseif lidus == 3 then
    lidus = "Eis"
end
```

Als Nächstes wollen wir ausgeben, welchen Zug Marvin und Lidus jeweils gemacht haben. Um die Spannung etwas zu erhöhen, zählen wir bis drei. Der Nutzer soll nach jeder Zahl einmal [↵] drücken, deswegen fügen wir an diesen Stellen ein `io.read()` ein. Nach drei zeigen wir den Zug an.

```
io.write("1")
io.read()
io.write("2")
io.read()
io.write("3")
io.read()
io.write()

io.write("Marvin hat " .. marvin .. ", Lidus hat " .. lidus .. ".\n")
```

Jetzt kommt das Schwierigste. Wir müssen überprüfen, wer gewonnen hat. Als Erstes schauen wir, ob Lidus gewonnen hat.

Die Bedingung dafür ist etwas kompliziert. Es gibt drei Möglichkeiten: Wenn Marvin Feuer macht, muss Lidus Wasser haben, damit er gewinnt. Wenn Marvin Wasser hat, muss Lidus Eis haben, und bei Eis muss Lidus Feuer haben. Wenn eine von diesen Möglichkeiten eingetreten ist, hat Lidus gewonnen.

```
if (marvin == "Feuer" and lidus == "Wasser")
    or (marvin == "Wasser" and lidus == "Eis")
    or (marvin == "Eis" and lidus == "Feuer")
then
    io.write("Lidus gewinnt.")
```

Für Marvin müssen wir die Bedingung entsprechend anpassen. Wenn Marvin gewinnt, soll ein kleiner Zusatztext erscheinen, in dem geschildert wird, welche merkwürdigen Empfindungen Marvin an seiner Hand hat. Vielleicht hat Marvin ja tatsächlich Talent zum Zauberschüler ...

```
elseif (marvin == "Feuer" and lidus == "Eis")
    or (marvin == "Wasser" and lidus == "Feuer")
    or (marvin == "Eis" and lidus == "Wasser")
then
    io.write("Marvin gewinnt!\n")
    io.write("\n")

    io.write("Ein merkwuerdiges ")

    if marvin == "Feuer" then
        io.write("Hitzegefuehl")
    elseif marvin == "Wasser" then
        io.write("Feuchtegefuehl")
    elseif marvin == "Eis" then
        io.write("Kaeltegefuehl")
    end

    io.write(" macht sich an Marvins Fingerspitzen bemerkbar.\n")
```

Wenn keine der beiden Bedingungen zutrifft, muss das Spiel unentschieden ausgegangen sein.

```
else
    io.write("Unentschieden...\n")
end
```

Kapitel 9

Ich wiederhole mich sehr gern

In diesem Kapitel lernst du, was Schleifen sind und welche Arten von Schleifen es in Lua gibt. Schleifen erlauben dir, Teile deines Codes zu wiederholen. Das klingt vielleicht erst mal banal, hebt unsere Möglichkeiten aber auf ein ganz neues Level.

Stell dir vor, dein Spielcharakter spricht mit einem Händler. Er kann so lange neue Waren kaufen, bis er den Laden verlässt.

Oder dein Charakter kämpft gegen eine Horde Feinde. Er kann so lange kämpfen, bis er keine Energie mehr hat oder seine Feinde besiegt sind. Oder du programmierst eine Kasino-Simulation. Der Spieler kann so lange Geld setzen, bis er alles verzockt hat oder das Kasino verlässt.

In all diesen Beispielen wiederholt sich etwas, bis eine bestimmte Bedingung erfüllt ist. Schleifen ermöglichen uns, eine Menge interessanter Spielideen umzusetzen, die wir bisher einfach noch nicht umsetzen konnten.

In Lua gibt es drei Arten von Schleifen: `while`-Schleifen, `repeat`-Schleifen und `for`-Schleifen.

while und repeat

Kannst du erraten, was folgender Code macht?

```
local i = 10

while i > 0 do
    print(i)
    i = i - 1
end
```

Listing 9.1 Countdown

Wenn du das Programm ausführst, werden die Zahlen von 10 bis 1 im Terminal erscheinen. In jedem Durchgang der Schleife wird die aktuelle Zahl ausgegeben und dann um eins verringert. Allgemein sieht eine **while**-Schleife so aus:

```
while bedingung do

    block

end
```

Die Schleife wird ausgeführt, solange die Bedingung erfüllt (also `true`) ist. Es kann auch sein, dass die Schleife kein einziges Mal ausgeführt wird.

Wie bei der `if`-Anweisung kann der Block beliebigen Code enthalten, auch weitere Schleifen oder `if`-Anweisungen. Wurde der Block ausgeführt, springt der Lua-Interpreter wieder an den Anfang der Schleife und prüft die Bedingung. Wenn sie immer noch `true` ist, wird der Block noch mal ausgeführt.

Die **repeat**-Schleife ist sehr ähnlich, allerdings findet die Prüfung der Bedingung erst am Ende der Schleife statt. Dadurch kannst du sicher sein, dass die Schleife mindestens einmal ausgeführt wird. **repeat**-Schleifen eignen sich prima, um die Eingabe der Nutzenden zu überprüfen.

Sagen wir, wir möchten ein Roulette-Spiel programmieren. Der Spieler kann auf Rot oder auf Schwarz setzen und soll dafür entweder ein »r« für rot oder ein »s« für schwarz eingeben:

```
local color

repeat
    io.write("Auf welche Farbe setzt du?\n")
    io.write("(r)ot oder (s)chwarz? > ")
    color = string.lower(io.read())
until color == "r" or color == "s"

io.write("Dein Einsatz wurde angenommen.\n")
```

Listing 9.2 Mesdames et Messieurs, faites vos jeux!

Allgemein sieht eine **repeat**-Schleife so aus:

```
repeat

    block

until bedingung
```

- `block`: Der Codeblock, der wiederholt werden soll. Bei der `repeat`-Schleife wird der Block mindestens einmal ausgeführt, weil die Prüfung der Bedingung erst am Ende stattfindet.
- `until bedingung`: Die Schleife wird wiederholt, *bis* die Bedingung erfüllt, also `true` ist.

Wie du siehst, sind sich beide Schleifentypen sehr ähnlich. Der Hauptunterschied zwischen einer **while**- und einer **repeat**-Schleife ist, dass die **repeat**-Schleife immer mindestens einmal durchläuft, weil die Schleifenbedingung erst am Ende der Schleife geprüft wird.

Endlosschleifen und break

Schleifen müssen nicht zu Ende gehen. Es kann sein, dass die Bedingung bei deiner **while**-Schleife einfach immer erfüllt ist:

```
local i = 0

while i == 0 do
    i = 2 * i
    print(i)
end
```

Listing 9.3 Zwei mal null ist leider immer noch null.

Wenn du dieses Programm ausführst, wird die Ausführung niemals enden, weil `i` immer 0 bleiben wird. Der Lua-Interpreter wird immer wieder 0 ausgeben und niemals damit aufhören …

Glücklicherweise gibt es eine Möglichkeit, dein Programm trotzdem zu beenden: Die Tastenkombination [Strg] + [C] bricht die Ausführung des aktuellen Programms ab und bringt dich zurück zu deinem Terminal-Prompt.

Manchmal passiert es aber, dass man eine Endlosschleife haben möchte. Oft, weil man noch nicht genau weiß, wann die Schleife enden soll, oder weil die Bedingung zu schwer aufzuschreiben wäre. Wenn du eine Endlosschleife haben möchtest, kannst du das so schreiben:

```
while true do
    -- Dein Code
end
```

Listing 9.4 Eine (absichtliche) Endlosschleife

Gibt es dann keine Möglichkeit mehr, die Schleife zu verlassen? Doch, die gibt es. Mit dem **break**-Befehl kannst du die Schleife jederzeit verlassen. Schau dir zum Beispiel diesen kleinen »Karussell-Simulator« an:

```
io.write("Eine neue Runde, eine neue Wahnsinnsfahrt!\n")

while true do
    io.write("Moechtest du raus?\n")
    io.write("(j/n) > ")
    local input = io.read()

    if input == "j" then
        break    -- Raus aus der Schleife
    end

    io.write("Dann drehen wir noch 'ne Runde.\n")
end

io.write("Puh, mir ist schlecht!\n")
```

Listing 9.5 Noch eine Runde?

Mit **break** kannst du **while**-, **repeat**- und auch **for**-Schleifen (die wir im nächsten Abschnitt besprechen werden) jederzeit verlassen, auch mitten im Block.

Die for-Schleife

Etwas anders als die beiden anderen Schleifentypen ist die **for**-Schleife. Sie eignet sich besonders, wenn du vorher weißt, wie viele Schleifendurchläufe du machen möchtest.

Stell dir zum Beispiel vor, du möchtest fünf Würfelwürfe simulieren. Mit einer `for`-Schleife könntest du das so realisieren:

```
for i = 1, 5 do
    print("Wurf " .. i .. ": " .. math.random(1, 6))
end
```

Listing 9.6 Knifflig ...

Vielleicht wunderst du dich, woher das `i` im oberen Beispiel kommt. Das ist die sogenannte *Zählvariable*. Du musst sie nicht deklarieren, Lua macht das für dich. Die Zählvariable wird nach jedem Durchlauf der Schleife um eins größer gemacht. Im oberen Beispiel ist `i` am Anfang 1 und wird dann erhöht, bis `i` schließlich 5 ist. Neben einem Start- und einem Endwert kannst du auch noch eine Schrittweite angeben:


```
for i = 1, 10, 2 do
    print(i)
end
```

Listing 9.7 Gibt alle ungeraden Zahlen bis 10 aus.

Auch eine negative Schrittweite ist erlaubt. Die Schleife zählt dann rückwärts:

```
for i = 10, 0, -1 do
    print(string.rep("#", i))
end
```

Listing 9.8 Hast du eine Idee, wie der Output dieses Programms aussieht?

Allgemein sieht die `for`-Schleife so aus:

`for variable = start, ende, schritt do`	Die Variable wird am Anfang auf `start` gesetzt und am Ende von jedem Durchlauf der Schleife um `schritt` erhöht, bis sie so groß wie oder größer als `ende` ist. (Wenn `schritt` negativ ist, wird die Variable entsprechend kleiner, bis sie so klein wie oder kleiner als `ende` ist.)
`    block`	Der Codeblock.
`end`	

Ein kurzes Wort zur Benennung der Zählvariablen. Du darfst die Zählvariable nennen, wie du willst. Es ist aber Tradition, sie `i`, `j` oder `k` zu nennen, und du könntest andere Programmiererinnen und Programmierer ziemlich durcheinanderbringen, wenn du ohne guten Grund von dieser Tradition abweichst.

Es spricht nichts dagegen, in eine **for**-Schleife eine andere **for**-Schleife zu schreiben. Man nennt das eine *verschachtelte* **for**-Schleife.

Sagen wir, du möchtest deiner kleinen Schwester oder einem jüngeren Freund bei den Mathehausaufgaben helfen und ein Programm schreiben, das das Einmaleins ausgibt. Mit zwei verschachtelten **for**-Schleifen kein Problem:

```
for i = 1, 10 do
    for j = 1, 10 do
        print(i .. " * " .. j .. " = " .. i * j)
    end
end
```

Listing 9.9 Zwei mal drei macht vier, widewidewitt, und drei macht neune ...

Zusammenfassung

In diesem Kapitel hast du die verschiedenen Schleifentypen von Lua kennengelernt. Es gibt in Lua **while**-, **repeat**- und **for**-Schleifen.

Du hast gesehen, wie man Schleifen benutzt, um den Input des Nutzers zu kontrollieren.

Du hast auch erfahren, wie du eine Schleife vorzeitig beenden kannst: Mit der **break**-Anweisung kannst du jede Schleife jederzeit verlassen. Sollte dein Programm mal in einer Endlosschleife feststecken, kannst du [Strg] + [C] drücken, um das Programm zu beenden.

Game: Markt der Magier

Lidus und Marvin verbrachten noch einige unbeschwerte Tage in Ka-ieh. Doch nach einiger Zeit merkte Marvin, dass das Gold, das der Alte ihm für seine Reise mitgegeben hatte, sich dem Ende neigte.

»Kein Problem«, versicherte ihm Lidus, »komm einfach mit mir mit, ich handle mit magischen Kräutern und war schon im halben Königreich unterwegs. Ich merke, dass du was in der Birne hast. Das ist wichtig, wenn man Handel treiben will. Wir werden ein gutes Team abgeben.« Marvin zögerte nicht lang. Sie packten ihre Sachen und machten sich auf den Weg.

Das Game

In diesem Spiel darf der Spieler Handel betreiben. In jeder Runde reisen Marvin und Lidus an einen neuen Ort und können dort Kräuter kaufen oder verkaufen. Die Preise für die Kräuter ändern sich dabei jedes Mal. Außerdem finden sie unterwegs neue Kräuter, die sie gewinnbringend verkaufen können.

Das Spiel endet, wenn der Spieler 10.000 $ verdient hat. Dabei ist es wichtig, strategisch zu spielen und Muster bei der Preisentwicklung sowohl zu erkennen als auch auszunutzen. Der Preis für die Alraune beispielsweise scheint im Verlauf des Spiels immer weiter zu steigen.

```
Tag 1
Lidus und Marvin reisen 12km in den naechsten Ort.
Unterwegs finden sie 45g magische Minze und 2g Nachtschatten.

Eure Kraeuter und die Preise:
                        Menge     Preis
Alraune                 2 Stk.    105 $
Magische Minze          145 g       5 $
Nachtschatten           7 g        54 $

Eure Goldreserve: 1000 $

(k)aufen, (v)erkaufen oder (w)eiterreisen? >
```

Listing

Dieses Spiel ist etwas komplizierter als die letzten Spiele. Mach dir keine Sorgen, wenn einzelne Passagen dir erst mal verwirrend vorkommen. Es kommen auch ganz schön viele Schleifen vor, zunächst eine Hauptschleife, bei der jeder Durchgang einem Tag der Reise entspricht. Jeden Tag reisen Lidus und Marvin in ein neues Dorf, um mit ihren Kräutern zu handeln. In dem Dorf können Lidus und Marvin so lange Kräuter kaufen oder verkaufen, wie sie möchten, bis sie sich zur Weiterreise entschließen. Auch dafür brauchen wir wieder eine Schleife.

Zunächst deklarieren wir ein paar Variablen. Marvin und Lidus starten an Tag 0 und mit einem Startkapital von 1.000 $. Die Kräuter, mit denen sie handeln, sind Alraune, magische Minze und Nachtschatten. Sie starten mit 2 Alraunen zu je 100 $, 100 g magischer Minze zu je 4 $ und 5 g Nachtschatten zu je 50 $.

```
local day = 0

local amountA, costA = 2, 100        -- Alraune
local amountM, costM = 100, 4        -- magische Minze
```

```
local amountN, costN = 5, 50        -- Nachtschatten

local gold = 1000
```

Jetzt beginnt die Hauptschleife unseres Programms. Jeder Durchlauf entspricht einem neuen Tag. Lidus und Marvin reisen an einen neuen Ort. Um den Text etwas lebendiger zu gestalten, erfinden wir eine zufällige Kilometerzahl für die Länge ihrer Reise.

```
-- Die Hauptschleife des Spiels
repeat
    -- Jeder Durchgang steht für einen Tag.
    day = day + 1

    io.write("\n")
    io.write("Tag " .. day .. "\n")
    io.write("Lidus und Marvin reisen " ..  math.random(10, 30) .. "km in den ")
    io.write("naechsten Ort.\n")
```

Auf ihrer Reise finden sie ein paar Kräuter. Mit etwas Glück finden sie sogar eine wertvolle Alraune!

```
    -- Jede Runde finden Marvin und Lidus ein paar Kräuter. Die Menge wird
    -- zufällig ausgewürfelt.
    local foundMinze = math.random(10, 50)
    io.write("Unterwegs finden sie " .. foundMinze .. "g magische Minze ")
    amountM = amountM + foundMinze

    local foundNachtschatten = math.random(1, 3)
    io.write("und " .. foundNachtschatten .. "g Nachtschatten.\n")
    amountN = amountN + foundNachtschatten

    -- Mit etwas Glück finden sie sogar eine kostbare Alraune.
    if math.random(10) == 1 then
        io.write("Sie finden auch eine Alraune!\n")
        amountA = amountA + 1
    end
    io.write("\n")
```

In jedem Ort ändern sich die Preise für die Kräuter. Für jedes Kraut wird der neue Preis nach einer anderen Methode berechnet:

```
-- Der Alraunenpreis wird mit einer Zahl zwischen 0,95 und 1,1 multipliziert.
costA = math.ceil(costA * math.random(95, 110) / 100)
-- Der Preis für die Minze liegt immer zwischen 4 $ und 6 $.
costM = math.random(4, 6)
-- Der Preis für den Nachtschatten steigt oder fällt jede Runde zufällig ...
costN = costN + math.random(-10, 10)
-- ... fällt aber niemals unter 10 $.
if costN < 10 then costN = 10 end
```

Im Ort angekommen, beginnt das eigentliche Handeln. Marvin und Lidus können so lange Kräuter kaufen und verkaufen, bis sie sich entschließen, weiterzureisen. Weil wir nicht wissen, wie lange der Spieler das machen will, benutzen wir eine Endlosschleife, die wir dann mit **break** verlassen, wenn der Spieler sich entschließt, weiterzureisen. Wir deklarieren auch ein paar Variablen, die wir später noch brauchen werden.

```
-- Jede Runde kann der Spieler beliebig oft Kräuter kaufen oder verkaufen.
while true do
    -- Einige Variablen, die wir in dieser Schleife brauchen werden.
    local action, herb, cost, availableAmount, requestedAmount
```

Aber erst mal geben wir aus, wie viele Kräuter Lidus und Marvin haben und was die Kräuter kosten.

```
    io.write("Eure Kraeuter und die Preise:\n")
    io.write("                \tMenge\tPreis\n")
    io.write("Alraune         \t" .. amountA .. " Stk.\t" .. costA .. " $\n")
    io.write("Magische Minze  \t" .. amountM .. " g  \t" .. costM .. " $\n")
    io.write("Nachtschatten   \t" .. amountN .. " g  \t" .. costN .. " $\n")
    io.write("\n")
    io.write("Eure Goldreserve: " .. gold .. " $\n")
    io.write("\n")
```

Jetzt fragen wir die Aktion ab. Das machen wir so lange, bis der Spieler eine gültige Aktion eingibt. Wenn der Spieler sich entschließt, weiterzureisen (w), verlassen wir die Handelsschleife, und der nächste Tag beginnt.

```
repeat
    io.write("(k)aufen, (v)erkaufen oder (w)eiterreisen? > ")
    action = string.lower(io.read())
until action == "k" or action == "v" or action == "w"

-- Wenn der Spieler weiterreisen möchte, verlassen wir die Schleife.
if action == "w" then break end
```

Wenn der Spieler kaufen oder verkaufen will, fragen wir ab, mit welchem Kraut er handeln will.


```
-- Ansonsten fragen wir, mit welchem Kraut er handeln möchte.
repeat
    io.write("\n")
    io.write("(A)lraune, (M)inze oder (N)achtschatten? > ")
    herb = string.lower(io.read())
until herb == "a" or herb == "m" or herb == "n"
```

Als Nächstes benutzen wir einen kleinen Trick: Sagen wir, der Spieler möchte zwei Alraunen verkaufen. Dann müssen wir die Menge seiner Alraunen um zwei verringern (`mengeA = mengeA - 2`) und sein Geld um den Preis der Alraunen vergrößern (`gold = gold + 2 * preisA`). Wenn der Spieler zwei Gramm Nachtschatten verkaufen will, ist die Methode die gleiche, aber statt `mengeA` und `preisA` müssten wir `mengeN` und `preisN` schreiben. Damit wir nicht den gleichen Code dreimal schreiben müssen, benutzen wir zwei Hilfsvariablen, um die vorhandene Menge und den Preis des Krauts, mit dem der Spieler handeln will, zu speichern.

```
-- Wir speichern Menge und Kosten des ausgewählten Krauts.
if herb == "a" then
    cost, availableAmount = costA, amountA
elseif herb == "m" then
    cost, availableAmount = costM, amountM
elseif herb == "n" then
    cost, availableAmount = costN, amountN
end
```

Dann fragen wir die Menge ab, die der Spieler kaufen oder verkaufen möchte. Die Menge muss eine Zahl sein. Wenn der Spieler Quatsch eingibt, wird `tonumber()` den Wert **nil** zurückgeben, und die Abfrage wird wiederholt.

```
-- Welche Menge möchte der Spieler kaufen oder verkaufen?
repeat
    io.write("\n")
    io.write("Welche Menge? > ")
    -- tonumber() gibt nil zurück, wenn der Spieler keine Zahl eingibt.
    requestedAmount = tonumber(io.read())
until requestedAmount ~= nil
```

Möchte der Spieler Kräuter kaufen, müssen wir überprüfen, ob er genug Gold hat. Wenn das so ist, ziehen wir den Preis von seinem Gold ab und erhöhen die Menge des Krauts entsprechend. Ansonsten geben wir eine entsprechende Nachricht aus.

```
if action == "k" then
    -- Wenn der Spieler kaufen möchte, prüfen wir, ob er genug Gold hat.
    if gold >= requestedAmount * cost then
        gold = gold - requestedAmount * cost
        availableAmount = availableAmount + requestedAmount
        io.write("Kein Problem.\n")
    else
        io.write("Ihr habt nicht genug Gold.\n")
    end
```

Wenn der Spieler verkaufen möchte, müssen wir überprüfen, ob er genug von dem Kraut hat.

```
elseif action == "v" then
    -- Zum Verkaufen muss der Spieler genug von dem Kraut haben.
    if availableAmount >= requestedAmount then
        gold = gold + requestedAmount * cost
        availableAmount = availableAmount - requestedAmount
        io.write("Der Rubel rollt.\n")
    else
        io.write("So viel habt ihr nicht von dem Kraut...\n")
    end
end
```

Nun ist das Handeln abgeschlossen. Wir machen unseren »Trick« rückgängig und speichern die neue Krautmenge wieder in der Variablen für das Kraut, mit dem gerade gehandelt wurde.

```
-- Zum Schluss speichern wir die neue Menge wieder in der richtigen
-- Variablen.
if herb == "a" then
    amountA = availableAmount
elseif herb == "m" then
    amountM = availableAmount
elseif herb == "n" then
    amountN = availableAmount
end
```


Die **while**-Schleife endet, wir springen zurück an den Anfang und fragen den Spieler, ob er noch etwas kaufen oder verkaufen möchte.

```
    end
```

Ist die **while**-Schleife verlassen worden, wissen wir, dass der Spieler weiterreisen will. Das Spiel endet, wenn der Spieler mehr als 10.000 $ erwirtschaftet hat. Ansonsten springen wir wieder an den Anfang unserer äußeren **repeat**-Schleife, und ein neuer Tag beginnt.

```
until gold >= 10000     -- Das Spiel endet, wenn der Spieler 10.000 $ hat.

io.write("Nach " .. day .. " Tagen endet ihre Reise. Marvin und Lidus haben ")
io.write(gold .. " $ verdient!\n")
```

Das war es. Mach dir keine Sorgen, wenn du Teile des Codes nicht verstanden hast. Wie schon erwähnt: Code zu lesen, ist meistens schwerer, als eigenen Code zu schreiben! Vielleicht hast du beim Lesen eine Idee für ein eigenes Game bekommen. Wenn das so ist, umso besser!

Kapitel 10

Neue Helfer rekrutieren

Ein fortgeschrittener Zauberer kann nicht nur Sprüche von anderen verwenden, er kann auch eigene Zaubersprüche entwickeln. In diesem Kapitel lernst du, eigene Funktionen zu schreiben und zu verwenden.

Vielleicht ist es dir bei einigen Codebeispielen schon aufgefallen: Manchmal wiederholen sich Codeteile, und wir müssen immer wieder die gleichen Zeilen schreiben. Zum Beispiel haben wir vor (fast) jedem `io.read()` unseren Prompt ausgegeben:

```
io.write("> ")
local antwort = io.read()
```

Listing 10.1 Immer das Gleiche ...

Wäre es nicht einfacher, wenn es eine `prompt()`-Funktion gäbe, sodass wir nur noch schreiben müssten:

```
local antwort = prompt("> ")
```

Listing 10.2 So ist es doch viel schöner?

Oder denke an den Zufallsnamengenerator aus Kapitel 6, »Kleine Helfer für den Programmierer«. Was ist, wenn wir viele Namen brauchen für unsere Gegner, Planeten oder die Städte in unserem Spiel? Wäre es nicht praktisch, wenn es eine Funktion gäbe, die wir immer wieder aufrufen könnten, sodass wir nur noch schreiben müssten:

```
local name = randomName()
```

Listing 10.3 Name gefällig?

Mit Funktionen können wir all diese Dinge umsetzen. Vereinfacht gesagt, erlauben Funktionen dir, Teile deines Programms mit einem Namen zu versehen und diese Programmteile dann immer wieder auszuführen. Eigentlich müssen wir keinen Code doppelt schreiben.

Funktionen können dir ebenfalls dabei helfen, deinen Code zu strukturieren. Dann kann es auch sinnvoll sein, Funktionen zu haben für Teile des Codes, die nur einmal ausgeführt werden. Wenn du dir das Listing aus »Game: Markt der Magier« angesehen hast, wird dir aufgefallen sein, dass es nicht leicht ist, den Überblick über den Code zu behalten. Mit Funktionen hätten wir den Code besser aufteilen können: zum Beispiel eine Funktion zum Ausgeben der Preise und eine Funktion, die sich um das Kaufen kümmert.

Eigene Funktionen definieren

Stell dir vor, du möchtest ein Spiel programmieren, bei dem dein Held gegen zahlreiche Feinde kämpft. Jeder Charakter in dem Spiel fängt mit einem hohen HP-Wert an und verliert mit jedem Treffer HP. Je nachdem, wie viele HP ein Charakter schon verloren hat, wollen wir einen unterschiedlichen Gesundheitszustand anzeigen:

HP	Gesundheitszustand
Die Hälfte oder mehr seiner Anfangs-HP	`"gesund"`
Weniger als die Hälfte der Anfangs-HP	`"angeschlagen"`
0 (oder weniger)	`"besiegt"`

Tabelle 10.1 Der Gesundheitszustand hängt vom HP ab.

Unsere Funktion soll die aktuellen HP (`hp`) und die Anfangs-HP (`hpGesamt`) eines Charakters erhalten und eine kurze Beschreibung seines Zustands als String zurückgeben.

Die Funktion erhält den Namen `healthDescription()`. So sieht der Lua-Code für diese Funktion aus:

```
local function healthDescription(hp, totalHp)
    if hp <= 0 then
        return "besiegt"
    elseif hp < totalHp / 2 then
        return "angeschlagen"
    else
        return "gesund"
    end
end
```

Listing 10.4 Nur ein besiegter Gegner ist ein guter Gegner.

Diese Funktion können wir jetzt aufrufen wie jede andere Funktion:

```
print(healthDescription(100, 100))    --> gesund
print(healthDescription(23, 100))     --> angeschlagen
print(healthDescription(0, 100))      --> besiegt
```

Listing 10.5 Wie geht's?

Das war's! Du hast soeben deine erste eigene Funktion geschrieben! Wenn man eine neue Funktion schreibt, nennt man das eine *Funktionsdefinition*. Im Allgemeinen sieht das dann so aus:

`local function name(arg1, arg2, ...)`	Die erste Zeile enthält das Schlüsselwort `function`, den Namen der Funktion und eine Liste mit Argumenten. Die Funktion und die Argumente kannst du nennen, wie du willst. Es gelten dieselben Regeln wie bei Variablennamen. Das Schlüsselwort `local` gibt an, dass die Funktion nur im aktuellen Block sichtbar ist. Lässt du es weg, ist die Funktion global, also im gesamten Code sichtbar.
`block`	Danach folgt der Code, der ausgeführt werden soll, wenn die Funktion aufgerufen wird. Die Argumente können in diesem Block wie ganz normale Variablen benutzt werden. In deinem Block können eine oder mehrere `return`-Anweisungen auftauchen. Mit der `return`-Anweisung beendest du deine Funktion und definierst, welchen Wert sie zurückgeben soll.
`end`	Mit `end` endet deine Funktionsdefinition.

Funktionen müssen keinen Rückgabewert haben. Stell dir zum Beispiel vor, du möchtest eine Funktion schreiben, die den Status eines Charakters direkt ins Terminal ausgibt. Die Funktion soll `printStatus()` heißen und den Namen des Charakters, seine aktuellen HP und seine Anfangs-HP erhalten:

```
local function printStatus(name, hp, totalHp)
    io.write(name .. " ist " .. healthDescription(hp, totalHp) .. ".\n")
    io.write("HP: " .. hp .. "/" .. totalHp .. "\n")
```

```
end

printStatus("Joris", 10, 100)
```

Listing 10.6 Wie geht es Joris?

```
Joris ist angeschlagen.
HP: 10/100
```

Wenn eine Funktion keine **return**-Anweisung enthält, endet sie einfach, wenn der Block endet.

Die **return**-Anweisung muss keinen Rückgabewert definieren. Wenn wir beispielsweise nicht wollen, dass die HP ausgegeben werden, wenn der Charakter besiegt ist, könnten wir die Funktion mit **return** vorzeitig verlassen:

```
local function printStatus(name, hp, totalHp)
    io.write(name .. " ist " .. healthDescription(hp, totalHp) .. ".\n")

    if (hp <= 0) then
        return
    end

    io.write("HP: " .. hp .. "/" .. totalHp .. "\n")
end

printStatus("Joris", 0, 100)
```

Listing 10.7 Die return-Anweisung kann auch ohne Rückgabewert benutzt werden.

```
Joris ist besiegt.
```

Funktionen ohne Rückgabewert werden manchmal auch *Prozeduren* oder *Unterprogramme* genannt.

Call by Value

Schau dir folgenden Code an:

```
local function applyDamage(hp, damage)
    hp = hp - damage
```

```
    print("Neue HP: " .. hp)
end

local hpJoris = 100
local damage = 30

print("Joris HP: " .. hpJoris)
applyDamage(hpJoris, damage)
print("Joris HP: " .. hpJoris)
```

Listing 10.8 Was macht dieser Code?

Die Funktion `applyDamage()` soll die HP eines Charakters bekommen und den Schaden, den der Charakter erlitten hat. Damit soll sie dann die neuen HP ausrechnen. Kannst du erraten, was das Programm ausgibt?

Die Ausgabe sieht so aus:

```
Joris HP: 100
Neue HP: 70
Joris HP: 100
```

Aber warum sind die HP nach dem Funktionsaufruf wieder auf 100?

Das liegt daran, dass nicht die eigentliche *Variable*, sondern nur ihr *Wert* an die Funktion übergeben wird. Man könnte sagen, die Funktion arbeitet nur auf einer Kopie der Variablen. Deswegen passiert außerhalb der Funktion nichts, wenn du die Werte ihrer Argumente änderst.

Funktionen und ihre Variablen

Wir haben schon im Abschnitt »Codeblöcke und die Lebensdauer von Variablen« über die Lebensdauer von Variablen gesprochen. Auch für Funktionsblöcke gelten diese Regeln. Das heißt, dass du auf Variablen, die vorher außerhalb der Funktion deklariert wurden, auch in der Funktion zugreifen kannst.

Ein kleines Beispiel hilft vielleicht, um das zu illustrieren:

```
local gold = 1000

local function buySword(cost)
```

```
    gold = gold - cost
    io.write("Du hast fuer " .. cost .. "$ ein Schwert gekauft.\n")
end

io.write("Guthaben: " .. gold .. "$\n")
buySword(700)
io.write("Guthaben: " .. gold .. "$\n")
```

Listing 10.9 Werden die Kosten korrekt abgezogen?

Kannst du erraten, was dieses Programm ausgibt? Obwohl die Variable `gold` außerhalb der Funktionen deklariert wurde, kann die `buySword()`-Funktion auf die äußere `gold`-Variable zugreifen und sie verändern.

```
Guthaben: 1000$
Du hast fuer 700$ ein Schwert gekauft.
Guthaben: 300$
```

Variablen, die mit **`local`** innerhalb der Funktion deklariert werden, sind natürlich nur dort sichtbar.

Eine Funktion für Zufallsnamen

Vielleicht erinnerst du dich an den Algorithmus zum Erstellen eines zufälligen Namens aus Kapitel 6, »Kleine Helfer für den Programmierer«. In diesem Abschnitt werden wir diesen Algorithmus in eine Funktion packen. Die Funktion `randomName()` soll uns bei jedem Aufruf einen neuen zufällig generierten Namen zurückgeben.

Dazu schreiben wir zunächst eine Hilfsfunktion, die aus einem String, den wir ihr übergeben, einen zufälligen Buchstaben zurückgibt:

```
-- Gibt einen zufälligen Buchstaben aus dem übergebenen String zurück.
local function randomLetter(s)
    local i = math.random(1, #s)
    return string.sub(s, i, i)
end
```

Listing 10.10 Eine Hilfsfunktion

Mit dieser Hilfsfunktion ist das Schreiben der eigentlichen Funktion jetzt relativ einfach:

```
-- Erzeugt einen zufälligen Namen.
local function randomName()
    local vocals = "aeiou"
    local consonants = "bcdfghjklmnpqrstvwxyz"

    return string.upper(randomLetter(consonants))
            .. randomLetter(vocals)
            .. randomLetter(consonants)
            .. randomLetter(vocals)
            .. randomLetter(consonants)
end
```

Listing 10.11 Ein Namensgenerator

Diese Funktion kann uns jetzt so viele Namen generieren, wie wir wollen. Wie wäre es mit neun zufälligen Namen?

```
for i = 1, 9 do
    io.write(i .. ". Name: " .. randomName() .. "\n")
end
```

Listing 10.12 Eine for-Schleife, die neun Zufallsnamen ausspuckt

Bei meinem Testlauf sah das Ergebnis so aus:

```
1. Name: Xafof
2. Name: Vanab
3. Name: Cutur
4. Name: Wakik
5. Name: Xehav
6. Name: Muduk
7. Name: Vigur
8. Name: Wimiz
9. Name: Tekoz
```

Zahlen, Strings, Booleans ... und Funktionen?

Ein Feature, das Lua von vielen anderen Programmiersprachen unterscheidet, ist die Art, wie Lua Funktionen behandelt. Funktionen sind in Lua Einwohner erster Klasse.

Damit meine ich, dass Funktionen in Lua genau wie Zahlen, Strings und Booleans in Variablen gespeichert werden.

Am Anfang dieses Kapitels hast du gesehen, wie man in Lua eine Funktion definiert. Was du bisher vielleicht nicht vermutet hast: Bei so einer Funktionsdefinition wird automatisch auch eine Variable für die Funktion deklariert. Diese Variable enthält dann die eigentliche Funktion als Wert.

Es gibt noch eine zweite Methode, Funktionen zu definieren, bei der deutlich wird, was gemeint ist:

Methode 1	Methode 2

`local function prompt(str)`
`    io.write(str)`
`    return io.read()`
`end`
	`local prompt`
	
	`prompt = function(str)`
	`    io.write(str)`
	`    return io.read()`
	`end`

Tabelle 10.2 Zwei Möglichkeiten, eine Funktion zu definieren

Beide Funktionsdefinitionen führen zu exakt dem gleichen Ergebnis. Die linke Variante finden viele etwas intuitiver, die rechte Variante macht aber deutlicher, was in Wirklichkeit passiert.

Funktionen sind in Lua also ein Wert wie jeder andere. Diese Eigenschaft werden wir uns später in Kapitel 12, »Ein Held ist keine Zahl«, noch mal zunutze machen, wenn wir uns mit objektorientierter Programmierung beschäftigen werden.

Zusammenfassung

In diesem Kapitel hast du gelernt, eigene Funktionen zu schreiben. Funktionen haben einen Namen und können ein oder mehrere Argumente haben. Manche Funktionen geben einen Wert zurück, manche nicht.

Eine Funktion hat Zugriff auf lokale Variablen, die in ihr deklariert werden. Sie hat aber auch Zugriff auf Variablen, die außerhalb der Funktion deklariert wurden.

Außerdem sind Funktionen in Lua in ganz normalen Variablen gespeichert. Für Lua sind Funktionen ein Datentyp, so wie Strings, Zahlen oder Booleans.

Game: Die Zauberschule

Lidus und Marvin schlugen ihr Lager auf. Ihre Reisen hatten sie bis vor die Tore der sagenumwobenen Magierstadt Tuh-Ring gebracht. In der Ferne sahen sie ein Schloss, das sofort Marvins Aufmerksamkeit fesselte.

»Was ist in diesem Schloss?«, fragte Marvin. »Oh«, antwortet Lidus, »das ist die Zauberschule von Tuh-Ring. Ich bin hier lange zur Schule gegangen, aber zum richtigen Zauberer hat es bei mir nie gereicht. Ich wollte lieber die Welt sehen ... Weißt du was? Vielleicht solltest du dich bewerben. Sie nehmen dich bestimmt auf. Sie sind immer auf der Suche nach neuen Talenten, aber die wenigsten schaffen die Ausbildung bis zum Schluss. Dennoch glaube ich, du bist ein Typ, der das, was er anfängt, auch meistens zu Ende bringt. Du würdest gut dorthin passen.«

Der Gedanke, zum Zauberer ausgebildet zu werden, gefiel Marvin. Die folgenden Tage konnte er an kaum etwas anderes denken.

Das Aufnahmegespräch verlief reibungslos. Einige Tage später bezog Marvin sein Quartier. Ein alter Zaubermeister wies ihm den Weg zu seinem Zimmer: »Hier wirst du wohnen. Du wirst bemerken, dass dieser Ort magisch ist und dass allein deine Anwesenheit dein Mana steigen lässt. Aber hüte dich davor, selbstständig mit der Magie zu experimentieren, dem Uninitiierten kann es übel dabei ergehen!«

Marvin hatte keine Angst. Es kribbelte in seinem ganzen Körper. Wie ging noch mal der Aura-Zauber, den Lidus ihm gezeigt hatte?

Das Game

In diesem Kapitel wollen wir ein Idle-Game programmieren. Vielleicht hast du schon mal *Cookie Clicker* oder *Clicker Heroes* gespielt. Ein ähnliches Konzept werden wir jetzt im Terminal umsetzen. Das Ziel ist besteht darin, möglichst viel Mana zu generieren. Am Anfang wächst dein Mana nur sehr langsam, doch mit der Zeit schaltest du verschiedene Zaubersprüche frei, die es dir erlauben, die Aura des Raums zu verstärken sowie einen Geist oder sogar einen Dämon zu beschwören, wodurch dein Mana-Fluss immer stärker wird!

```
Du bist in deinem Zimmer in der Zauberschule von Tuh-Ring.
Du spuerst, wie durch die Geister deine Macht waechst...

Mana: 12279
Aura: 36
Beschworene Geister: 2

AURIA - Verstaerke die Aura des Raums    (Kosten: 100 Mana)
SPIRITUS - Beschwoere einen Geist        (Kosten: 10000 Mana, 5 Aura)
 >
```

Listing

Für unser Spiel soll es drei Sprüche geben. Damit wir uns die Namen der Sprüche nicht merken müssen, speichern wir sie in drei Variablen. Übrigens nennt man solche Hilfsvariablen, die nur der Lesbarkeit dienen und im Laufe eines Programms nicht verändert werden, auch *Konstanten*. Es ist üblich, Konstanten mit Großbuchstaben zu benennen.

```
local SPELL1 = "AURIA"
local SPELL2 = "SPIRITUS"
local SPELL3 = "DAIMONICUS"
```

Außerdem initialisieren wir vier Variablen: unser Mana, die Aura in unserem Zimmer, die Anzahl der Geister und die Anzahl der Dämonen. Für diese Werte benutzen wir Kommazahlen. Um das zu verdeutlichen, initialisieren wir die Werte mit `0.0` anstatt mit `0`.

```
local mana = 0.0
local aura = 0.0
local ghosts = 0.0
local demons = 0.0
```

Als Nächstes definieren wir die `prompt()`-Funktion. Wir werden sie später brauchen, um abzufragen, welchen Zauberspruch der Spieler nutzen möchte. Oft werden wir sie aber auch einfach nur benutzen, um Text anzuzeigen, wenn wir wollen, dass der Spieler [↵] drückt, damit es weitergeht.

```
local function prompt(str)
    io.write(str)
    return io.read()
end
```

Außerdem schreiben wir noch eine Funktion `clearTerminal()`, die 30 leere Zeilen ausgibt, sodass es so aussieht, als sei das Terminal geleert worden:

```
local function clearTerminal()
    for i = 1, 30 do
        io.write("\n")
    end
end
```

Jeder Runde soll ein kurzer Text ausgegeben werden, die die aktuelle Lage beschreibt.

Außerdem wird ausgegeben, wie viel Mana und wie viele Aura-Punkte Marvin hat und wie viele Geister und Dämonen da sind:

```
local function printStatus()
    io.write("Du bist in deinem Zimmer in der Zauberschule von Tuh-Ring.\n")
    if ghosts > 1 and demons == 0 then
        io.write("Du spuerst, wie durch die Geister deine Macht waechst...\n")
    end
```

```
    if demons > 0 then
        io.write("Neue Geister erscheinen aus allen Winkeln. Oh, oh...\n")
    end
    if demons >= 4 then
        io.write("Irgendwas stimmt hier nicht.\n")
    end
    if demons >= 20 then
        io.write('Marvin: "Weg mit euch, ihr Daemonen!!!!!!"\n')
    end
    io.write("\n")

    --
  Beim Ausgeben der Werte wird abgerundet, weil wir mit Kommazahlen rechnen.
    io.write("Mana: " .. math.floor(mana) .. "\n")
    if aura > 0 then
        io.write("Aura: " .. math.floor(aura) .. "\n")
    end
    if ghosts > 0 then
        io.write("Beschworene Geister: " .. math.floor(ghosts) .. "\n")
    end
    if demons > 0 then
        io.write("Beschworene DAEMONEN: " .. math.floor(demons) .. "\n")
    end
end
```

Als Nächstes kümmern wir uns um die Zaubersprüche. Die Sprüche werden nach und nach freigeschaltet und sind nur verfügbar, wenn der Spieler für die jeweiligen Kosten aufkommen kann. Die folgende Tabelle zeigt alle Sprüche, die es in dem Spiel geben soll:

Spruch	Wirkung	Kosten
AURIA	Verstärkt die Aura im Raum um eins. Pro Aura-Punkt gibt es jede Runde 5 Mana.	100 Mana
SPIRITUS	Beschwört einen Geist. Ein Geist gibt jede Runde 50 Mana.	10.000 Mana und 5 Aura-Punkte

Tabelle 10.3 Die Zaubersprüche und ihre Kosten

Spruch	Wirkung	Kosten
DAIMONICUS	Beschwört einen Dämon. Dämonen geben jede Runde je 1.000 Mana.	100.000 Mana und 7 Geister (Dieser Spruch kann nur einmal eingesetzt werden.)

Tabelle 10.3 Die Zaubersprüche und ihre Kosten (Forts.)

Wir wollen den Spruch nur anzeigen, wenn der Spieler ihn sich auch leisten kann. Darum kümmern sich die nächsten zwei Funktionen. Die Funktion `isSpellAvailable()` prüft, ob der Spieler sich einen bestimmten Spruch leisten kann oder nicht. Wenn das der Fall ist, gibt sie **true** zurück. Wenn es den Spruch nicht gibt oder er zu teuer ist, gibt sie **false** zurück. Die Funktion `showAvailableSpells()` gibt die verfügbaren Sprüche ins Terminal aus.


```
local function isSpellAvailable(name)
    if name == SPELL1 then
        return (mana >= 100)
    elseif name == SPELL2 then
        return (mana >= 10000 and aura >= 5)
    elseif name == SPELL3 then
        return (ghosts >= 7 and mana >= 100000 and demons == 0)
    else
        -- Andere Sprüche gibt es nicht.
        return false
    end
end

local function showAvailableSpells()
    if isSpellAvailable(SPELL1) then
        io.write(SPELL1 .. " - Verstaerke die Aura des Raums\t")
        io.write("(Kosten: 100 Mana)\n")
    end
    if isSpellAvailable(SPELL2) then
        io.write(SPELL2 .. " - Beschwoere einen Geist\t")
        io.write("(Kosten: 10000 Mana, 5 Aura)\n")
    end
    if isSpellAvailable(SPELL3) then
        io.write(SPELL3 .. " - Beschwoere einen Daemon!\t")
        io.write("(Kosten: 100000 Mana, 7 Geister)\n")
    end
end
```

Die nächste Funktion soll sich darum kümmern, die Wirkung eines Zauberspruchs umzusetzen. Erst prüft sie, ob es den eingegebenen Spruch gibt, und wenn das der Fall ist, werden die entsprechenden Werte aktualisiert.

```
local function castSpell(name)
    if not isSpellAvailable(name) then
        prompt("Dieser Spruch kann nicht eingesetzt werden...")
        return
    end

    if name == SPELL1 then
        mana = mana - 100
        aura = aura + 1
        prompt("Die Aura waechst. Dein Mana-Fluss wird staerker...")
    elseif name == SPELL2 then
        mana = mana - 10000
        aura = aura - 5
        ghosts = ghosts + 1
        prompt("Ein Geist erscheint. Er wirkt friedlich und wissbegierig.")
    elseif name == SPELL3 then
        mana = mana - 100000
        ghosts = ghosts - 7
        demons = demons + 1
        prompt("Oh, oh... Ein DAEMON erscheint.")
    end
end
```

In jeder Runde verändert sich der Mana-Wert des Spielers (siehe Tabelle 10.3). Auch die anderen Werte (Aura-Punkte, Geister und Dämonen) wachsen automatisch. Zum Beispiel ist die Formel für die Aura-Punkte so gewählt, dass jeder Geist dem Spieler pro Runde 0,2 Aura-Punkte beschert, also alle fünf Runden einen Aura-Punkt. Jetzt weißt du auch, warum wir Kommazahlen verwendet haben.

```
local function updateStatus()
    mana = mana + 1 + 5 * aura + 50 * ghosts + 1000 * demons

    aura = aura + ghosts / 5
```

```
    ghosts = ghosts + demons
    demons = demons * 1.04
end
```

Insbesondere siehst du, dass ich die Anzahl der Dämonen jede Runde mit einer Zahl multipliziere, die größer ist als eins. Die Dämonen vermehren sich von selbst! Erst langsam, aber dann immer schneller. Dadurch soll der Spieler, ebenso wie Marvin, langsam das Gefühl bekommen, dass seine Magie außer Kontrolle gerät.

Das war die letzte Funktion. Jetzt müssen wir das Ganze nur noch zusammensetzen! Den Code für das Spiel packen wir wieder in eine **repeat**-Schleife.

Es ist bei Spielen übrigens fast immer so, dass der größte Teil des Programmcodes innerhalb einer Schleife ausgeführt wird. Man nennt diese Schleife auch *Hauptschleife*. Darin befindet sich die ganze Logik für das eigentliche Spiel.

In diesem Game soll die Hauptschleife so lange gehen, bis 100 Dämonen im Raum sind. Dann endet das Spiel.

In jeder Runde kann der Spieler einen Spruch eingeben oder einfach nur ↵ drücken. Wenn er ↵ drückt (d. h., die Eingabe bleibt leer), aktualisieren wir einfach nur sein Mana und die anderen Werte. Ansonsten versuchen wir, den eingegebenen Spruch auszuführen.

```
repeat
    clearTerminal()
    printStatus()
    io.write("\n")
    showAvailableSpells()
    io.write("\n")
    local input = string.upper(prompt("> "))

    if input ~= "" then
        -- Wenn ein Spruch eingegeben wurde, versuchen wir, ihn auszuführen.
        castSpell(input)
    else
        -- Ansonsten aktualisieren wir einfach nur die Werte.
        updateStatus()
    end
until demons >= 100
```

Wenn 100 Dämonen im Raum sind, endet das Spiel. Marvin hat seine Kräfte wohl etwas überschätzt. Zum Glück kommt ihm jemand zu Hilfe:

```
prompt('Der Zaubermeister betritt deinen Raum: "Halt! Marvin..."')
prompt('"EXI NUNC DAEMONES!"')
prompt("Ein maechtiger Windhauch weht durch das Zimmer.")
prompt("Die Daemonen und Geister sind verschwunden.")
prompt("Erschoepft und erleichtert faellt Marvin auf sein Bett.")
```

Kapitel 11

Daten am laufenden Band

In diesem Kapitel lernen wir einen neuen Datentyp kennen: das Array. Arrays sind ein ziemlich zauberhafter Datentyp, denn ein Array kann Hunderte von Werten enthalten. Wie das funktioniert, erfährst du jetzt.

Wenn dein Spiel Hunderte von Gegnern enthalten soll oder Tausende von Planeten, musst du dann Hunderte oder Tausende von Variablen deklarieren? Zum Glück nicht. Arrays erlauben es dir, mit langen Listen von Werten zu arbeiten. Du wirst in diesem Kapitel alles Wichtige über den Umgang mit Arrays lernen.

Zum Abschluss werden wir uns mehrdimensionale Arrays anschauen! Die sind supernützlich, um zum Beispiel Leveldaten zu speichern. Auch die 3D-Welt von Minecraft ist in einem großen dreidimensionalen Array gespeichert. Wie das sein kann, erkläre ich später.

Arrays und Indizes

Schauen wir uns ein Beispiel dafür an, wie man in Lua ein Array erstellt:

```
local names = { "Cerud", "Lidas", "Mohuh", "Dexos", "Padan" }
```

Listing 11.1 Ein Array, viele Namen

Die Variable `names` enthält jetzt ein Array, das fünf Strings enthält. Um auf einen dieser Namen zuzugreifen, müssen wir seinen *Index* in eckige Klammern schreiben. Der erste Eintrag des Arrays hat den Index 1, der zweite den Index 2 und so weiter. Das sieht dann so aus:

```
print(names[1])    --> Cerud
print(names[3])    --> Mohuh
```

Listing 11.2 Mit eckigen Klammern kannst du auf einzelne Elemente des Arrays zugreifen.

Ein alter Streit

Es ist nicht selbstverständlich, dass das erste Element mit 1 indiziert ist. In den meisten anderen Programmiersprachen ist der Index des ersten Elements 0. Das heißt, du müsstest `names[0]` schreiben, um den ersten Namen des Arrays zu bekommen, und `names[4]`, um den fünften Namen zu bekommen!

Seit Jahrzehnten streiten sich Informatikerinnen und Informatiker, welche von beiden Konventionen die bessere ist. Für beide Varianten gibt es gute Argumente, aber ich finde, Lua verfolgt den intuitiveren Ansatz.

Wir können auch Werte im Array verändern:

```
names[2] = "Vader"
-- names ist jetzt { "Cerud", "Vader", "Mohuh", "Dexos", "Padan" }
```

Listing 11.3 Du kannst einzelne Einträge verändern.

Um die Anzahl der Elemente eines Arrays zu erhalten, gibt es den #-Operator, der nicht nur die Länge eines Strings, sondern auch die Länge eines Arrays ermitteln kann:

```
print(#names)        --> 5
```

Listing 11.4 Das Array enthält fünf Einträge.

Arrays wachsen und schrumpfen lassen

Lua-Arrays sind dynamisch! Das heißt, du kannst ihre Größe jederzeit verändern. Du kannst neue Elemente hinzufügen und bestehende Elemente aus dem Array löschen.

Die Lua-Standardbibliothek bietet uns eine Funktion, um ein neues Element an ein Array anzuhängen: `table.insert()` nimmt ein Array und einen Wert und fügt den Wert an das Ende des Arrays.

```
-- names ist jetzt { "Cerud", "Vader", "Mohuh", "Dexos", "Padan" }
table.insert(names, "Kirub")
-- names ist jetzt { "Cerud", "Vader", "Mohuh", "Dexos", "Padan", "Kirub" }

print(#names)        --> 6
```

Listing 11.5 Ein neuer Name kommt dazu …

Das Gegenstück zu `table.insert()` ist `table.remove()`. Damit wird ein Element vom Ende des Arrays gelöscht. Außerdem gibt die Funktion das gelöschte Element zurück:

```
local name = table.remove(names)
-- names ist jetzt wieder { "Cerud", "Vader", "Mohuh", "Dexos", "Padan" }

print(name)          --> Kirub
print(#names)        --> 5
```

Listing 11.6 ... und verschwindet wieder.

Beide Funktionen erlauben dir auch, einen Index anzugeben, um zu bestimmen, an welcher Stelle der neue Wert eingefügt oder gelöscht werden soll:

```
table.insert(names, 2, "Kirub")
-- names ist jetzt { "Cerud", "Kirub", "Vader", "Mohuh", "Dexos", "Padan" }

table.remove(names, 3)
-- names ist jetzt { "Cerud", "Kirub", "Mohuh", "Dexos", "Padan" }
```

Listing 11.7 Das Ganze geht auch mittendrin.

Table?!

Vielleicht wunderst du dich, warum die Funktion `table.insert()` heißt und nicht `array.insert()`. Das ist so, weil der Datentyp für Arrays in Lua streng genommen *Table* und nicht Array heißt.

Übrigens können Luas Tables viel mehr als normale Arrays in anderen Programmiersprachen! In Kapitel 12, »Ein Held ist keine Zahl«, kommen wir noch mal darauf zurück.

Unser Beispiel-Array hat bisher nur Strings enthalten. Genauso kann ein Array aber auch Zahlen oder sogar andere Arrays enthalten.

In der Regel enthält ein Array nur einen Datentyp, also zum Beispiel nur Zahlen oder nur Strings. Grundsätzlich hat Lua aber kein Problem damit, auch unterschiedliche Datentypen in demselben Array unterzubringen. Hier noch ein paar Beispiele für gültige Lua-Arrays:

```
local primes = { 2, 3, 5, 7, 11, 13 }
local emptyArray = {}
local fullNames = { { "Peter", "Schmitt" }, { "Joris", "Orkmann" } }
local planetNameAndDiameter = { "Erde", 12742 }
```

Listing 11.8 Ein paar gültige Arrays

Im Game am Ende des Kapitels wirst du viele Beispiele für die Verwendung von Arrays sehen.

Das Array und die for-Schleife

Arrays und `for`-Schleifen gehören zusammen wie Zauberer und lange Mäntel. Erst mit `for`-Schleifen entfalten Arrays ihr volles Potenzial.

Angenommen, es soll 100 Gegner geben, die der Spieler in deinem Spiel besiegen soll. Jeder hat einen eigenen, zufällig generierten Namen. Stell dir vor, du bräuchtest dafür 100 Variablen oder müsstest 100 Aufrufe von `randomName()` in deinen Code schreiben! Mit Arrays und einer `for`-Schleife geht das Ganze in drei Zeilen:

```
-- Erst deklarieren wir ein leeres Array.
local names = {}

for i = 1, 100 do
    table.insert(names, randomName())
end
```

Listing 11.9 100 Gegner in weniger als einer Sekunde

Genauso praktisch ist die `for`-Schleife, wenn wir uns den Inhalt eines Arrays angucken wollen:

```
for i = 1, #names do
    print(names[i])
end
```

Listing 11.10 Wie heißen sie denn nun?

Beachte, dass wir als obere Grenze für die Schleife `#names` geschrieben haben, statt direkt 100 einzugeben. So funktioniert der Code auch dann noch, wenn sich die Länge des Arrays ändern sollte!

Zauberhafter Umgang mit Arrays

Im Grunde weißt du jetzt alles, was es zu Arrays zu wissen gibt. Trotzdem muss man sich an den Umgang mit Arrays etwas gewöhnen.

In diesem Abschnitt werde ich dir ein paar nützliche Funktionen zeigen, die uns den Umgang mit Arrays erleichtern können.

Joris, lebst du noch?

Oft kommt es vor, dass du wissen möchtest, ob ein bestimmter Wert in einem Array vorkommt. Beispielsweise könnte es sein, dass wir eine Liste mit allen noch lebenden Gegnern haben und wissen wollen, ob ein bestimmter Gegner noch enthalten ist.

Unsere Funktion soll ein Array nach einem bestimmten Wert durchsuchen. Wenn der Wert vorkommt, soll sie den Index zurückgeben, ansonsten **nil**.


```
local function find(arr, wert)
    -- Wir durchlaufen das Array mit einer for-Schleife.
    for i = 1, #arr do
        -- Wenn bei Index i der wert steht, gib i zurück.
        if arr[i] == wert then
            return i
        end
    end

    -- Wenn nichts gefunden wurde, gib nil zurück.
    return nil
end
```

Listing 11.11 Die find()-Funktion

Jetzt müssen wir die neue Funktion nur noch ausprobieren:

```
local namen = { "Dexos", "Joris", "Kirub" }

local i = find(namen, "Joris")
print(i)    --> 2

-- Entferne Joris aus dem Array.
table.remove(namen, i)
```

```
i = find(namen, "Joris")
print(i)    --> nil
```

Listing 11.12 Anwendung unserer find()-Funktion

Gleicher Inhalt, andere Verpackung?

Schau dir folgendes Beispiel an:

```
local firstArray = { 1, 2 }
local secondArray = { 1, 2 }

if firstArray == secondArray then
    print("Die Arrays sind gleich.")
else
    print("Die Arrays sind nicht gleich.")
end
```

Listing 11.13 Sie sind nicht gleich?!

Die Arrays sind doch gleich, oder? Also müsste das Programm das auch ausgeben? Leider gibt es zurück, dass die Arrays *nicht* gleich sind.

Der Grund dafür ist, dass im Beispiel oben zwei Arrays erzeugt werden. Beide haben zwar den gleichen Inhalt, aber es sind eben zwei verschiedene Arrays! Um zu schauen, ob zwei Arrays den gleichen Inhalt haben, müssen wir etwas geschickter vorgehen:

```
local function areArraysEqual(arr1, arr2)
    -- Wenn die Arrays eine unterschiedliche Länge haben ...
    if #arr1 ~= #arr2 then
        -- ... sind sie nicht gleich.
        return false
    end

    -- Wenn die Arrays an einer Stelle unterschiedliche Werte haben ...
    for i = 1, #arr1 do
        if arr1[i] ~= arr2[i] then
            -- ... sind sie nicht gleich.
            return false
        end
    end
```

```
    -- Wenn sie alle Tests bestanden haben, dann sind sie gleich.
    return true
end
```

Listing 11.14 Gleich oder nicht gleich?

Diesmal erhalten wir das Ergebnis, das wir erwarten würden:

```
if areArraysEqual(firstArray, secondArray) then
    print("Die Arrays sind gleich.")
else
    print("Die Arrays sind nicht gleich.")
end
```

Listing 11.15 Sie sind doch gleich!

Zufälliges Element aus einem Array zurückgeben

Manchmal ist es nützlich, ein zufälliges Element aus einem Array bestimmen zu können. Dafür müssen wir einen zufälligen Index bestimmen, der zwischen 1 und der Länge des Arrays liegt. Die eigentliche Funktion lässt sich in einer einzigen Zeile schreiben:

```
local function randomElement(arr)
    return arr[math.random(#arr)]
end
```

Listing 11.16 Diese Funktion gibt ein zufälliges Element aus dem Array zurück.

Eine mögliche Anwendung könnte sein, dass du einen zufälligen Gegner für den Spieler bestimmen willst:

```
local names = { "Cerud", "Lidas", "Mohuh", "Dexos", "Padan" }

io.write("Dein Gegner ist " .. randomElement(names) .. "!\n")
```

Listing 11.17 Gegen wen muss der Spieler kämpfen?

Du musst keine Funktion schreiben, um ein zufälliges Element zu bestimmen. Mit diesem kleinen Trick kannst du ein Array deklarieren und direkt auf einen zufälligen Eintrag darin zugreifen:

```
local element = ({ "Feuer", "Wasser", "Eis" })[math.random(3)]

print(element)
```

Listing 11.18 Feuer, Wasser oder Eis?

Du darfst nur die Klammer um die Array-Deklaration nicht vergessen, ansonsten beschwert sich der Lua-Interpreter.

Mit diesem Trick hätten wir den Code zum Game »Feuer, Wasser Eis« in Kapitel 8, »Rechnen mit Wahrheit«, deutlich verkürzen können!

Ich hoffe, dass diese Beispiele dir ein gutes Gefühl für den Umgang mit Arrays gegeben haben. Denn im nächsten Abschnitt gehen wir noch etwas tiefer in die Matrix.

Mehrdimensionale Arrays

In diesem Abschnitt machen wir einen Ausflug in mehrere Dimensionen! Unsere bisherigen Arrays waren irgendwie ganz schön ... eindimensional.

Mehrdimensionale Arrays spielen eine große Rolle in der Spieleentwicklung. Gleich wirst du verstehen, warum.

Im Grunde genommen ist ein zweidimensionales Array nichts anderes als ein Array, das wieder aus Arrays besteht, zum Beispiel so:

```
local array2d = { { 1, 2 }, { 3, 4 } }
```

Listing 11.19 Ein zweidimensionales Array?

Vielleicht fragst du dich, warum man das als zweidimensionales Array bezeichnen sollte? Wenn wir ein paar Leerzeichen und Zeilenumbrüche einfügen, wird die Sache klarer:

```
local array2d = {
  { 1, 2 },
  { 3, 4 }
}
```

Listing 11.20 Ein zweidimensionales Array!

Okay, aber wie greift man jetzt auf die einzelnen Einträge zu? Wir brauchen zwei eckige Klammern dafür. Um auf die 4 zuzugreifen, musst du schreiben:

```
print(array2d[2][2])        --> 4
```

Listing 11.21 Die 4 ist unten rechts ...

Und auf die 2 kannst du so zugreifen:

```
print(array2d[1][2])        --> 2
```

Listing 11.22 ... und die 2 oben rechts.

Du musst also erst die Reihe angeben und in der zweiten eckigen Klammer die Spalte deines Eintrags.

Vielleicht hast du in der Schule schon von Koordinatensystemen gehört: Um die Position eines Punkts zu definieren, muss man seine x-Koordinate angeben und seine y-Koordinate.

Um auf ein Element eines zweidimensionalen Arrays zuzugreifen, ist es sehr ähnlich: Die Reihe entspricht der y-Koordinate, und die Spalte entspricht der x-Koordinate.

Vielleicht ahnst du jetzt auch schon, warum solche Arrays in der Spieleentwicklung eine Rolle spielen. Ein zweidimensionales Array eignet sich prima, um eine Game Map darzustellen. Wenn wir zum Beispiel ein # für eine Wand und einen `.` für normalen Boden benutzen, kannst du dir vielleicht vorstellen, wie aus diesem Array ein Haus mit verschiedenen Räumen und Fluren werden kann:

```
local map = {
    {"#", "#", "#", "#", "#", "#", ".", "#", "#", "#"},
    {"#", ".", "#", ".", ".", ".", ".", ".", ".", "#"},
    {"#", ".", "#", "#", "#", "#", ".", "#", "#", "#"},
    {"#", ".", ".", ".", ".", ".", ".", ".", ".", "#"},
    {"#", ".", "#", "#", "#", "#", ".", "#", "#", "#"},
    {"#", ".", "#", ".", ".", "#", ".", "#", ".", "#"},
    {"#", ".", "#", ".", ".", ".", ".", ".", ".", "#"},
    {"#", ".", "#", ".", ".", "#", ".", "#", ".", "#"},
    {"#", "#", "#", "#", "#", "#", "#", "#", "#", "#"}
}
```

Listing 11.23 Anfänger sehen nur Code. Fortgeschrittene sehen ein Haus.

Um die Map im Terminal auszugeben, brauchen wir zwei `for`-Schleifen. Die äußere geht durch die Reihen (bzw. die y-Koordinate) und die innere durch die Spalten (bzw. die x-Koordinate):

```
for y = 1, #map do
    for x = 1, #map[y] do
        -- Beim Zugriff erst die Reihe, dann die Spalte angeben.
        io.write(map[y][x] .. " ")
    end
    -- Und die nächste Zeile ...
    io.write("\n")
end
```

Listing 11.24 So können wir unsere Map im Terminal ausgeben.

Wenn man das Programm ausführt, sieht das dann so aus:

```
# # # # # # . # # #
# . # . . . . . . #
# . # # # # . # # #
# . . . . . . . . #
# . # # # # . # # #
# . # . . # . # . #
# . # . . . . . . #
# . # . . # . # . #
# # # # # # # # # #
```

Bestimmt hast du schon mal ein Spiel gespielt, bei dem die Leveldaten auf diese Weise gespeichert waren. Oft fällt es daran auf, dass die Levels in kleine Quadrate aufgeteilt sind. Diese Quadrate nennt man *Tiles*. Mir fallen da die älteren Pokémon-Spiele ein, aber es gibt noch viele, viele andere.

Im dritten Teil dieses Buchs werde ich dir zeigen, wie man so ein Array benutzen kann, um grafische 2D-Levels zu erzeugen.

In diesem Buch werden wir bei zweidimensionalen Arrays aufhören. Du kannst aber auch drei- (oder mehr-)dimensionale Arrays erstellen. Ein dreidimensionales Array wäre ein Array von zweidimensionalen Arrays. Denke zum Beispiel an Minecraft. Jede Ebene kannst du dir als ein zweidimensionales Array vorstellen. Wenn du jetzt aber nach unten gräbst, erreichst du eine andere Ebene, die wieder als zweidimensionales Array darstellbar ist. Und so weiter. Die Minecraft-Welt ist ein dreidimensionales Array!

In diesem Kapitel werden wir diese Technik benutzen, um einen Klassiker der Videospielgeschichte nachzuprogrammieren. Ein Spiel, das auch als *Sokoban* bekannt ist.

Zusammenfassung

In diesem Kapitel hast du einen neuen Datentyp kennengelernt: das Array. Arrays sind Listen von Werten. Jeder Wert in einem Array hat einen Index. Der erste Wert hat den Index 1, der zweite 2 usw. Mit dem Längenoperator # kannst du erfahren, wie viele Werte ein Array hat.

Luas Arrays können ihre Länge verändern. Mit `table.insert()` kannst du neue Werte hinzufügen, und mit `table.remove()` kannst du Werte auch wieder entfernen.

`for`-Schleifen eignen sich super für den Umgang mit Arrays. Mit einer `for`-Schleife kann man ein Array Wert für Wert durchgehen. Das ist zum Beispiel wichtig, um zu prüfen, ob zwei Arrays die gleichen Werte haben.

Zum Schluss hast du gelernt, was ein zweidimensionales Array ist und wie es verwendet werden kann, um Leveldaten zu speichern.

Game: Der Keller

Das gab Ärger. Nur mit Mühe konnte Marvin seinen Rausschmiss aus der Zauberschule verhindern. Wäre nicht einer der alten Meister für ihn eingestanden, wäre das das Ende seiner Ausbildung gewesen.

»Warum neigt ihr Zauberlehrlinge alle zu Größenwahn? Marvin, du brauchst Boden unter den Füßen. Du willst zaubern lernen, aber erst mal musst du lernen, wie man richtige Arbeit verrichtet. Du wirst unseren Keller aufräumen, das wird dich erden.«

»So ein Quatsch«, dachte Marvin, aber er wollte auch nicht das Ende seiner Ausbildung riskieren ...

Das Game

Das Game in diesem Kapitel basiert auf einem Spielprinzip, das es schon seit den 1980ern gibt und das auch unter dem Namen *Sokoban* bekannt ist.

Ziel des Spiels ist es, die Fässer auf bestimmte Zielfelder zu schieben. Wenn jedes Fass auf einem der Zielfelder steht, ist das Spiel gewonnen. Dabei kann Marvin immer nur ein Fass auf einmal schieben. Um das Level zu lösen, ist einiges an Hirnschmalz gefragt.

Wir werden nur ein einziges Level programmieren, aber es spricht nichts dagegen, das Spiel um mehrere Levels zu erweitern.

```
Was für ein Durcheinander. Hilf Marvin (@), die Faesser (0) zurueck
auf ihren Platz (x) zu schieben!

    # # # # #
# # #       #
# x @ 0     #
# # #   0 x #
# x # # 0   #
#   #   x   # #
# 0   G 0 0 x #
#       x     #
# # # # # # # #

Wohin? (w/a/s/d)
>
```

Listing

Zuerst deklarieren wir die Map in einem zweidimensionalen Array. Dabei benutzen wir ein # für eine Wand, ein Leerzeichen für ein leeres Feld und ein x für eine Stelle, die ein Fass soll.

Marvin und die Fässer sind nicht Teil der Map, weil sie sich bewegen und nicht immer an derselben Stelle stehen.

```
local map = {
    {" ", " ", "#", "#", "#", "#", "#", " "},
    {"#", "#", "#", " ", " ", " ", "#", " "},
    {"#", "x", " ", " ", " ", " ", "#", " "},
    {"#", "#", "#", " ", " ", "x", "#", " "},
    {"#", "x", "#", "#", " ", " ", "#", " "},
    {"#", " ", "#", " ", "x", " ", "#", "#"},
```

```
    {"#", " ", " ", "x", " ", " ", "x", "#"},
    {"#", " ", " ", " ", "x", " ", " ", "#"},
    {"#", "#", "#", "#", "#", "#", "#", "#"},
}
```

Marvins Position und die Position der Fässer speichern wir als x- und y-Koordinaten. Das erste Fass zum Beispiel hat die Position `{4, 3}`, das heißt, es ist in der vierten Spalte und dritten Reihe der Map. In diesem Codebeispiel werden wir (wie auch schon im Text oben) die Reihe immer mit `y` bezeichnen und die Spalte mit `x`.

```
-- Die x- und y-Koordinate von Marvin
local marvin = {3, 3}
-- Eine Liste von x- und y-Koordinaten für die Fässer
local barrels = { {4, 3}, {5, 4}, {5, 5}, {2, 7}, {4, 7}, {5, 7}, {6, 7} }
```

Als Erstes definieren wir eine Funktion, die uns mitteilt, ob sich an einer Position ein Fass befindet oder nicht. Dafür müssen wir das `barrels`-Array durchgehen. Die Funktion ähnelt der `find()`-Funktion aus dem Abschnitt »Joris, lebst du noch?«.

```
local function findBarrel(x, y)
    for i = 1, #barrels do
        if barrels[i][1] == x and barrels[i][2] == y then
            return i
        end
    end
    return nil
end
```

Als Nächstes schreiben wir die Funktion, die die Map ins Terminal ausgibt. Weil wir auch Marvin und die Fässer ausgeben wollen, ist die Funktion etwas komplizierter als das Beispiel in Listing 11.24. Bei den Fässern unterscheiden wir, ob sie schon auf einem `x` liegen oder nicht. Wenn ja, geben wir ein `G` aus, ansonsten ein `O`.

```
local function printMap()
    for y = 1, #map do
        for x = 1, #map[y] do
            if marvin[1] == x and marvin[2] == y then
                io.write("@")        -- Marvin
```

```
            elseif findBarrel(x, y) ~= nil and map[y][x] == "x" then
                io.write("G")        -- Fass auf x
            elseif findBarrel(x, y) ~= nil then
                io.write("O")        -- Fass (nicht auf x)
            else
                io.write(map[y][x]) -- normale Map
            end
            io.write(" ")
        end
        io.write("\n")
    end
end
```


Jede Runde fragen wir den Spieler, in welche Richtung er gehen will. Erlaubt sind w, a, s und d für oben, links, unten und rechts. Die nächste Funktion kümmert sich darum, die Richtung abzufragen.

```
local function directionPrompt()
    local input
    io.write("Wohin? (w/a/s/d)\n")
    repeat
        io.write("> ")
        input = io.read()
    until (input == "w" or input == "a" or input == "s" or input == "d")

    return input
end
```

Jetzt geht es darum, Marvin zu bewegen. Dafür müssen wir seine x- und y-Koordinaten verändern. Das ist aber nicht so einfach: Wir müssen darauf achten, dass Marvin nicht in eine Wand läuft. Außerdem soll er Fässer verschieben können – aber nur, wenn das Feld hinter dem Fass frei ist.

Um das alles bestimmen zu können, berechnen wir erst die Koordinaten des Felds, auf das Marvin sich bewegen würde, und die Koordinaten des Felds, das dahinterliegt. Wenn Marvin beispielsweise auf Position { 3, 3 } ist und sich nach rechts bewegen soll, dann ist das neue Feld auf Position { 4, 3 } und das Feld dahinter auf Position { 5, 3 }.

```
local function moveMarvin(direction)
    -- Berechne das Zielfeld und die Position des Felds dahinter.
    local newX, newY = marvin[1], marvin[2]
    local behindX, behindY = marvin[1], marvin[2]

    if direction == "up" then
        newY = newY - 1
        behindY = behindY - 2
    elseif direction == "left" then
        newX = newX - 1
        behindX = behindX - 2
    elseif direction == "down" then
        newY = newY + 1
        behindY = behindY + 2
    elseif direction == "right" then
        newX = newX + 1
        behindX = behindX + 2
    end

    -- Schau, ob auf der neuen Position ein Fass ist, und speichere den Index.
    local i = findBarrel(newX, newY)

    -- Wenn auf der neuen Position weder Fass noch Wand ist ...
    if i == nil and map[newY][newX] ~= "#" then
        -- ... aktualisiere Marvins Position.
        marvin = { newX, newY }
    -- Wenn dort ein Fass ist, das Feld dahinter aber frei ist ...
    elseif i ~= nil
            and findBarrel(behindX, behindY) == nil
            and map[behindY][behindX] ~= "#"
    then
        -- ... dann wird das Fass verschoben.
        marvin = { newX, newY }
        barrels[i] = { behindX, behindY }
    end
end
```

Um zu überprüfen, ob das Spiel gewonnen ist, müssen wir schauen, ob jedes der Fässer auf einem x steht. Wenn eines der Fässer *nicht* auf einem x steht, ist das Spiel noch nicht vorbei, und die Funktion gibt **false** zurück.

```
local function isGameWon()
    -- Wir gehen alle Fässer durch.
    for i = 1, #barrels do
        local x, y = barrels[i][1], barrels[i][2]
        -- Wenn das Fass nicht auf einem x steht ...
        if map[y][x] ~= "x" then
            -- ... dann ist das Spiel noch nicht gewonnen.
            return false
        end
    end
    return true
end
```


Damit sind wir gut vorbereitet, um die Hauptschleife des Games zu schreiben.

```
io.write("Was für ein Durcheinander. Hilf Marvin (@), die Faesser (O) zurueck\n")
io.write("auf ihren Platz (x) zu schieben!\n")
io.write("\n")

repeat
    printMap()
    io.write("\n")
    local dir = directionPrompt()

    if dir == "w" then
        moveMarvin("up")
    elseif dir == "a" then
        moveMarvin("left")
    elseif dir == "s" then
        moveMarvin("down")
    elseif dir == "d" then
        moveMarvin("right")
    end
```

```
until isGameWon()

printMap()
io.write("\n")
io.write("Geschafft!")
```

Kapitel 12

Ein Held ist keine Zahl

Arrays sind super. Aber Lua bietet dir noch viel mehr. Mit Tables gibt Lua dir ein mächtiges Werkzeug an die Hand, das dir hilft, viel klareren und verständlicheren Code zu schreiben. Dabei sind Tables eine ganz einfache Datenstruktur, mit der du Daten zusammenfassen kannst, die zusammengehören.

In diesem Kapitel lernst du einen neuen Datentyp kennen: Tables erlauben es dir mehrere Werte in einer Variablen zu speichern. Im Gegensatz zum Array, bei dem die Werte einfach durchnummeriert sind, kann man in einer Table jedem Wert einen Namen geben. Auf diese Weise können wir auch komplexe Informationen in einer einzigen Variable speichern. Außerdem kann man Tables benutzen, um objektorientierte Programmiertechniken in Lua umzusetzen. Aber alles der Reihe nach ...

Vom Array zur Table

Erinnere dich zurück an unser Beispiel mit den zufällig generierten Planeten. Ein Planet hat einen Namen, einen Durchmesser, und er kann gasförmig sein oder nicht. Sicherlich fallen dir noch viel mehr Eigenschaften ein, aber für unser Beispiel belassen wir es erst mal bei diesen drei.

Wie können wir diese drei Informationen in einer Variablen speichern? Wir könnten ein Array benutzen:

```
local planet = { "Xenox", 234122, false }

print(planet[1])         --> Xenox
```

Listing 12.1 Der Planet als Array

Der Haken bei der Sache: Du musst dir genau merken, welcher Wert was bedeutet. Wenn eine andere Person deinen Code liest, wird sie vermutlich sehr verwirrt sein.

Aber Lua hat eine Lösung für uns: *Tables*. Damit erlaubt Lua uns, den Werten Namen zu geben. Das sieht dann so aus:

```
local planet = {
    name = "Xenox",
    diameter = 234122,
    isGasPlanet = false
}

print(planet.name)          --> Xenox
```

Listing 12.2 Unser Planet als Table

Gut, zugegeben, es ist etwas mehr Schreibaufwand. Aber der Code ist viel besser verständlich, vor allem wenn dein Code sehr lang ist. Um zu wissen, was `planet[2]` ist, musst du oben im Beispiel nachschauen, aber `planet.diameter` ist auch so verständlich.

Der Schlüssel zum Verständnis

Man nennt die Namen der Werte auch *Schlüssel* (oder engl. *Keys*). Jeder Eintrag einer Table besteht also aus einem Schlüssel und einem *Wert* (engl. *Value*).

Eine Möglichkeit, auf einen Wert in einer Table zu kommen, hast du oben schon gesehen. Mit einem **.** kannst du auf Werte in der Table zugreifen oder auch sie verändern:

```
print(planet.diameter)    --> 234122
planet.diameter =  204132
print(planet.diameter)    --> 204132
```

Listing 12.3 Die Werte einer Table verhalten sich wie normale Variablen.

Kommt dir das bekannt vor?

Jetzt kannst du auch verstehen, warum ein Punkt in manchen Funktionen aus Luas Standardbibliothek (zum Beispiel `io.read()` oder `string.sub()`) vorkam. Die Funktionen sind Einträge in einer Table! Der Name der Table ist `string`, und unter dem Schlüssel `sub` ist eine Funktion gespeichert. Auf diese Weise haben die Erfinder von Lua Funktionen, die zusammengehören (wie zum Beispiel die String-Funktionen) in Tables zusammengefasst.

Diese Technik kannst du auch selbst verwenden, um deine eigene Bibliothek zu schreiben. Wie das geht, werden wir im nächsten Kapitel näher beleuchten.

Neben dem Punkt gibt noch eine zweite Möglichkeit- auf Einträge zuzugreifen. Wie bei einem Array kannst du über eckige Klammern auf die Werte der Table zugreifen. Den Schlüssel übergibst du dann als String:

```
print(planet["name"])    --> Xenox
planet["name"] = "Zonex"
print(planet.name)       --> Zonex
```

Listing 12.4 Eine andere Möglichkeit, auf die Werte einer Table zuzugreifen

Beide Notationen führen zum selben Ergebnis. In der Regel benutzen wir die Punktnotation, wenn das möglich ist.

Tables erweitern

Übrigens darfst du Tables in Lua auch noch erweitern, nachdem du sie deklariert hast. Wenn wir unserem Planeten jetzt beispielsweise eine Temperatur verpassen wollen, ist das kein Problem:

```
planet.temperature = 53
print(planet.temperature)    --> 53
```

Listing 12.5 Nun hat der Planet vier Werte.

Eine Technik, die dir häufiger in Lua-Code begegnen wird, ist, dass erst einmal eine leere Table erstellt ({}) und diese dann Schritt für Schritt mit Werten aufgefüllt wird:

```
local planet = {}

planet.diameter = 12345
planet.name = "Xenox"
```

Listing 12.6 Eine leere Table kann Schritt für Schritt aufgefüllt werden.

Jetzt weißt du, was eine Table ist und wie du sie mit Einträgen füllen kannst. Einen solchen Eintrag nennt man auch ein *Schlüssel-Wert-Paar* (engl. *Key-Value-Pair*).

Arrays sind auch nur Tables

Wenn du die Punktnotation verwenden willst, um auf einen Wert in einer Table zuzugreifen, muss sich der Schlüssel an dieselben Regeln halten, die auch für die Benennung von Variablen gelten (siehe Abschnitt »Variablennamen«).

Grundsätzlich erlaubt Lua aber jeden Datentyp als Schlüssel, also auch Zahlen oder Strings mit Sonder- oder Leerzeichen. Bei der Deklaration der Table *musst* du den Schlüssel dann allerdings in eckige Klammern schreiben. Schau dir folgendes Beispiel an:

```
local moonsOfSaturn = {
    [6] = "Titan",
    [5] = "Rhea",
    [8] = "Iapetus",
    [11] = "Epimetheus",
    ["hypothetical moon"] = "Themis"
}

print(moonsOfSaturn[11])                  --> Epimetheus
print(moonsOfSaturn[6])                   --> Titan
print(moonsOfSaturn["hypothetical moon"]) --> Themis
```

Listing 12.7 Eine Table mit fünf Einträgen

Mit diesem Wissen können wir Arrays noch einmal neu verstehen. Betrachte diese Array:

```
local moonsOfJupiter = { "Io", "Europa", "Ganymed", "Kallisto" }
```

Listing 12.8 Ein Array

Für Lua ist das genau dasselbe wie eine Table mit den Schlüsseln 1, 2 usw.:

```
local moonsOfJupiter = {
    [1] = "Io",
    [2] = "Europa",
    [3] = "Ganymed",
    [4] = "Kallisto"
}
```

Listing 12.9 Dasselbe Array anders deklariert

Beide Deklarationen sind für Lua absolut identisch! Arrays sind also nur ein Spezialfall von Luas Tables.

Eine Table, zwei Variablen

Das nächste Codebeispiel ist eine kleine Rätselaufgabe: Was, denkst du, wird in der letzten Zeile ausgegeben? (Du kannst die Antwort nicht wissen, aber vielleicht hast du eine Ahnung.)

```
local planet1 = {
    moons = 10,
    diameter = 12345
}

local planet2 = planet1

planet2.moons = 12

print(planet1.moons)    --> ?
```

Listing 12.10 Haben wir jetzt einen oder zwei Planeten?

Man könnte denken, dass 10 ausgegeben wird, schließlich wurde `planet1` ja nicht verändert. Tatsächlich wird aber 12 ausgegeben. Der Grund dafür ist, dass im Beispiel oben nur eine Table erzeugt wird. In der Zuweisung `planet2 = planet1` wird diese Table in einer zweiten Variablen mit Namen `planet2` gespeichert. Wir haben jetzt also zwei Variablen für ein und dieselbe Table.

Eine neue Table wird immer nur dann erzeugt, wenn Lua die geschweiften Klammern ({ und }) sieht.

Mit dieser Information erklärt sich auch das Verhalten in diesem Codebeispiel:

```
local mars = {
    moons = 2,
    diameter = 6800
}

local function destroyMoon(p)
    p.moons = p.moons - 1
end
```

```
print(mars.moons)      --> 2
destroyMoon(mars)
print(mars.moons)      --> 1
```

Listing 12.11 Tschüs Mond!

Wenn du die Funktion `destroyMoon()` aufrufst und als Argument die Variable `planet` übergibst, beziehen sich innerhalb der Funktion `p` und `planet` auf dieselbe Table. Wenn du die Table also in der Funktion veränderst, dann ist die Veränderung auch außerhalb der Funktion sichtbar.

Und wie ist es, wenn zwei Tables erzeugt werden, die aber den gleichen Inhalt haben? Sind diese Tables für Lua gleich?

```
local mars = {
    moons = 2,
    diameter = 6800
}

local planet = {
    moons = 2,
    diameter = 6800
}

print(planet == mars)        --> ?
```

Listing 12.12 Gleicher Planet, aber zwei separate Tables

Tatsächlich gibt Lua hier **`false`** aus. Der Grund dafür wurde schon weiter oben erwähnt: Jedes Mal, wenn Lua die geschweiften Klammern sieht, wird eine neue Table erstellt. Also gibt es oben zwei verschiedene Tables, auch wenn sie die gleichen Schlüssel und Werte enthalten.

for-Schleife revisited

Bei Arrays können wir mit einer **`for`**-Schleife durch das ganze Array gehen, selbst wenn wir vorher nicht wissen, wie lang das Array ist. Aber wie ist es mit einer Table? Vor allem, wenn wir womöglich die Schlüssel gar nicht kennen?

Glücklicherweise kennt Lua eine Variante der **`for`**-Schleife, die uns das ermöglicht: Mit der *generischen for-Schleife* kannst du durch jeden Eintrag einer beliebigen Table gehen:

```
local planet = {
    name = "Xenox",
    moons = 10,
    diameter = 12345,
    isGasPlanet = false
}

for key, value in pairs(planet) do
    print(key .. ": " .. tostring(value))
end
```

Listing 12.13 Die generische for-Schleife

Leider ist die Reihenfolge, in der die Einträge ausgegeben werden, nicht festgelegt. Es kann also sein, dass sie anders ist als bei der Deklaration deiner Table. Bei mir entstand folgender Output:


```
diameter: 12345
moons: 10
isGasPlanet: false
name: Xenox
```

In diesem Buch werden wir die generische `for`-Schleife nicht mehr verwenden. Aber jetzt weißt du zumindest, dass es sie gibt.

Objektorientierte Programmierung

Was in Lua Table heißt, heißt in anderen Programmiersprachen (zum Beispiel in JavaScript) *Objekt*. Für einen Lua-Programmierer sind Objekte und Tables dasselbe. Wenn ich also gleich von Objekten rede, dann meine ich nichts anderes als eine Lua-Table.

Vielleicht hast du schon mal von *objektorientierter Programmierung* (OOP) gehört. Was ist damit gemeint? Eine einheitliche Definition gibt es nicht. Die Grundidee ist aber, dass du Daten und Funktionen, die zusammengehören, in einem Objekt zusammenfasst. Wenn dein Programm zum Beispiel Ork-Krieger kennt, dann sollten die Werte eines Ork-Kriegers (Name, Kraft, HP usw.) und die Funktionen, die den Ork-Krieger betreffen (angreifen, aufleveln ...), möglichst in einem Objekt zusammengefasst werden.

Der Stil, in dem die bisherigen Codebeispiele geschrieben sind, heißt *prozedurale Programmierung*. Diesen Stil gibt es bereits viel länger als die objektorientierte Programmierung. Aber vielleicht ist dir schon aufgefallen, dass es bei längeren Codeabschnitten ganz schön schwierig ist, den Überblick zu behalten. Noch schlimmer wird das Problem bei Programmen, die viele Tausende von Zeilen Code haben! Deswegen wurde als Weiterentwicklung des prozeduralen Programmierstils die objektorientierte Programmierung entwickelt, um Programmiererinnen und Programmierern zu helfen, ihren Code sinnvoll zu strukturieren. Programmiersprachen, bei denen der Programmierer in einem objektorientierten Stil programmieren muss, heißen objektorientierte Programmiersprachen.

In den 1990er-Jahren war objektorientierte Programmierung voll im Trend. Fast alle Programmiersprachen, die in dieser Zeit entstanden sind, haben auf Objektorientierung gesetzt. Java, eine der verbreitetsten objektorientierten Programmiersprachen, ist in dieser Zeit entstanden. In Java *muss* der Programmierer all seinen Code in Objekte strukturieren. Mittlerweile ist der Trend wieder etwas abgeklungen. Trotzdem ist objektorientierte Programmierung aus der heutigen Programmierlandschaft nicht wegzudenken.

Lua ist eine Programmiersprache, die dir in dieser Frage alle Freiheiten lässt. Ein Experte für prozedurale Programmierung in Lua bist du bereits. In den nächsten Abschnitten werde ich dir zeigen, wie du mithilfe von Tables einen objektorientierten Programmierstil in Lua umsetzen kannst. Gerade bei komplizierten Programmen kann dadurch manches übersichtlicher werden.

Ein Objekt für Ork-Krieger

In dem Spiel, das wir am Ende dieses Kapitels programmieren werden, muss Marvin gegen eine Horde Dämonen kämpfen. Dabei haben Marvin und die Dämonen in unserem Spiel einiges gemeinsam: Jeder hat einen Namen und ein Level. Außerdem wollen wir uns merken, wie viel HP der Charakter am Anfang, also insgesamt, hatte und wie viel er aktuell hat. So soll die Table dazu aussehen:

```lua
local character = {
    name = "Joris",
    level = 1,
    totalHp = 100,
    hp = 100
}
```

Listing 12.14 Das Charakter-Objekt

Damit enthält unser Charakter schon alle wichtigen Informationen, jetzt wollen wir ihn aber noch mit etwas »Intelligenz« versehen.

Ork-Krieger haben ihre Methoden

Wie du schon weißt, kann man Funktionen in Lua in ganz normalen Variablen speichern. Das heißt insbesondere, dass wir auch in unseren Tables bzw. Objekten Funktionen haben können. Dies ist superwichtig, denn im objektorientieren Stil versuchen wir auch, Funktionen, die zu einem Objekt gehören, in diesem Objekt zu speichern. Funktionen, die zu einem Objekt gehören, nennt man in der objektorientierten Fachsprache auch *Methoden*.

Um darüber nachzudenken, welche Methoden dein Objekt brauchen könnte, kannst du dich fragen: Was soll das Objekt können?

In unserem Fall soll das Charakter-Objekt in der Lage sein, eine kleine Beschreibung des Charakters auszugeben, also seinen Namen, sein Level und seine HP. Später werden wir auch eine Methode hinzufügen, mit der das Objekt andere Charakter-Objekte angreifen und Schaden zufügen kann!

Aber eins nach dem anderen. Die Methode, die die Beschreibung zurückgibt, soll `description()` heißen. Ein erster Versuch, eine solche Methode zu implementieren, könnte so aussehen:

```
local character = {
    name = "Joris",
    level = 1,
    totalHp = 100,
    hp = 100,

    description = function()
        return character.name .. " (lvl " .. character.level .. ", "
            .. character.hp .. "/" .. character.totalHp .. " HP)"
    end
}
```

Listing 12.15 Könnte funktionieren, oder?

Doch wenn wir versuchen, unsere Methode aufzurufen ...

```
print(character.description())
```

Listing 12.16 Funktioniert leider noch nicht.

... bekommen wir leider eine Fehlermeldung:

```
lua: example.lua:8: attempt to index a nil value (global 'character')
stack traceback:
        example.lua:8: in field 'description'
        example.lua:13: in main chunk
        [C]: in ?
```

Das Problem liegt in der Art, wie wir in der `description()`-Methode versucht haben, auf die Einträge unseres Objekts zuzugreifen. Leider weiß Lua nicht, was mit `character.name` gemeint ist, weil es die Variable `character` zu dem Zeitpunkt, an dem die Methode definiert wird, noch gar nicht gibt. Wir sind ja gerade erst dabei, sie zu deklarieren!

Daher die Fehlermeldung: Lua versucht, eine globale Variable mit Namen `character` zu finden, da es aber keine gibt, ist `character` ein **`nil`**-Wert. Und ein **`nil`**-Wert hat natürlich keinen Namen.

Aber selbst wenn Lua die Variable finden würde: Was würde passieren, wenn wir sie umbenennen? Oder wenn wir die Funktion in mehreren Objekten mit verschiedenen Namen benutzen wollen? Dann müssten wir für jedes Objekt eine eigene Methode schreiben. Wir müssen also einen anderen Weg finden, um auf die Eigenschaften unseres Objekts zuzugreifen.

Der übliche Weg besteht darin, jeder Methode das Objekt selbst als erstes Argument zu übergeben. Wir können dieses Argument nennen, wie wir wollen, in Lua ist es aber üblich, es `self` zu nennen. (In anderen Programmiersprachen heißt es auch manchmal `this`.) Auf diese Weise müssen wir zum Zeitpunkt der Definition nicht wissen, wie unser Objekt heißt, und können in der Methode trotzdem bequem darauf zugreifen:

```lua
local character = {
    name = "Joris",
    level = 1,
    totalHp = 100,
    hp = 100,

    description = function(self)
        return self.name .. " - (Lvl " .. self.level .. ", "
            .. self.hp .. "/" .. self.totalHp .. " HP)"
    end
}
```

Listing 12.17 Ein neuer Versuch

Beim Aufruf dürfen wir dann nicht vergessen, das Objekt an die Funktion zu übergeben:

```
print(character.description(character))  --> Joris - (Lvl 1, 30/100 HP)
```

Listing 12.18 So funktioniert es!

Das funktioniert. Aber mal ehrlich: Der Aufruf sieht noch sehr unschön aus. Wir müssen zweimal den Namen des Objekts schreiben.

Zum Glück kann uns Lua hier helfen: Wenn du statt des Punkts einen Doppelpunkt schreibst, kümmert sich Lua selbst darum, dass self-Argument an die Methode zu übergeben:

```
print(character:description())             --> Joris - (Lvl 1, 30/100 HP)
```

Listing 12.19 Die Doppelpunktnotation macht Methodenaufrufe deutlich schöner!

Die beiden Aufrufe machen genau dasselbe, aber die zweite Variante ist eben etwas eleganter.

Als Zweites wollen wir noch eine Methode für den Angriff hinzufügen. Neben dem self-Argument soll die Funktion noch den Gegner übergeben bekommen. Der Gegner soll dann zufälligen Schaden bekommen. Je höher unser Level, desto größer soll der Schaden sein, den der Gegner bekommt. So könnte diese Methode aussehen:

```
local character = {
    name = "Joris",
    level = 1,
    totalHp = 100,
    hp = 100,

    description = function(self)
        return self.name .. " - (Lvl " .. self.level .. ", "
            .. self.hp .. "/" .. self.totalHp .. " HP)"
    end,

    attack = function(self, enemy)
        print(self.name .. ' greift ' .. enemy.name .. ' an!')

        local damage = math.random(self.level * 5, self.level * 10)
        enemy.hp = enemy.hp - damage

        print('Er macht ' .. damage .. ' Schaden!')
    end
}
```

Listing 12.20 Unser vollständiges Objekt

Die Funktion, die wir nachher im Spiel verwenden werden, ist etwas komplizierter. Wie du siehst, bin ich davon ausgegangen, dass der Gegner auch ein Objekt ist und insbesondere die Schlüssel `name` und `hp` hat. Falls du das Programm abtippen möchtest, achte auf das Komma in Zeile 10! Nicht vergessen, dass in einer Table Schlüssel-Wert-Paare durch Kommas voneinander getrennt werden müssen. Das gilt auch, wenn der Wert eine Funktion ist. Leider können wir die Funktion aktuell nicht wirklich testen: Wir haben bisher nur einen einzigen Charakter! Es wäre blöd, wenn der sich selber angreift. Es fehlt noch ein Gegner.

Eine Fabrik für Charaktere

Für unser Spiel brauchen wir natürlich mehr als einen Charakter. Wir könnten jetzt den Code oben einfach so oft kopieren, wie wir ihn brauchen, wirklich schön ist das aber nicht.

Besser ist es, wenn wir eine Funktion nutzen, um neue Charakter-Objekte zu erstellen. Dieses Objekt lassen wir uns dann einfach mit einem `return`-Statement zurückgeben:

```
local function createCharacter(name, level, totalHp)
    return {
        name = name,
        level = level,
        totalHp = totalHp,
        hp = totalHp,

        description = function(self)
            return self.name .. " - (Lvl " .. self.level
                .. ", " .. self.hp .. "/" .. self.totalHp .. " HP)"
        end,

        attack = function(self, enemy)
            print(self.name .. ' greift ' .. enemy.name .. ' an!')

            local damage = math.random(self.level * 5, self.level * 10)
            enemy.hp = enemy.hp - damage

            print('Er macht ' .. damage .. ' Schaden!')
        end
    }
end
```

Listing 12.21 Eine Fabrik für Charaktere

So eine Funktion nennt man eine *Fabrik*-Funktion oder auf Englisch *Factory*. Damit können wir jetzt ohne Probleme mehrere Charaktere erstellen und gegeneinander kämpfen lassen:

```
local dexos = createCharacter("Dexos", 1, 100)
local padan = createCharacter("Padan", 1, 100)

print(dexos:description())
print(padan:description())

dexos:attack(padan)
padan:attack(dexos)

print(dexos:description())
print(padan:description())
```


Listing 12.22 Mögen die Kämpfe beginnen!

Bei mir kam folgender Output heraus:

```
Dexos - (Lvl 1, 100/100 HP)
Padan - (Lvl 1, 100/100 HP)
Dexos greift Padan an!
Er macht 6 Schaden!
Padan greift Dexos an!
Er macht 5 Schaden!
Dexos - (Lvl 1, 95/100 HP)
Padan - (Lvl 1, 94/100 HP)
```

Viel fehlt nicht mehr zu einem richtigen Spiel!

Meister aller Klassen

Mit unserer Fabrik-Funktion können wir jetzt leicht viele Objekte generieren, die alle dieselben Eigenschaften und Methoden haben. In der objektorientierten Fachsprache sagt man, dass sie zur selben *Klasse* gehören. In unserem Beispiel oben gibt es also eine Klasse für Charaktere und eine Fabrik-Funktion, die Objekte dieser Klasse generiert.

Stell dir eine Fabrik für Autos vor: Die Fabrik stellt ein bestimmtes Automodell her. Das Automodell ist die Klasse. In der Fabrik werden dann viele Autos dieses Modells gebaut.

Die fertigen Autos entsprechen den Objekten. Die Klasse ist also so etwas wie der Bauplan für dein Objekt.

In manchen Programmiersprachen gibt es eigene Sprachkonstrukte, um Klassen zu definieren. In Lua brauchen wir das nicht, weil die Tables und Funktionen so flexibel sind. Trotzdem kann es manchmal sinnvoll sein, zu überlegen, welche Klassen, also welche Arten von Objekten, es in deinem Spiel geben soll. Häufig ist es auch hilfreich, sogenannte Klassendiagramme aufzumalen, in die man die Eigenschaften und Methoden hineinschreibt, die ein Objekt dieser Klasse haben soll. Das Klassendiagramm für unser Beispiel sähe so aus:

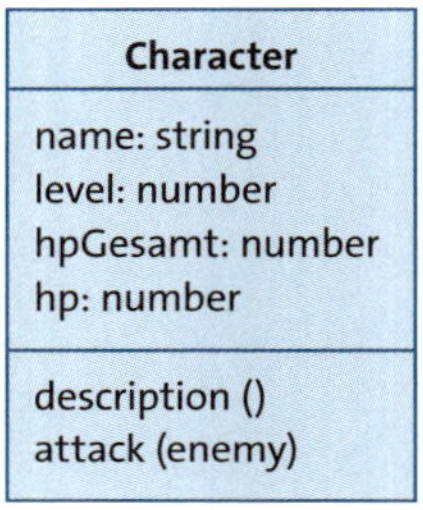

Abbildung 12.1 Ein Klassendiagramm für unsere Charaktere

Wenn du ein Spiel schreiben möchtest, das im Weltraum spielt, dann gibt es wahrscheinlich andere Klassen. Vielleicht gibt es eine Klasse für Planeten, eine für Sonnensysteme und eine für Raumschiffe:

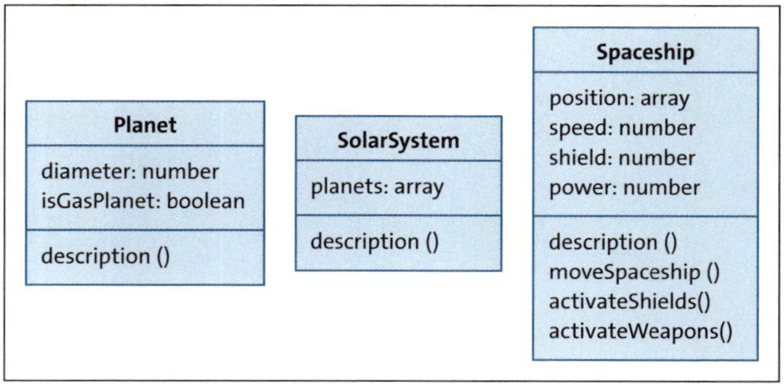

Abbildung 12.2 So könnten Klassen für ein Spiel im Weltraum aussehen.

Vielleicht hast du ja eine Idee, wie man aus diesen Klassen ein Spiel machen könnte?

Charakter ist nicht gleich Charakter!

Bisher haben wir in unserem Spiel eine Klasse für Charaktere. Wenn wir mit unserer Fabrik-Funktion Objekte dieser Klasse erstellen, enthalten diese Objekte die Eigenschaften und Methoden, die jeder Charakter in unserem Spiel haben soll.

Um das Spiel etwas interessanter zu gestalten, sollen die Charaktere aber noch ein wenig verfeinert werden:

- Marvin soll nach jedem gewonnenen Kampf HP vom Gegner bekommen. Außerdem soll er nach jedem Kampf Erfahrungspunkte (XP) bekommen. Wenn er genug XP hat, soll er um ein Level aufsteigen.
- Die Dämonen sollen ein Element zugewiesen bekommen (Feuer, Wasser oder Eis). Dieses Element kennt Marvin am Anfang nicht, es wird erst sichtbar, nachdem er den ersten Angriff gemacht hat.

Es soll also zwei neue Klassen geben, die sich aus der bestehenden Charakter-Klasse ableiten:

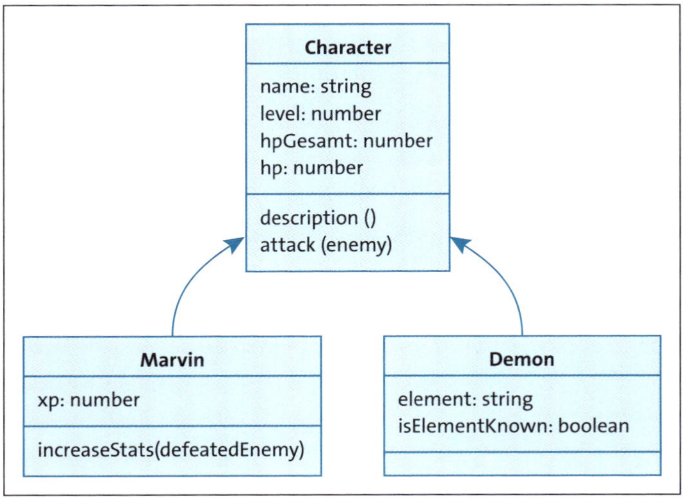

Abbildung 12.3 Das verfeinerte Klassendiagramm

Um das umzusetzen, machen wir uns zunutze, dass Tables bzw. Objekte in Lua jederzeit erweitert werden dürfen (siehe Abschnitt »Tables erweitern«). Um also ein Dämonen-Objekt zu erstellen, nehmen wir ein Charakter-Objekt und fügen die fehlenden Eigenschaften einfach hinzu:

```
local function createDemon(namen, level, totalHp, element)
    local demon = createCharacter(namen, level, totalHp)

    demon.element = element
    demon.isElementKnown = false

    return demon
end
```

Listing 12.23 Eine Fabrik für Dämonen

In der objektorientierten Fachsprache spricht man von *Vererbung*. Die Dämonen-Klasse erbt von der Charakter-Klasse. Das heißt, ein Dämon kann alles, was ein normaler Charakter auch kann (und noch mehr).

Indem wir auf dem Charakter-Objekt aufbauen, können wir sämtlichen Code, den wir schon für unsere Charakter-Objekte geschrieben haben, wiederverwenden und brauchen nur noch den Code hinzuzufügen, der spezifisch für unsere Dämonen-Objekte ist.

Einen Haken hat unser Dämonen-Objekt noch: Die `description()`-Methode aus unserer Charakter-Klasse weiß nichts von dem Element des Dämons. Wir wollen das Element des Dämons aber ausgeben, wenn es bekannt ist. Darum müssen wir die `description()`-Methode überschreiben, das heißt, wir ersetzen sie durch eine neue Version.

Außerdem wollen wir unsere Fabrik-Funktion etwas schlauer machen. Ich will beim Erstellen eines Dämons nur das Level angeben. Die restlichen Felder sollen nach diesen Regeln gefüllt werden:

- Der Name soll mit der `randomName()`-Funktion aus dem Abschnitt »Funktionen und ihre Variablen« zufällig erzeugt werden.
- Die HP sollen eine zufällige Zahl zwischen dem 15- und dem 20-Fachen des Levels sein.
- Das Element soll zufällig gewählt werden.

So sieht unsere fertige `createDemon()`-Funktion aus:

```
local function createDemon(level)
    local name = randomName()
    local totalHp = math.random(level * 15, level * 20)
    local demon = createCharacter(name, level, totalHp)

    demon.element = ({"Feuer", "Wasser", "Eis"})[math.random(3)]
    demon.isElementKnown = false
```

```
    demon.description = function(self)
        local s = self.name .. " - (Lvl " .. self.level .. ", "
                     .. self.hp .. "/" .. self.totalHp .. " HP"

        if self.isElementKnown then
            s = s .. ", " .. self.element .. "-Dämon"
        end

        s = s .. ")"

        return s
    end

    return demon
end
```

Listing 12.24 Eine bessere Fabrik für Dämonen

Damit sind wir jetzt in der Lage, Dämonen jedes Levels zu »beschwören«! Dabei kann ein Dämon alles, was ein Charakter kann (denn wir haben das Charakter-Objekt als Grundlage genommen), aber eben auch noch mehr (denn wir haben das Objekt erweitert). Jetzt können wir unseren Code testen und zwei Dämonen gegeneinander kämpfen lassen:

```
local demon1 = createDemon(2)
local demon2 = createDemon(7)

print(demon1:description())
print(demon2:description())

demon1:attack(demon2)

demon1.isElementKnown = true
demon2.isElementKnown = true

print(demon1:description())
print(demon2:description())
```

Listing 12.25 Kampf der Dämonen!

Der Output ist natürlich jedes Mal anders, weil viele der Werte zufällig generiert werden. Bei mir kam dieser Output heraus:

```
Delok - (Lvl 2, 39/39 HP)
Husix - (Lvl 7, 121/121 HP)
Delok greift Husix an!
Er macht 16 Schaden!
Delok - (Lvl 2, 39/39 HP, Feuer-Dämon)
Husix - (Lvl 7, 105/121 HP, Wasser-Dämon)
```

Zusammenfassung

In diesem Kapitel wurde erklärt, wie Luas Tables funktionieren. Eine Table ist eine Sammlung von Werten. Jeder Wert ist einem Schlüssel zugeordnet, über den ich später auf diesen Wert zugreifen kann.

Die einfachste Art, auf einen Eintrag einer Table zuzugreifen, bietet die Punktnotation. Man kann aber auch eckige Klammern verwenden, um auf Einträge zuzugreifen. Dadurch lassen sich auch Zahlen und Strings mit Leer- oder Sonderzeichen als Schlüssel verwenden.

Du hast auch gesehen, dass Arrays in Lua »nur« ein Spezialfall der Tables ist, nämlich eine Table mit den Schlüsseln 1, 2, 3 ...

Luas Tables sind so vielseitig, dass sie es ermöglichen, einen objektorientierten Programmierstil umzusetzen. Objektorientierte Programmierung heißt, dass man versucht, seinen Code in Objekten zu strukturieren. Ein Objekt kann ein Ding in deiner Spielwelt sein (ein Charakter, ein Fahrzeug, eine Waffe ...). In diesem Fall würdest du versuchen, alle Variablen und Funktionen, die mit diesem Ding zu tun haben, in einer Table unterzubringen. Funktionen, die zu einem Objekt gehören, nennt man Methoden. Im Beispiel oben haben wir ein Objekt geschrieben, das Variablen und Methoden enthält, die einen Spielcharakter beschreiben.

Oft braucht man in einem Spiel mehrere Objekte der gleichen Art. Man sagt dann, dass die Objekte zur selben Klasse gehören. Eine Technik, um Objekte einer bestimmten Art zu erzeugen, ist das Schreiben einer Fabrik-Funktion, die die Objekte erzeugt und dann zurückgibt.

Manchmal ist es sinnvoll, eine Art von Objekt zu verfeinern und mit zusätzlichen Werten oder Fähigkeiten auszustatten. Im Beispiel oben haben wir die Charakter-Klasse verfeinert zu einer Klasse für Dämonen. Mit der entsprechenden Fabrik-Funktion können wir uns beliebig viele Objekte dieser Klasse erzeugen lassen.

Game: Die Rückkehr

Inzwischen näherte sich Marvins Ausbildung in der Zauberschule ihrem Ende. Die Anfangsschwierigkeiten waren vergessen, und Marvin ist bei Lehrern und Schülern recht beliebt geworden. Seine neugierige und wissbegierige Art fügte sich gut ein in die Atmosphäre der alten Schule. Marvin fing an, sich richtig wohlzufühlen. Bis der Brief ankam …

»Marvin,

ich bin in der Nähe deiner Heimatstadt. Seit einigen Tagen erscheinen hier Dämonen und treiben ihr Unwesen. Die Leute aus dem Dorf haben mir gesagt, dass sie den Alten in eine Höhle gezerrt haben und dort gefangen halten! Woher kommen diese Wesen? Warum entführen sie ausgerechnet deinen Ziehvater? Du musst kommen!

Dein verzweifelter Lidus«

Marvin sackte das Herz in die Hose. Vermutlich waren einige der Dämonen, die er an seinen ersten Tagen in der Zauberschule beschworen hatte, entkommen. Er musste sofort nach Hause. In Eile packte er seine Sachen. Ihm schauderte es vor der Begegnung mit den Dämonen. Er war kein Kämpfer, aber er hat keine Wahl ... Gut, dass er mächtige Angriffszauber gelernt hatte, um sich auf seiner Reise zu schützen!

Das Game

In diesem Game wird Marvin mit einer Reihe von Dämonen konfrontiert. Das Spiel hat ein Levelsystem, d. h., Marvin kann XP sammeln und im Level aufsteigen, wenn er Gegner besiegt.

Um die Kämpfe interessanter zu machen, gibt es noch ein Element-System: Jeder Dämon gehört entweder zum Feuer-, zum Wasser- oder zum Eis-Element. Je nachdem, welches Angriffselement der Spieler wählt, ist sein Angriff besonders effektiv oder eben auch uneffektiv. Das Element des Gegners wird aber erst nach einem erfolgreichen Angriff bekannt!

Wird Marvin es bis nach Hause schaffen und sein Dorf befreien können?

```
Es sind noch 50 km bis nach Hause!
Der Daemon Qojex erscheint!

Marvin - (Lvl 1, 100/100 HP)
Qojex - (Lvl 1, 15/15 HP)

Welchen Angriff?
1 - Feuer
2 - Wasser
3 - Eis
> 1
Marvin greift Qojex an!
Der Angriff ist effektiv!
Er macht 8 Schaden!

Qojex greift Marvin an!
Er macht 10 Schaden!
```

Listing

Das Listing für dieses Game ist etwa länger als die vorherigen Listings. Dafür kommt dir wahrscheinlich vieles aus dem Code bekannt vor. Erst mal definieren wir drei Hilfsfunktionen, die du schon kennst:

```
-- Gibt einen Prompt aus und wartet auf die Eingabe des Nutzers.
local function prompt(str)
    io.write(str)
    return io.read()
end

-- Gibt einen zufälligen Buchstaben aus dem übergebenen String zurück.
local function randomLetter(s)
    local i = math.random(1, #s)
    return string.sub(s, i, i)
end

-- Erzeugt einen zufälligen Namen.
local function randomName()
    local vocals = "aeiou"
    local consonants = "bcdfghjklmnpqrstvwxyz"

    return string.upper(randomLetter(consonants))
            .. randomLetter(vocals)
            .. randomLetter(consonants)
            .. randomLetter(vocals)
            .. randomLetter(consonants)
end
```


Wie schon vorher werden wir die `prompt()`-Funktion oft auch nur benutzen, um Text auszugeben, weil wir wollen, dass der Spieler [↵] drückt, wenn er den Text gelesen hat.

Als Nächstes schreiben wir unsere Fabrik für Charaktere. Das Charakter-Objekt hat eine neue Methode, `isDead()`, bekommen, die **`true`** oder **`false`** zurückgibt, je nachdem, ob der Charakter noch lebt oder schon tot ist.

Außerdem ist die `attack()`-Methode etwas komplexer geworden als in dem Beispiel oben:

- Die Methode bekommt ein zusätzliches Argument (`effect`). Mit diesem Argument können wir den Effekt des Angriffs verstärken oder schwächer machen. Ein `effect` von 0,5 würde die Angriffsstärke halbieren.
- Jeder vierte Angriff geht daneben, das heißt, er richtet keinen Schaden an.
- Die Methode gibt **`true`** zurück, wenn der Angriff erfolgreich war, und **`false`**, wenn der Angriff danebenging.

Den restlichen Code kennst du schon aus dem Beispiel oben:

```
local function createCharacter(name, level, totalHp)
    return {
        name = name,
        level = level,
        totalHp = totalHp,
        hp = totalHp,

        isDead = function(self)
            return self.hp <= 0
        end,

        description = function(self)
            return self.name .. " - (Lvl " .. self.level
                .. ", " .. self.hp .. "/" .. self.totalHp .. " HP)"
        end,

        attack = function(self, enemy, effect)
            io.write(self.name .. " greift " .. enemy.name .. " an!\n")

            -- Zufallszahl zwischen 1 und 4 ...
            if (math.random(1, 4) == 1) then
                -- ... bei 1 schlägt der Angriff fehl
                prompt("Aber der Angriff geht daneben!")

                return false
            else
                -- ... ansonsten entsteht Schaden.
                local damage = math.random(self.level * 5, self.level * 10)

                -- Der Effekt wird mit dem Schaden multipliziert.
                if effect > 1 then
                    prompt("Der Angriff ist effektiv!")
```

```
                elseif effect < 1 then
                    prompt("Der Angriff ist nicht effektiv...")
                end
                damage = math.ceil(damage * effect)

                prompt("Er macht " .. damage .. " Schaden!")
                enemy.hp = enemy.hp - damage

                return true
            end
        end
    }
end
```

Auch den Code zum Erstellen von Dämonen haben wir schon besprochen:


```
local function createDemon(level)
    local name = randomName()
    local totalHp = math.random(level * 15, level * 20)
    local demon = createCharacter(name, level, totalHp)

    demon.element = ({"Feuer", "Wasser", "Eis"})[math.random(3)]
    demon.isElementKnown = false

    demon.description = function(self)
        local s = self.name .. " - (Lvl " .. self.level .. ", "
                    .. self.hp .. "/" .. self.totalHp .. " HP"

        if self.isElementKnown then
            s = s .. ", " .. self.element .. "-Daemon"
        end

        s = s .. ")"

        return s
    end

    return demon
end
```

Neu ist der Code, der unser Marvin-Objekt erstellt. Marvin ist ein Charakter mit Level 1 und 100 HP. Zusätzlich zu normalen Charakteren kann er aber Erfahrungspunkte (XP) sammeln und so ein höheres Level erreichen.

Jedes Mal, wenn Marvin einen Dämon besiegt, soll Folgendes passieren:

- Marvin bekommt ein Drittel von den gesamten HP seines Gegners. (Damit wir ganze Zahlen bekommen, runden wir ab.)
- Marvin bekommt XP in Abhängigkeit vom Level und den gesamten HP des Gegners. Dafür werden Level und Gesamt-HP einfach miteinander multipliziert. Wenn Marvin also einen Level-2-Dämon besiegt, der am Anfang 50 HP hatte, dann soll er 100 XP bekommen.
- Wenn Marvins XP größer sind als das 50-Fache seines aktuellen Levels, werden seine XP zurückgesetzt, und er steigt um ein Level auf. Das heißt, um von Level 1 auf Level 2 zu kommen, braucht er 50 XP, um von Level 2 auf Level 3 zu kommen, 100 XP und so weiter.

Dafür bekommt Marvin eine zusätzliche Eigenschaft (`xp`) und eine neue Methode (`increaseStats()`):

```
local function createMarvin()
    -- Marvin hat Level 1 und 100 HP.
    local marvin = createCharacter("Marvin", 1, 100)

    -- Im Gegensatz zu anderen Charakteren kann Marvin XP sammeln.
    marvin.xp = 0

    -- Wenn er einen Gegner besiegt, steigen seine XP und HP.
    marvin.increaseStats = function(self, defeatedEnemy)
        -- Die HP steigen um ein Drittel der gegnerischen Gesamt-HP.
        local newHp = math.floor(defeatedEnemy.totalHp / 3)
        self.hp = self.hp + newHp
        prompt("Marvin absorbiert " .. newHp .. "HP!")

        -- Die XP ergeben sich aus dem Level und den Gesamt-HP des Gegners.
        local newXp = defeatedEnemy.level * defeatedEnemy.totalHp
        self.xp = self.xp + newXp
        prompt("Marvin erhaelt " .. newXp .. "XP.")

        -- Marvin braucht das 50-Fache seines Levels an XP für das nächste Level.
        -- (Zum Beispiel 150 XP, um von Level 3 auf Level 4 zu kommen.)
```

```
        while self.xp >= self.level * 50 do
            self.level = self.level + 1
            self.xp = self.xp - self.level * 50
            prompt("Marvin ist ein Level aufgestiegen!")
        end
    end

    return marvin
end
```

In jeder Runde darf der Spieler aussuchen, welche Art von Angriff er starten soll. Marvin kann einen Feuer-, einen Wasser- oder einen Eis-Angriff machen. Je nachdem, welches Element sein dämonischer Gegner hat, ist der Angriff effektiv oder nicht effektiv. Die nächste Funktion kümmert sich darum, den Spieler zu fragen, welchen Angriff Marvin wählen soll:


```
local function promptAttackElement()
    io.write("Welchen Angriff?\n")
    io.write("1 - Feuer\n")
    io.write("2 - Wasser\n")
    io.write("3 - Eis\n")

    local input
    repeat
        input = tonumber(prompt("> "))
    until input == 1 or input == 2 or input == 3

    return ({"Feuer", "Wasser", "Eis"})[input]
end
```

Wenn Marvin einen Feuer-Angriff gegen einen Eis-Dämon einsetzt, soll sein Angriff einen Effekt von 1,5 haben. Wenn er aber einen Eis-Angriff gegen einen Feuer-Dämon einsetzt, soll der Effekt 0,5 sein, also die Angriffsstärke halbiert werden. Wir brauchen eine Funktion, die den Effekt ausrechnet (die Logik dahinter kommt dir vielleicht noch aus Kapitel 8, »Rechnen mit Wahrheit«, bekannt vor):

```
local function calculateEffect(attack, defence)
    if (attack == "Feuer" and defence == "Eis")
        or (attack == "Wasser" and defence == "Feuer")
        or (attack == "Eis" and defence == "Wasser")
    then
        return 1.5      -- Angriff ist effektiv.
    elseif (attack == "Feuer" and defence == "Wasser")
            or (attack == "Wasser" and defence == "Eis")
            or (attack == "Eis" and defence == "Feuer")
    then
        return 0.5      -- Angriff ist uneffektiv.
    else
        return 1        -- Angriff ist normal effektiv.
    end
end
```

Damit sind wir gut gewappnet, um unsere Hauptschleife zu implementieren.

```
local km = 50
local marvin = createMarvin()
local demon = nil

repeat
    prompt("Es sind noch " .. km .. " km bis nach Hause!")
```

Wird Marvin stärker, soll er natürlich auch stärkeren Dämonen begegnen. Ab Level 4 erzeugen wir Dämonen, die höchstens drei Levels unter Marvin sind.

```
    if marvin.level < 4 then
        demon = createDemon(1)
    else
        demon = createDemon(math.random(marvin.level - 3, marvin.level))
    end


    prompt("Der Daemon " .. demon.name .. " erscheint!")
    io.write("\n")
```

In der Hauptschleife gibt es eine zweite Schleife, die so lange läuft, bis der Kampf mit diesem Dämon zu Ende ist. Danach geht die Hauptschleife in die nächste Runde, und ein neuer Dämon erscheint.

```
while true do
    io.write(marvin:description() .. "\n")
    io.write(demon:description() .. "\n")
    io.write("\n")

    local attackElement = promptAttackElement()
    local effect = calculateEffect(attackElement, demon.element)

    local isAttackSuccessful = marvin:attack(demon, effect)
    io.write("\n")
```


Die attack()-Methode gibt zurück, ob der Gegner getroffen wurde oder nicht. Wenn Marvin den Dämon trifft, kennt er anschließend sein Element. Ist der Dämon besiegt, soll Marvin hochgelevelt werden, und wir verlassen die Kampfschleife.

```
    if isAttackSuccessful then
        demon.isElementKnown = true
        if demon:isDead() then
            prompt(demon.name .. " ist tot!\n\n")
            marvin:increaseStats(demon)
            break
        end
    end
```

Anschließend darf der Dämon zum Gegenangriff starten. Sollte Marvin besiegt sein, endet das Spiel.

```
    isAttackSuccessful = demon:attack(marvin, 1)
    io.write("\n")
    if isAttackSuccessful and marvin:isDead() then
        prompt("Marvin faellt erschoepft zu Boden...")
        prompt("Bis nach Hause waeren es noch " .. km .. " km gewesen...")
```

```
            os.exit()
        end
    end
```

Jede Runde legt Marvin ein paar Kilometer zurück, bevor der nächste Dämon erscheint. Wenn die Kilometerzahl bei 0 ist, hat Marvin es geschafft, und das Spiel ist gewonnen.

```
    km = km - math.random(2, 5)
until km <= 0

prompt("Die Sonne geht schon auf, als Marvin das Haus des Alten erblickt!")
prompt("Er hat es geschafft!")
```

Kapitel 13

Codemonster in Stücke schneiden

Du lernst, wie du große Lua-Programme auf mehrere Dateien aufteilst. Außerdem holen wir nun alles aus dem Terminal heraus und programmieren »Cave of Doom«, ein Roguelike mit 2D-ASCII-Grafik. Darüber hinaus erfährst du, ob Marvin den Alten retten und die Dämonen vertreiben kann, die sein Heimatland befallen haben.

Vielleicht hast du schon bemerkt, dass Ordnung beim Programmieren die halbe Miete ist. Gute Variablennamen, eine gute Aufteilung in Funktionen und eine sinnvolle Nutzung von Objekten sind wichtig, damit du selbst und andere deinen Programmcode gut verstehen können und damit er gut erweitert werden kann, wenn du neue Ideen hast, die du umsetzen möchtest.

Aber bei längeren Programmen hilft die beste Strukturierung nichts, wenn alles in einer monsterhaft großen Datei von Tausenden Zeilen gespeichert ist. Daher hat Lua einen cleveren Mechanismus vorgesehen, mit dem du Code in sogenannte *Module* aufteilen kannst.

Dabei ist jedes Modul in einer eigenen Datei gespeichert, und du kannst Module, die du einmal geschrieben hast, ganz leicht in allen deinen Programmen wiederverwenden.

Einige Module hast du schon kennengerlernt, nämlich die Module aus der Lua-Standardbibliothek, z. B. `math`, `string` und `io`. Diese Module lädt Lua automatisch, sodass du sie in jedem deiner Programme nutzen kannst. Ein Modul enthält in der Regel Funktionen (z. B. `math.ceil()` und `math.random()`), kann aber auch Konstanten enthalten (z. B. `math.pi`).

Module sind so etwas wie die Bücher in der Bibliothek. In diesem Kapitel lernst du, wie du die Bibliothek um selbst geschriebene »Bücher« erweitern kannst.

Unser erstes eigenes Modul

In diesem Kapitel wollen wir anfangen, eine eigene Sammlung von Funktionen zu erstellen, die bei der Entwicklung von (textbasierten) Games nützlich sein kann. Weil ich das Modul allgemein halten will, nenne ich es einfach *util* (kurz für *utility*, was auf Deutsch so viel heißt wie »Nützliches«).

Dafür erstellst du eine Datei mit dem Namen *util.lua*. Darin definieren wir die Funktionen, die das Modul enthalten soll:

```
-- Gibt einen Prompt aus und fragt den Nutzer nach einer Eingabe.
local function prompt(str)
    io.write(str)
    return io.read()
end

-- Leert das Terminal, indem es einige Leerzeilen ausgibt.
local function clearTerminal()
    for i = 1, 30 do
        io.write("\n")
    end
end

-- Gibt einen zufälligen Buchstaben aus dem übergebenen String zurück.
local function randomLetter(s)
    local i = math.random(1, #s)
    return string.sub(s, i, i)
end

-- Erzeugt einen zufälligen Namen.
local function randomName()
    local vocals = "aeiou"
    local consonants = "bcdfghjklmnpqrstvwxyz"

    return string.upper(randomLetter(consonants))
            .. randomLetter(vocals)
            .. randomLetter(consonants)
            .. randomLetter(vocals)
            .. randomLetter(consonants)
end
```

Listing 13.1 util.lua (Teil 1)

Damit aus dieser Datei ein Modul wird, müssen wir am Ende der Datei eine `return`-Anweisung hinzufügen. Dort geben wir eine Table zurück mit allen Funktionen, die das Modul enthalten soll. Man sagt auch, dass diese Funktionen *exportiert* werden. Diese Table ist das eigentliche Modul, das du später in deiner Anwendung nutzen kannst.

```
return {
    prompt = prompt,
    clearTerminal = clearTerminal,
    randomName = randomName
}
```

Listing 13.2 util.lua (Teil 2)

Nicht alle Funktionen, die du in der Moduldatei definierst, müssen am Ende exportiert, also Teil des Moduls werden. In diesem Fall habe ich die `randomLetter()`-Funktion weggelassen, weil sie nur eine Hilfsfunktion für die Definition der `randomName()`-Funktion ist.

Warum sieht die Table so komisch aus?

Die Table, die wir am Schluss des Moduls zurückgeben, sieht vielleicht etwas merkwürdig aus, weil Schlüssel und Wert stets den gleichen Namen haben. Das muss aber nicht immer der Fall sein. Vielleicht möchtest du, dass die `clearTerminal()`-Funktion später einfach nur mit `util.clear()` aufgerufen werden kann? Dann müsstest du das Modul entsprechend anpassen:

```
return {
    prompt = prompt,
    clear = clearTerminal,
    randomName = randomName
}
```

In aller Regel wird es aber so sein, dass der Schlüssel, unter dem die Funktion abgespeichert wird, denselben Namen bekommt wie die Funktion.

Module und die Hauptdatei

Herzlichen Glückwunsch! Du hast dein erstes eigenes Modul geschrieben und deine Bibliothek um ein kostbares Buch erweitert. In diesem Abschnitt geht es darum, wie du dieses »Buch« in deinen Programmen verwendest.

Dazu erstellst du eine zweite Lua-Datei. Weil das die Hauptdatei sein soll, die wir später mit dem Lua-Interpreter aufrufen, ergibt es Sinn, sie *main.lua* zu nennen. Wichtig ist, dass sich *main.lua* und unsere Moduldatei *util.lua* im selben Ordner befinden.

In der *main.lua* kannst du das Modul dann laden. Man nennt dies auch ein Modul *importieren*. Das geht in Lua mit der `require()`-Funktion. Wurde das Modul importiert, hat man Zugriff auf die Funktionen, die zuvor exportiert wurden:

```
local util = require("util")

local anzahl = util.prompt("Wie viele Namen sollen generiert werden? > ")

util.clearTerminal()

for i = 1, anzahl do
    io.write(util.randomName() .. "\n")
end
```

Listing 13.3 main.lua

Du siehst also: Hätten wir das `util`-Modul schon früher gehabt, wären einige der Listings in diesem Buch deutlich kürzer ausgefallen.

Variablen und Konstanten in Modulen

Ein Modul kann auch Variablen enthalten, die nur innerhalb dieses Moduls zugänglich sind. Auf diese Variablen kann dann jede Funktion in dem Modul zugreifen.

Manche Module definieren auch Konstanten, die dann auch exportiert werden können. Zum Beispiel enthält das `math`-Modul aus Luas Standardbibliothek die Konstante `math.pi`. In diesem Buch halte ich mich an die weit verbreitete Konvention, Konstanten mit Großbuchstaben zu bezeichnen.

Als Beispiel programmieren wir ein kleines Modul, das Nachrichten sammeln und dann die gesammelten Nachrichten auf einen Schlag ausgeben kann:

```
local EMPTY_MESSAGE = "-"

local messages = {}

local function addMessage(str)
```

```
    table.insert(messages, str)
end

local function printMessages()
    for i = 1, #messages do
        io.write("Nachricht " .. i .. ": " .. messages[i] .. "\n")
    end
end

return {
    EMPTY_MESSAGE = EMPTY_MESSAGE,
    addMessage = addMessage,
    printMessages = printMessages
}
```

Listing 13.4 Ein Modul, das Nachrichten sammelt (messageManager.lua)

Es verwaltet ein Array von Nachrichten. Mit `addMessage()` kannst du eine Nachricht hinzufügen und mit `printMessage()` alle bisher eingegangenen Nachrichten ausgeben. Die Verwendung des Moduls könnte dann so aussehen:

```
local mm = require("messageManager")

mm.addMessage("Joris (lvl 1) greift Marvin (lvl 10) an.")
mm.addMessage("Der Angriff geht daneben.")
mm.addMessage(mm.EMPTY_MESSAGE)
mm.addMessage("Marvin (lvl 10) greift Joris (lvl 1) an.")
mm.addMessage("Joris faellt in Ohnmacht.")

mm.printMessages()
```

Listing 13.5 Die Nachrichten werden gesammelt und dann ausgegeben. (main.lua)

Der Output sieht so aus:

```
Nachricht 1: Joris (lvl 1) greift Marvin (lvl 10) an.
Nachricht 2: Der Angriff geht daneben.
Nachricht 3: -
Nachricht 4: Marvin (lvl 10) greift Joris (lvl 1) an.
Nachricht 5: Joris faellt in Ohnmacht.
```

Nur das Modul hat Zugriff auf das `messages`-Array. Andere Dateien können lediglich über die exportierten Funktionen auf das Array zugreifen.

Was passiert, wenn ich in meinem Modul globale Variablen verwende?

Wenn du in der ersten Zeile des Moduls das `local` weglässt, wird `messages` (wie du schon weißt) zu einer globalen Variablen. Globale Variablen sind im gesamten Programm sichtbar und nicht nur in der Datei, in der sie deklariert wurden. Das heißt, auch die *main.lua* hätte dann Zugriff auf das `messages`-Array.

Obwohl das im ersten Moment wie ein Vorteil klingt: Es ist keine gute Programmierpraxis, globale Variablen in deinen Modulen zu verwenden, wenn es sich irgendwie vermeiden lässt. Hier ein paar gute Gründe dafür:

- Viele Programme benutzen mehrere Module. Wenn zwei dieser Module zufällig eine globale Variable mit demselben Namen verwenden, würde das höchstwahrscheinlich zu Fehlern in deinem Programm führen, die schwer zu entdecken wären.
- Wenn im Code auf einmal Variablen aus anderen Modulen verwendet werden, ist es für dich und andere Programmierer, die mit deinem Code arbeiten müssen, schwer zu durchschauen, woher diese Variablen kommen.

Du solltest also versuchen, auf globale Variablen zu verzichten, und den Nutzerinnen und Nutzern deines Moduls stattdessen gute Funktionen zur Verfügung stellen, um mit den lokalen Variablen des Moduls umzugehen.

In dem Spiel, das wir am Ende dieses Kapitels programmieren, werden wir ein ganz ähnliches Modul verwenden wie das aus Listing 13.4. Dadurch können wir in jeder Spielrunde alle Nachrichten und Kampfhandlungen sammeln und dann zusammen ausgeben.

Module, Module, Module

Ein Lua-Programm kann beliebig viele Module verwenden, und jede der Moduldateien darf auch wieder Module nutzen.

Aber jedes Lua-Programm braucht einen Einstiegspunkt. Das ist die Datei, die du dann mit dem Lua-Interpreter aufrufst. Diese Datei heißt meistens *main.lua*, damit sie sich von den Moduldateien unterscheiden lässt.

Für das Spiel, das wir als Nächstes programmieren werden, wird es neben der Hauptdatei noch vier Module geben:

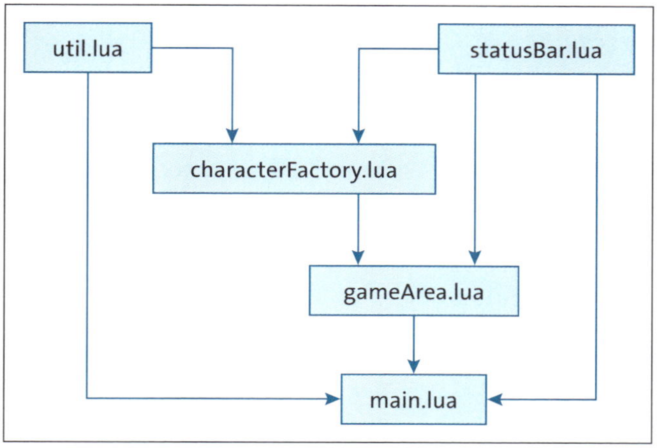

Abbildung 13.1 Die main.lua und vier Moduldateien

Beispielsweise nutzt das Modul `gameArea` die Module `characterFactory` und `statusBar`. Der Einstiegspunkt für das Programm, die *main.lua*, nutzt die Module `util`, `statusBar` und `gameArea`.

Zusammenfassung

In diesem Kapitel ging es darum, wie man Code in Module aufteilen kann. Ein Modul ist eine Sammlung von Funktionen und Konstanten, die in einer separaten Datei definiert und am Ende dieser Datei mit einer **`return`**-Anweisung als Table exportiert werden.

Andere Module oder die Hauptdatei können das Modul dann mit der `require()`-Funktion importieren und so die darin enthaltenen Funktionen nutzen. Dadurch kann Code besser strukturiert werden. Außerdem kann Code, der einmal geschrieben wurde, in verschiedenen Projekten zum Einsatz kommen.

Game: Cave of Doom

Das Haus des Alten war leer. Die Möbel lagen quer durch den Raum verstreut. Schnell begab sich Marvin zum Dorfplatz, wo einige Dorfbewohner verängstigt auf dem Boden saßen. Auf einmal hörte er, wie eine bekannte Stimme in ansprach: »Marvin! Gut, dass du da bist!« Es war Lidus. »Sie halten den Alten in einer Höhle gefangen.« Lidus sah ihn an, als würde er ihn fragen, was er tun wolle.

Für Marvin war die Sache klar: »Zeig mir, wo. Ich werde hineingehen und ihn befreien.«

»Ich hatte gehofft, dass du das sagen würdest.«

Das Game

Das Game in diesem Kapitel ist ein sogenanntes *Roguelike*. Roguelikes sind in der Regel rundenbasierte Spiele, in denen der Held sich durch eine (oft zufällig generierte) Höhle bewegen und dabei Horden von Gegnern bekämpfen muss. Mittlerweile gibt es viele grafische Roguelikes, wie zum Beispiel *The Binding of Isaac*. Die ursprünglichen Roguelikes wie *Rogue* und *Nethack* werden aber bis heute im Terminal gespielt und kommen mit einfachen Textzeichen zur Ausgabe aus.

In *Cave of Doom* steuert der Spieler Marvin und versucht, ihn durch eine dämonenverseuchte Höhle zu bewegen. Wenn Marvin und ein Dämon aufeinandertreffen, kommt es zum Kampf.

Die Höhle geben wir dabei mit ASCII-Zeichen aus:

- `#` – Eine Wand, durch die weder Marvin noch die Dämonen gehen können.
- `.` – Der Boden der Höhle.
- `@` – Marvin, der Held, den der Spieler steuert.
- `L` – Die Dämonen werden durch den Anfangsbuchstaben ihrer Namen dargestellt.
- `%` – Die Überreste eines Gegners.
- `&` – Der Alte; wenn Marvin ihn erreicht, ist das Spiel gewonnen.

Dieses Game hat (ähnlich wie das Game im vorherigen Kapitel) ein Levelsystem. Durch erfolgreiche Kämpfe wird Marvin stärker und ist in der Lage, sich auch mächtigeren Gegnern zu stellen.

Wird es ihm gelingen, den Alten zu retten?


```
           # # # # # # # # # # # # # # #
           # @ # # L . D # # D . W . . #
           # . . . . G . . . . F . # . #
           # # # # C . D # # Q . Q # . #
           # # # # # # # # # # # # # . #
           # # . . . W # # # Q . Y # . #
           # # . # . . . . . . . . # . #
           # & . # D . # # # . D . . . #
           # # # # # # # # # # # # # # #

 _____________________________________________________________
/                                                             \
|                   Marvin betritt die Hoehle.                |
|                                                             |
|          Das Raunen von Daemonen dringt an seine Ohren.     |
|                                                             |
|        Aus der Ferne hoert er die Hilferufe des Alten...    |
|                                                             |
|                                                             |
|                                                             |
|                   Marvin (lvl 1, 100/100 HP)                |
\_____________________________________________________________/
```

Listing

Die Erklärung des Codes zu *Cave of Doom* wird etwas mehr Raum in Anspruch nehmen als die bisherigen Codebeispiele. Aber du wirst feststellen, dass ganz viel von dem Code dir schon bekannt vorkommen wird! Lass dich also vom Umfang nicht abschrecken.

Dieses Game ist in mehrere Module aufgeteilt.

Modul	Beschreibung
util.lua	Allgemeine Hilfsfunktionen (dieses Modul wurde schon im Abschnitt »Unser erstes eigenes Modul« besprochen).
statusBar.lua	Sammelt Nachrichten und gibt sie dann zusammen in einem Kasten aus.
characterFactory.lua	Enthält Funktionen, um Charakter-Objekte zu erstellen.
gameArea.lua	Enthält Funktionen, die verwalten, wie sich Marvin und die Dämonen in der Höhle bewegen. Außerdem Code, der die Höhle mitsamt Marvin und Dämonen ausgibt.
main.lua	Enthält die Hauptschleife und führt die Module zusammen.

Tabelle 13.1 Die Module von »Cave of Doom«

Für die Anzeige des Spiels sind vor allem *gameArea.lua* und *statusBar.lua* relevant. Das Spiel besteht aus zwei Bereichen: der Höhle, durch die sich Marvin und die Dämonen bewegen und die im oberen Bereich angezeigt wird, und Nachrichten über Marvins Zustand und etwaige Kampfhandlungen, die im unteren Bereich angezeigt werden:

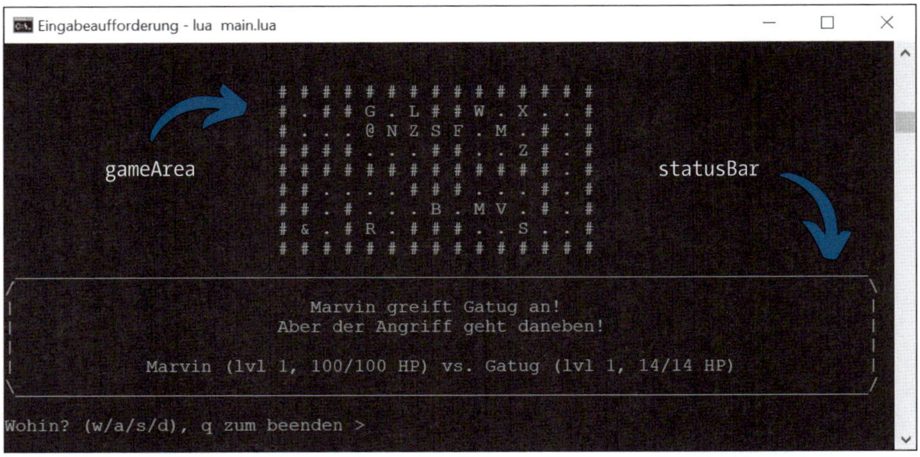

Abbildung 13.2 Die Anzeige ist in zwei Bereiche unterteilt.

Textausgabe de luxe! (statusBar.lua)

Bisher haben wir Nachrichten immer direkt mit `print()` oder `io.write()` ins Terminal ausgeben. In diesem Spiel wollen wir etwas geschickter vorgehen: Unser `statusBar`-Modul soll alle Nachrichten sammeln, und erst auf Kommando sollen alle gesammelten Nachrichten ins Terminal ausgegeben werden.

Dafür deklarieren wir ein Array namens `messages`, in dem wir sämtlichen Text, den wir ausgeben wollen, sammeln. Mit `addMessage()` können wir eine Textzeile hinzufügen, und mit `clear()` können wir alle Textzeilen wieder löschen.

```
local messages = {}

local function addMessage(str)
    table.insert(messages, str)
end

local function clear()
    messages = {}
end
```

Die Statusanzeige soll auch immer den Zustand von Marvin und (wenn er im Kampf ist) von seinem Gegner anzeigen. Dafür definieren wir zwei Funktionen, die es uns erlauben, Marvin und seinen Gegner als Objekt in Variablen zu speichern.

```
local marvin = nil
local enemy = nil

local function setMarvin(char)
    marvin = char
end

local function setEnemy(char)
    enemy = char
end
```

Zum Schluss müssen wir noch die `printStatusBar()`-Funktion definieren, die das Ganze ins Terminal ausgibt. Die Funktion soll alle Nachrichten aus dem `messages`-Array ausgeben und eine kleine Information über Marvin und seinen aktuellen Gegner. Die Nachrichten sollen in einem Rahmen mit einer Breite von 80 Zeichen ausgegeben werden.

Als Hilfsfunktion definieren wir die Funktion center(), die links und rechts vom Text Leerzeichen einfügt, damit der Text mittig erscheint.

```
local function center(str, boxWidth)
    local spaces = boxWidth - #str
    return string.rep(" ", math.floor(spaces / 2))
            .. str
            .. string.rep(" ", math.ceil(spaces / 2))
end

local function printStatusBar()
    -- Die Box soll insgesamt 80 Zeichen breit sein.
    local boxWidth = 80

    -- Gib den oberen Rand der Box aus.
    io.write(" " .. string.rep("_", boxWidth - 2) .. " \n")
    io.write("/" .. string.rep(" ", boxWidth - 2) .. "\\\n")

    -- Gib die Nachrichten aus.
    for i = 1, #messages do
        io.write("| " .. center(messages[i], boxWidth - 4) .. " |\n")
    end

    -- Damit die Box immer mindestens neun Zeilen hoch ist, geben wir noch
    -- ein paar Leerzeilen aus.
    for i = 1, 9 - #messages do
        io.write("| " .. string.rep(" ", boxWidth - 4) .. " |\n")
    end

    -- Wenn ein Kampf stattgefunden hat, geben wir Informationen über
    -- Marvin und seinen Gegner aus.
    if marvin ~= nil then
        local str = marvin:description()
        if enemy ~= nil then
            str = str .. " vs. " .. enemy:description()
        end
        io.write("| " .. center(str, boxWidth - 4) .. " |\n")
    end

    -- Gib den unteren Rand der Box aus.
    io.write("\\" .. string.rep("_", boxWidth - 2) .. "/\n")
end
```

Zum Schluss definieren wir noch drei Funktionen, mit denen wir besondere vordefinierte Nachrichten ausgeben können: eine, die zum Spielbeginn ausgegeben wird, eine, die ausgegeben werden soll, wenn der Spieler verliert, und eine, die angezeigt wird, wenn der Spieler das Spiel gewinnt:

```
local function gameStartMessage()
    clear()
    addMessage("Marvin betritt die Hoehle.")
    addMessage("")
    addMessage("Das Raunen von Daemonen dringt an seine Ohren.")
    addMessage("")
    addMessage("Aus der Ferne hoert er die Hilferufe des Alten...")
end

local function gameWonMessage()
    clear()
    addMessage("Herzlichen Glueckwunsch!")
    addMessage("Du hast es geschafft.")
    addMessage("")
    addMessage("Die Daemonen sind besiegt.")
    addMessage("")
    addMessage("Zusammen verlasst ihr die Hoehle.")
end

local function gameLostMessage()
    clear()
    addMessage("Marvin faellt erschoepft zu Boden...")
    addMessage("")
    addMessage("Seine Reise endet hier.")
    addMessage("")
    addMessage(" # ")
    addMessage("###")
    addMessage(" # ")
    addMessage(" # ")
end
```

Jetzt müssen wir unser Modul nur noch zurückgeben:

```
return {
    addMessage = addMessage,
    clear = clear,
    setMarvin = setMarvin,
    setEnemy = setEnemy,
    printStatusBar = printStatusBar,
    gameStartMessage = gameStartMessage,
    gameWonMessage = gameWonMessage,
    gameLostMessage = gameLostMessage
}
```

Jetzt können wir dieses Modul überall in unserem Code verwenden. Anstelle von `io.write()` rufen wir `statusBar.addMessage()` auf, und wenn eine Spielrunde vorbei ist, können wir alles auf einmal mit `statusBar.printStatusBar()` ins Terminal ausgeben.

Testen des statusBar-Moduls (main.lua)

Bevor wir mit den anderen Modulen weitermachen, wäre es schön, wenn wir unser Modul (zumindest teilweise) ausprobieren könnten. Ein guter Ort dafür ist die *main.lua*-Datei:

```
local statusBar = require("statusBar")

statusBar.gameStartMessage()
statusBar.printStatusBar()
```

Wenn du *main.lua* ausführst, sollte der Output etwa so aussehen:

```
 _____________________________________________________________________________
/                                                                             \
|                        Marvin betritt die Hoehle.                           |
|                                                                             |
|              Das Raunen von Daemonen dringt an seine Ohren.                  |
|                                                                             |
|            Aus der Ferne hoert er die Hilferufe des Alten...                 |
|                                                                             |
|                                                                             |
|                                                                             |
|                                                                             |
|                                                                             |
\_____________________________________________________________________________/
```

Die Dämonenfabrik (characterFactory.lua)

Das nächste Modul kommt dir sicherlich bekannt vor. Die Funktionen sind sehr ähnlich zu den Funktionen in dem Game in Kapitel 12, »Ein Held ist keine Zahl«. Der einzige Unterschied ist, dass unsere Charakter-Objekte zusätzlich noch die Eigenschaft `symbol` (das Zeichen, mit dem der Charakter im Spielbereich angezeigt wird) und die x- und y-Koordinaten des Charakters enthalten (denn unsere Charaktere können sich jetzt frei durch die Höhle bewegen).

Außerdem wurde das Kampfsystem etwas vereinfacht: Es gibt keine Elemente mehr und daher auch keine effektiven oder uneffektiven Angriffe.

```
local util = require("util")
local statusBar = require("statusBar")

local function createCharacter(name, level, totalHp, symbol, x, y)
    return {
        name = name,
        level = level,
        totalHp = totalHp,
        hp = totalHp,

        symbol = symbol,    -- der Buchstabe, der auf dem Spielfeld erscheint
        x = x,
        y = y,

        isDead = function(self)
            return self.hp <= 0
        end,

        description = function (self)
            return self.name .. " (lvl " .. self.level .. ", "
                .. self.hp .. "/" .. self.totalHp .. " HP)"
        end,

        attack = function(self, enemy)
            statusBar.addMessage(self.name .. " greift " .. enemy.name .. " an!")

            -- Zufallszahl zwischen 1 und 4 ...
            if (math.random(1, 4) == 1) then
                -- ... bei 1 verfehlt der Angriff
                statusBar.addMessage("Aber der Angriff geht daneben!")
```

13

```
                statusBar.addMessage("")
            else
                -- ... ansonsten entsteht Schaden.
                local damage = math.random(self.level * 5, self.level * 10)
                statusBar.addMessage("Er macht " .. damage .. " Schaden!")

                enemy.hp = enemy.hp - damage

                if enemy.hp <= 0 then
                    -- Wir stellen sicher, dass die HP nicht unter null sind.
                    enemy.hp = 0
                    statusBar.addMessage(enemy.name .. " ist tot.")
                end

                statusBar.addMessage("")
            end
        end
    }
end

local function createDemon(level, x, y)
    -- Dämonen bekommen einen zufälligen Namen.
    local name = util.randomName()
    -- Als Symbol verwenden wir den ersten Buchstaben des Namens.
    local symbol = string.sub(name, 1, 1)
    -- Die HP werden in Abhängigkeit vom Level ausgewürfelt.
    local totalHp = math.random(level * 10, level * 15)

    return createCharacter(name, level, totalHp, symbol, x, y)
end

local function createMarvin (x, y)
    -- Marvin hat Level 1 und 100 HP. Auf dem Spielfeld erscheint er als "@".
    local marvin = createCharacter("Marvin", 1, 100, "@", x, y)

    -- Im Gegensatz zu anderen Charakteren kann Marvin XP sammeln.
    marvin.xp = 0

    -- Wenn er einen Gegner besiegt, steigen seine XP und HP.
    marvin.increaseStats = function(self, defeatedEnemy)
```

```
        -- Die HP steigen um ein Drittel der gegnerischen Gesamt-HP.
        local newHp = math.floor(defeatedEnemy.totalHp / 3)
        self.hp = self.hp + newHp
        statusBar.addMessage("Marvin absorbiert " .. newHp .. "HP!")

        -- Die XP ergeben sich aus dem Level und den Gesamt-HP des Gegners.
        local newXp = defeatedEnemy.level * defeatedEnemy.totalHp
        self.xp = self.xp + newXp
        statusBar.addMessage("Marvin erhaelt " .. newXp .. "XP.")

        -- Marvin braucht das 50-Fache seines Levels an XP für das nächste Level.
        -- (Zum Beispiel 150 XP, um von Level 3 auf Level 4 zu kommen.)
        while self.xp >= self.level * 50 do
            self.level = self.level + 1
            self.xp = self.xp - self.level * 50
            statusBar.addMessage("Marvin ist ein Level aufgestiegen!")
        end

        statusBar.addMessage("")
    end

    return marvin
end

return {
    createMarvin = createMarvin,
    createDemon = createDemon
}
```


Testen des characterFactory-Moduls (main.lua)

Zum Testen können wir die *main.lua* etwas anpassen:

```
local statusBar = require("statusBar")
local characterFactory = require("characterFactory")

statusBar.gameStartMessage()

local marvin = characterFactory.createMarvin(1, 1)
local demon = characterFactory.createDemon(3, 1, 1)
```

```
statusBar.setMarvin(marvin)
statusBar.setEnemy(demon)

statusBar.printStatusBar()
```

Bei mir kam folgender Output heraus:

```
 _____________________________________________________________________
/                                                                     \
|                     Marvin betritt die Hoehle.                      |
|                                                                     |
|              Das Raunen von Daemonen dringt an seine Ohren.         |
|                                                                     |
|             Aus der Ferne hoert er die Hilferufe des Alten...       |
|                                                                     |
|                                                                     |
|                                                                     |
|                                                                     |
|                                                                     |
|         Marvin (lvl 1, 100/100 HP) vs. Gadax (lvl 3, 44/44 HP)      |
\_____________________________________________________________________/
```

Die Höhle (gameArea.lua)

Jetzt können wir Nachrichten in einer hübschen Textbox ausgeben und Charaktere erstellen. Es existiert aber noch keine Höhle, durch die sich die Charaktere bewegen können. Das ändert sich jetzt.

Das Modul, das dafür zuständig ist, soll `gameArea` heißen. In diesem Modul wird es darum gehen, das Level zu codieren und Marvin und die Monster durch die Höhle zu bewegen.

Zunächst schreiben wir den Code, der sich um den unbeweglichen Teil der Höhle kümmert, d. h. den Boden und die Wände. Auch der Alte, den Marvin in diesem Spiel retten soll, bewegt sich nicht. Daher können wir ihn einfach als einen Teil der Höhle betrachten.

Zum Speichern der Höhle benutzen wir ein zweidimensionales Array. Wände werden durch ein `#` und begehbarer Boden durch `.` gespeichert. Die Position des Alten ist durch ein `&` gekennzeichnet. Wenn Marvin dort ankommt, ist das Spiel gewonnen.

Außerdem definieren wir in paar Hilfsfunktionen zum Umgang mit der Map.

```
local characterFactory = require("characterFactory")
local statusBar = require("statusBar")

local mapData = {
    {"#", "#", "#", "#", "#", "#", "#", "#", "#", "#", "#", "#", "#", "#", "#"},
    {"#", ".", "#", "#", ".", ".", ".", "#", "#", ".", ".", ".", ".", ".", "#"},
    {"#", ".", ".", ".", ".", ".", ".", ".", ".", ".", ".", ".", "#", ".", "#"},
    {"#", "#", "#", "#", ".", ".", ".", "#", "#", ".", ".", ".", "#", ".", "#"},
    {"#", "#", "#", "#", "#", "#", "#", "#", "#", "#", "#", "#", "#", ".", "#"},
    {"#", "#", ".", ".", ".", ".", "#", "#", "#", ".", ".", ".", "#", ".", "#"},
    {"#", "#", ".", "#", ".", ".", ".", ".", ".", ".", ".", ".", "#", ".", "#"},
    {"#", "&", ".", "#", ".", ".", "#", "#", "#", ".", ".", ".", ".", ".", "#"},
    {"#", "#", "#", "#", "#", "#", "#", "#", "#", "#", "#", "#", "#", "#", "#"},
}

local function getMapHeight()
    return #mapData
end

local function getMapWidth()
    return #mapData[1]
end

local function getTile(x, y)
    return mapData[y][x]
end

local function isFloorTile(x, y)
    return getTile(x, y) == "."
end
```

Fertig! Die Höhle ist Teil des Codes. Damit das Spiel spannend wird, wollen wir jetzt einige Dämonen erschaffen und in der Höhle platzieren. Außerdem setzen wir Marvin an den Anfang des Levels.

Dafür sorgt die load()-Funktion. Sie soll zu Beginn des Spiels aufgerufen werden und sich darum kümmern, Objekte für Marvin und die Dämonen zu erzeugen und sie an der richtigen Stelle zu positionieren. Unsere Map hat vier Räume. Je weiter hinten der Raum, desto stärker sollen die Dämonen darin sein.

13

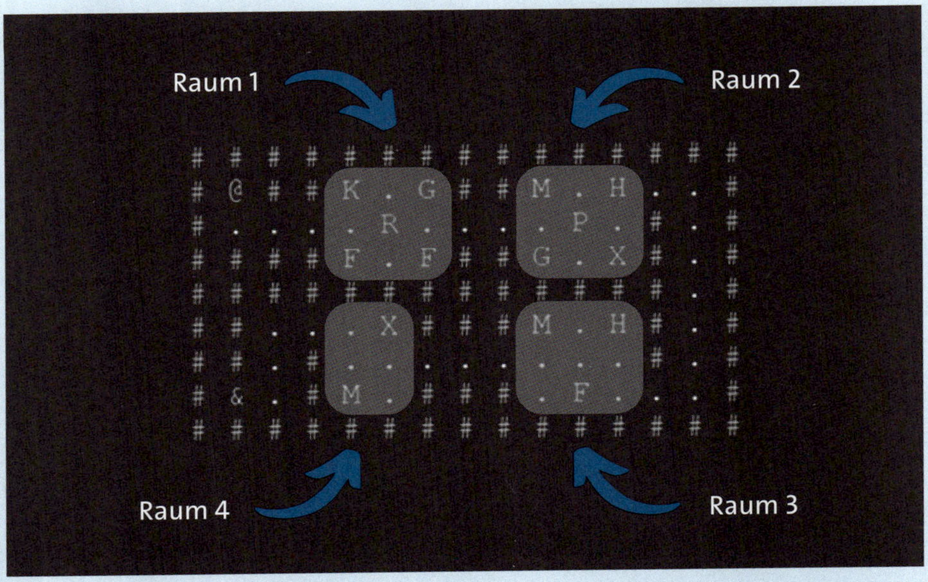

Abbildung 13.3 Die vier Räume von »Cave of Doom«

Die Dämonen speichern wir dabei in einem Array.

```
local marvin, enemies

local function load()
    marvin = characterFactory.createMarvin(2, 2)
    statusBar.setMarvin(marvin)

    enemies = {
        -- Im ersten Raum verteilen wir Dämonen mit Level 1.
        characterFactory.createDemon(1, 5, 2),
        characterFactory.createDemon(1, 7, 2),
        characterFactory.createDemon(1, 6, 3),
        characterFactory.createDemon(1, 5, 4),
        characterFactory.createDemon(1, 7, 4),

        -- Im nächsten Raum Dämonen mit Level 3.
        characterFactory.createDemon(3, 10, 2),
        characterFactory.createDemon(3, 12, 2),
        characterFactory.createDemon(3, 11, 3),
```

```
        characterFactory.createDemon(3, 10, 4),
        characterFactory.createDemon(3, 12, 4),

        -- Danach kommen Level-5-Dämonen.
        characterFactory.createDemon(5, 10, 6),
        characterFactory.createDemon(5, 11, 8),
        characterFactory.createDemon(5, 12, 6),

        -- Und zum Schluss zwei Level-12-Dämonen!
        characterFactory.createDemon(12, 6, 6),
        characterFactory.createDemon(12, 5, 8)
    }
end
```

Die nächsten Funktionen prüfen, ob auf einer bestimmten Koordinate ein Charakter (also Marvin oder einer der Dämonen) steht. Wir schreiben zwei Versionen: eine, die nur nach lebenden Charakteren sucht, und eine, die nur nach Charakteren sucht, die bereits tot sind. Mit der zweiten Funktion können wir also schauen, ob sich die Überreste eines besiegten Dämons auf einem Feld befinden.

Die Funktionen geben den jeweiligen Charakter zurück, wenn sie einen finden. Ansonsten geben sie **nil** zurück.

```
local function findLivingCharacter(x, y)
    if marvin.x == x and marvin.y == y and not marvin:isDead() then
        return marvin
    end

    for i = 1, #enemies do
        if enemies[i].x == x and enemies[i].y == y
           and not enemies[i]:isDead()
        then
            return enemies[i]
        end
    end

    return nil
end
```

13

```
local function findDeadCharacter(x, y)
    if marvin.x == x and marvin.y == y and marvin:isDead() then
        return marvin
    end

    for i = 1, #enemies do
        if enemies[i].x == x and enemies[i].y == y and enemies[i]:isDead() then
            return enemies[i]
        end
    end

    return nil
end
```

Mit der nächsten Funktion können wir Marvin auf ein neues Feld bewegen. Dabei müssen wir prüfen, ob sich auf dem Zielfeld ein Gegner befindet. Wenn ja, wird dieser Gegner angegriffen, und falls er besiegt wird, wird Marvin mit der `increaseStats()`-Methode hochgelevelt:

```
local function moveMarvin(direction)
    -- Berechne die Koordinaten des Zielfelds.
    local newX = marvin.x
    local newY = marvin.y

    if direction == "up" then
        newY = newY - 1
    elseif direction == "left" then
        newX = newX - 1
    elseif direction == "down" then
        newY = newY + 1
    elseif direction == "right" then
        newX = newX + 1
    else
        return  -- fehlerhaftes Argument
    end

    -- Prüfe, ob sich ein Gegner auf dem Zielfeld befindet.
    local enemy = findLivingCharacter(newX, newY)
```

```
    if enemy ~= nil then
        statusBar.setEnemy(enemy)
        marvin:attack(enemy)

        -- Wenn der Gegner jetzt tot ist, bekommt Marvin XP und HP.
        if enemy:isDead() then
            marvin:increaseStats(enemy)
        end
    -- Ansonsten bewege Marvin auf das Zielfeld, wenn es begehbar ist.
    elseif isFloorTile(newX, newY) then
        marvin.x = newX
        marvin.y = newY
    end
end
```

Eine ähnliche Funktion gibt es auch für die Dämonen:


```
local function moveEnemy(enemy, direction)
    -- Berechne die Koordinaten des Zielfelds.
    local newX = enemy.x
    local newY = enemy.y

    if direction == "up" then
        newY = newY - 1
    elseif direction == "left" then
        newX = newX - 1
    elseif direction == "down" then
        newY = newY + 1
    elseif direction == "right" then
        newX = newX + 1
    else
        return  -- fehlerhaftes Argument
    end

    -- Wenn Marvin auf dem Zielfeld ist, wird Marvin angegriffen.
    if newX == marvin.x and newY == marvin.y then
        statusBar.setEnemy(enemy)
        enemy:attack(marvin)
    -- Wenn das Zielfeld leer ist, bewege den Gegner dorthin.
```

```
    elseif isFloorTile(newX, newY)
       and findLivingCharacter(newX, newY) == nil
    then
        enemy.x = newX
        enemy.y = newY
    end
end
```

Marvin wird durch die Eingabe des Spielers bewegt. Aber wer bewegt die Dämonen? Wir brauchen noch eine »künstliche Intelligenz«, die entscheidet, wohin die Dämonen sich bewegen.

Für *Cave of Doom* machen wir es uns einfach und programmieren die Dämonen so, dass sie sich in jeder Runde in eine zufällige Richtung bewegen:

```
local function moveEnemies()
    -- Bewege alle lebenden Gegner in eine zufällige Richtung.
    for i = 1, #enemies do
        if not enemies[i]:isDead() then
            local dir = math.random(4)

            if dir == 1 then
                moveEnemy(enemies[i], "up")
            elseif dir == 2 then
                moveEnemy(enemies[i], "left")
            elseif dir == 3 then
                moveEnemy(enemies[i], "down")
            elseif dir == 4 then
                moveEnemy(enemies[i], "right")
            end
        end
    end
end
```

Damit wir sehen können, wo sich Marvin und die Dämonen aufhalten, brauchen wir noch eine Funktion, die das Level mitsamt Charakteren ausgibt.

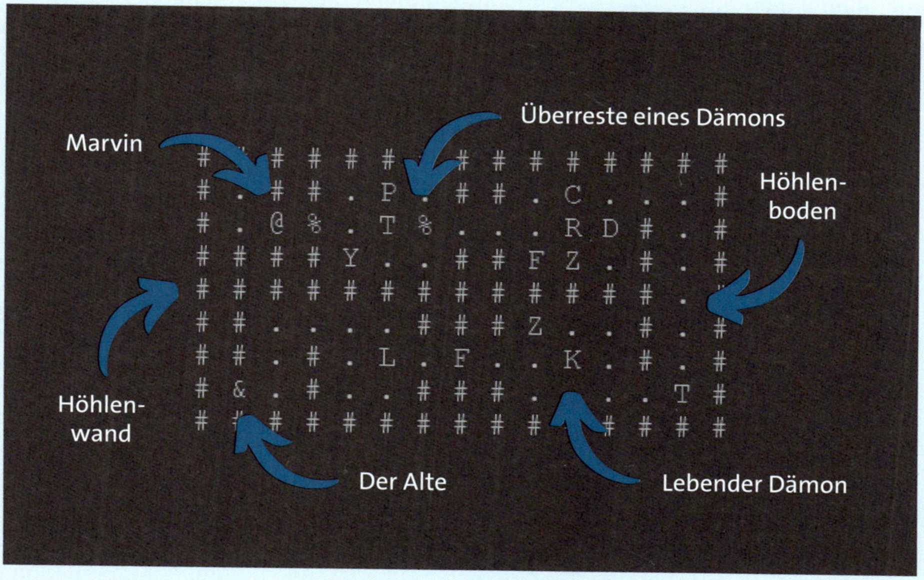

Abbildung 13.4 Die Höhle mit Marvin und den Dämonen

Die `printGameArea()`-Funktion malt die Höhle mitsamt Marvin sowie besiegten und unbesiegten Dämonen ins Terminal.

```
local function printGameArea()
    -- Wir gehen die Map Feld für Feld durch und geben das Spielfeld aus.
    for y = 1, getMapHeight() do
        -- Links neben dem Spielfeld lassen wir 25 Leerzeichen als Rand.
        io.write(string.rep(" ", 25))
        for x = 1, getMapWidth() do
            -- Wenn ein lebender Charakter auf dem Feld ist ...
            local char = findLivingCharacter(x, y)

            if char ~= nil then
                -- ... geben wir sein Symbol aus,
                io.write(char.symbol)
            elseif findDeadCharacter(x, y) ~= nil then
                --
bei einem toten Charakter ein Prozentzeichen (als Knochen) ...
                io.write("%")
```

```
            else
                -- ... ansonsten das Feld der Map.
                io.write(getTile(x, y))
            end
            -- Noch ein Leerzeichen, damit das Spielfeld nicht so "eng" ist.
            io.write(" ")
        end
        -- Wir wechseln in die nächste Zeile des Spielfelds.
        io.write("\n")
    end
end
```

Zum Schluss bekommt unser Modul noch zwei Funktionen, um zu schauen, ob das Spiel gewonnen oder verloren wurde.

Verloren hat der Spieler, wenn Marvin keine HP mehr hat. Gewonnen hat er, wenn Marvin den Alten erreicht hat.

```
local function isGameLost()
    return marvin:isDead()
end

local function isGameWon()
    -- Das Spiel ist gewonnen, wenn Marvin vor dem Alten steht.
    return marvin.x == 3 and marvin.y == 8
end
```

Ganz am Ende geben wir die Funktionen zurück, die zum `gameArea`-Modul gehören sollen.

```
return {
    load = load,
    moveMarvin = moveMarvin,
    moveEnemies = moveEnemies,
    printGameArea = printGameArea,
    isGameWon = isGameWon,
    isGameLost = isGameLost
}
```

Puh. Mit über 200 Zeilen ist die *gameArea.lua* ein ziemliches Schwergewicht geworden! Kein Wunder, sie enthält ja auch einen wesentlichen Teil der Spiellogik und ist dafür verantwortlich, alle Charaktere durch die Höhle zu bewegen. Aber keine Sorge: Der schwierigste Teil ist jetzt geschafft. In der *main.lua* müssen wir nur noch alles zusammenbringen.

Die Schaltzentrale (main.lua)

Der eigentliche Programmcode ist jetzt gar nicht mehr lang. Wir initialisieren das Spiel und gehen in die Hauptschleife. Jede Runde der Hauptschleife soll Folgendes passieren:

- Wir fragen den Spieler, wohin er gehen will, und bewegen Marvin entsprechend.
- Wir bewegen alle Dämonen.
- Wir geben Spielfeld und Statusanzeige aus.

Das wiederholt sich, bis das Spiel entweder gewonnen oder verloren wurde.

```
local util = require("util")
local gameArea = require("gameArea")
local statusBar  = require("statusBar")

-- Lade das Spielfeld ...
gameArea.load()
-- ... und gib die Anfangsnachricht aus.
statusBar.gameStartMessage()

-- Am Anfang leeren wir das Terminal und geben Spielfeld und Statusbar aus.
util.clearTerminal()
gameArea.printGameArea()
statusBar.printStatusBar()

-- Die Hauptschleife des Spiels
repeat
    -- Als Nächstes fragen wir den Spieler, in welche Richtung er gehen möchte.
    io.write("\n")
    local input = util.prompt("Wohin? (w/a/s/d), q zum Beenden > ")

    -- "q" beendet das Spiel.
    if input == "q" then
        os.exit()
    end
```

13

```
    -- Alte Nachrichten löschen.
    statusBar.clear()

    -- Bewege Marvin.
    if input == "w" then
        gameArea.moveMarvin("up")
    elseif input == "a" then
        gameArea.moveMarvin("left")
    elseif input == "s" then
        gameArea.moveMarvin("down")
    elseif input == "d" then
        gameArea.moveMarvin("right")
    end

    -- Bewege alle gegnerischen Charaktere.
    gameArea.moveEnemies()

    -- Wenn das Spiel vorbei ist, wird die entsprechende Nachricht ausgegeben.
    if gameArea.isGameLost() then
        statusBar.gameLostMessage()
    elseif gameArea.isGameWon() then
        statusBar.gameWonMessage()
    end

    -- Den aktuellen Stand des Spiels ausgeben.
    util.clearTerminal()
    gameArea.printGameArea()
    statusBar.printStatusBar()

until gameArea.isGameLost() or gameArea.isGameWon()
```

Das war's. Eine ganze Menge Code. Mach dir keine Sorgen, wenn es Stellen gibt, die dir nicht ganz klar geworden sind. Wie gesagt, Code zu schreiben, ist meistens viel einfacher, als Code zu verstehen!

Um das Spiel zu starten, brauchst du jetzt nur noch die *main.lua*-Datei mit dem Lua-Interpreter aufrufen! Viel Erfolg!

Kapitel 14

Herzlichen Glückwunsch!

Wenn du bis hierhin gekommen bist, dann bist du schon ein fortgeschrittener Lua-Programmierer! Du kannst mit Variablen umgehen, beherrschst Schleifen und if-Anweisungen, kannst mit Arrays und Tables umgehen, und selbst objektorientierte Programmierung jagt dir keine Angst ein! Was nun?

Es gibt jetzt viele Möglichkeiten, weiterzumachen. Vielleicht hast du noch eine Spielidee für ein geniales Game im Terminal?

Vielleicht möchtest du aber auch lernen, wie du mit Lua-Code Blöcke in Minecraft bewegen kannst, oder du willst Content für Roblox zu erstellen. In diesen Fällen kannst du direkt zu Anhang A, »Wie geht es von hier weiter?«, springen, in dem ich dir ein paar Hinweise dazu gebe, wie es in diese Richtung weitergehen könnte.

Oder du liest einfach weiter und erfährst im dritten Teil dieses Buchs, wie du Lua benutzen kannst, um komplett eigene 2D-Games zu entwickeln! Wir werden *Cave of Doom* in das Löve-Framework portieren und das Spiel dort mit Tastatur-Input, Grafik und Sound versehen. Auf diese Weise wirst du Schritt für Schritt erfahren, wie das Löve-Framework funktioniert, und in der Lage sein, komplett eigene Spielideen in diesem wunderbaren Framework umzusetzen!

Das Löve-Framework eignet sich nicht nur für bestimmte Genres, sondern für jede Art von 2D-Spiel, egal ob Action, Strategie oder Puzzle-Game. Dein Lua-Code steuert jedes Detail deines Games. Dabei hat Löve schon mehrfach unter Beweis gestellt, dass es sich auch für kommerzielle Games eignet.

Epilog

Nachdem die Dämonen das Dorf verlassen hatten und wieder Frieden eingekehrt war, fand auch Marvin seine Ruhe.

»Weißt du«, sagte er zum Alten, »als ich losgereist bin, hatte ich keine Ahnung, wer ich war. Ich habe mich als Händler versucht, und zuletzt war ich gezwungen, zum Kämpfer zu werden. Alle diese Erfahrungen haben mich wachsen lassen.

Aber am wohlsten habe ich mich eigentlich in der Zauberschule gefühlt. Es fühlte sich an, als würde ich nach Hause kommen.«

Der Alte schaute Marvin verständnisvoll an. »Das wundert mich nicht, Marvin. Ich habe in dir immer einen großen Magier gesehen.«

Beide schauten eine Weile ins Feuer. Dann fragte der Alte: »Was willst du tun, jetzt, da deine Reise zu Ende ist?«

»Wer sagt, dass sie zu Ende ist? Ich habe das Gefühl, sie fängt gerade erst an«, entgegnete Marvin.

Ein leises Lächeln legte sich auf die Lippen des Alten.

TEIL III

Aufbruch in eine neue Welt

Kapitel 15

What is Löve?

Mit Löve geht alles einfacher. Mit dem Löve-Framework bekommen unsere Lua-Programme Zugriff auf eine große Sammlung neuer Funktionen: Grafik, Sound, Maus- und Tastatur-Input … alles kein Problem mit Löve.

In den nächsten Kapiteln werde ich dir *Löve* vorstellen. Löve ist ein Profi-Framework, in dem jede Art von 2D-Game umgesetzt werden kann. Du hast die volle Kontrolle über das, was passieren soll. Gleichzeitig ist Löve nicht so schwer, dass du erst Hunderte Zeilen Code schreiben musst, bevor überhaupt etwas passiert.

Du wirst in den nächsten Kapiteln einen kleinen Eindruck vom Löve-Framework bekommen. Ich werde dir erklären, wie ein Löve-Programm aufgebaut ist, und einige der wichtigsten Funktionen vorstellen. Dazu werden wir *Cave of Doom* nach Löve portieren und zu einem richtigen 2D-Game ausbauen.

Was ist ein Framework, und wozu brauchen wir es?

Hättest du in den 1970er- oder 1980er-Jahren einen Computer gehabt, dann hättest du wahrscheinlich noch kein Framework gebraucht, um Grafik- oder Tonausgaben zu erzeugen. Wolltest du Grafik auf den Monitor ausgeben, hättest du im Handbuch des Computers nachschauen können, um herauszufinden, welche Stelle im Speicher du ansteuern müsstest und wie das geht. Das Verfahren wäre für jedes Computermodell unterschiedlich gewesen, aber so viele verschiedene Modelle gab es damals nicht.

Die heutige Computerlandschaft ist deutlich vielfältiger. Es gibt unzählige Grafik- und Soundkarten, verschiedene Betriebssysteme und viele verschiedene Einstellungen, die der Nutzer an seinem Computer vornehmen kann.

Wenn wir das alles berücksichtigen müssten, dann müssten wir wahrscheinlich jahrelang Handbücher lesen, bevor wir Spiele schreiben könnten, die auf all diesen verschiedenen Computern funktionieren!

Aber glücklicherweise haben sich andere Menschen bereits diese Arbeit gemacht und ihr Wissen in Frameworks gegossen. Dank dieser Frameworks müssen wir das Rad nicht jedes Mal neu erfinden, sondern können uns ganz auf die Umsetzung unserer Spielideen konzentrieren. Egal ob Hobbyentwickler, Indie-Game-Studio oder AAA-Spieleschmiede: Ohne Frameworks geht gar nichts mehr.

Das Löve-Framework gibt es seit dem Jahr 2008. Es wurde gemacht, um das Programmieren von 2D-Spielen in Lua zu ermöglichen. Seitdem wurden Hunderte Hobbyprojekte, aber auch einige kommerzielle Spiele wie Balatro oder Kingdom Rush mit dem Framework entwickelt.

Das Löve-Framework hat sich bewährt. Bis heute erscheinen regelmäßig Spiele auf Steam, die auf der Power von Lua und Löve aufbauen.

Installation

Um Löve zu installieren, gehst du am besten auf die offizielle Homepage (*https://love2d.org*) und wählst dort den passenden Download für dein Betriebssystem. Wenn du unter Windows arbeitest, ist das wahrscheinlich der 64-Bit-Installer für Windows.

Dann folgst du einfach den Installationsanweisungen. Merke dir, wohin du Löve installierst, diese Information brauchen wir gleich noch!

Abbildung 15.1 Füge das Installationsverzeichnis von Löve der Path-Variablen hinzu.

Um nämlich Löve-Anwendungen leichter starten zu können, ist es sinnvoll, wenn wir den Installationsordner dem Path hinzufügen. Öffne dazu die Systemsteuerung und suche nach dem Punkt SYSTEMUMGEBUNGSVARIABLEN BEARBEITEN. Dort klickst du auf den Button UMGEBUNGSVARIABLEN... und wählst unten bei den SYSTEMVARIABLEN die Variable PATH. Mit einem Klick auf BEARBEITEN... werden dir alle Pfade angezeigt, die schon zum Path gehören. Klicke auf eine leere Zeile, dann auf DURCHSUCHEN... und wähle den Ordner aus, in dem sich deine Löve-Installation befindet.

Schließlich bestätigst du alles mit OK. Um zu überprüfen, ob es geklappt hat, öffnest du die Eingabeaufforderung und gibst `love` ein. Du solltest jetzt eine kleine Animation sehen.

Abbildung 15.2 Der Löve-Splashscreen

Noch zeigt der Splashscreen »No Game« an. Mit ein paar Zeilen Lua werden wir das ändern. Erstelle zunächst einen Ordner für dein Projekt. Ich nenne den Ordner *Hello-World* und speichere ihn im Ordner *LuaPrograms*, den wir am Anfang des Buchs angelegt haben. Als Nächstes erstellst du eine Datei, die du *main.lua* nennst und in dem Projektordner abspeicherst. Darin soll folgender Code stehen:

```
function love.draw()
    love.graphics.print("Hallo Welt!", 200, 100)
end
```

Listing 15.1 »Hallo Welt!« in Löve

Nun öffnest du wieder die Eingabeaufforderung, wechselst in den Ordner, in dem sich dein Projektordner befindet (in meinem Fall also *LuaPrograms*), und gibst dann Folgendes ein:

```
C:\Users\LetsCodeLua\Documents\LuaPrograms> love HelloWorld
```

Wichtig ist, dass du in der Kommandozeile den Namen des Projektordners angibst (in diesem Fall *HelloWorld*) und nicht den Namen der Lua-Datei, die du ausführen willst! Löve wird automatisch in dem Ordner nach einer Datei mit dem Namen *main.lua* suchen und diese dann ausführen. Als Ergebnis solltest du nun ein Fenster sehen, in dem der Text »Hallo Welt!« erscheint:

Abbildung 15.3 Hallo Welt!

Fertig! Du hast dein erstes Löve-Programm ausgeführt und bist gut vorbereitet, um tiefer in die Spieleentwicklung mit Löve einzusteigen.

Ein kleiner Überblick über Löve

Schauen wir uns noch mal unser erstes Löve-Programm an:

```
function love.draw()
    love.graphics.print("Hallo Welt!", 200, 100)
end
```

Listing 15.2 Das »Hallo Welt!«-Programm in Löve

Darin definieren wir die Funktion love.draw(). Vielleicht hast du dich gewundert, dass wir die Funktion gar nicht aufrufen? Der Grund ist, dass love.draw() ein sogenannter *Callback* ist. Das bedeutet, dass wir zwar definieren, was die Funktion tun soll, aber das Löve-Framework ruft sie auf! Dazu später mehr.

Die Hauptarbeit leistet die Funktion love.graphics.print():

love.graphics.	print(	text,	x, y)
Modul	Funktion	Der Text, der ausgegeben werden soll.	Die x- und y-Koordinaten, an denen die Ausgabe erfolgen soll.

Module

Die Funktionen im Löve-Framework sind in Module aufgeteilt. In diesem Fall gehört die Funktion zum Modul love.graphics. Hier eine kurze Übersicht über einige der wichtigsten Module:[1]

Modul	Beschreibung
love.graphics	Funktionen für das Zeichnen von Bildern und Formen.
love.keyboard	Erlaubt dir, abzufragen, welche Tasten auf der Tastatur gedrückt wurden.
love.mouse	Erlaubt dir, die Position der Maus und den Zustand der Maustasten abzufragen.
love.window	Umgang mit dem Fenster, in dem sich das Spiel befindet. Damit kannst du die Auflösung deines Spiels verändern und beispielsweise festlegen, ob es im Vollbildmodus ausgeführt werden soll.

Tabelle 15.1 Die wichtigsten Module des Löve-Frameworks

Wir werden später Funktionen aus diesen Modulen besprechen. Aber erst mal zurück zur print()-Funktion aus dem love.graphics-Modul.

1 Eine vollständige Liste der Module findest du auf *https://love2d.org/wiki/love*.

Koordinaten

Die Funktion hat drei Argumente bekommen: den Text, der ausgegeben werden soll, und eine x- und y-Koordinate:

```
love.graphics.print("Hallo Welt!", 200, 100)
```

Listing 15.3 Die Funktion print() aus dem Modul love.graphics

Bestimmt hast du schon mal davon gehört, dass Grafik auf Computerbildschirmen aus Pixeln besteht. Die Pixel sind kleine Punkte, aus denen sich das Bild dann zusammensetzt.

Die Position eines Pixels wird durch seine x- und y-Koordinate bestimmt, wobei (0, 0) sich immer auf die linke obere Ecke bezieht.

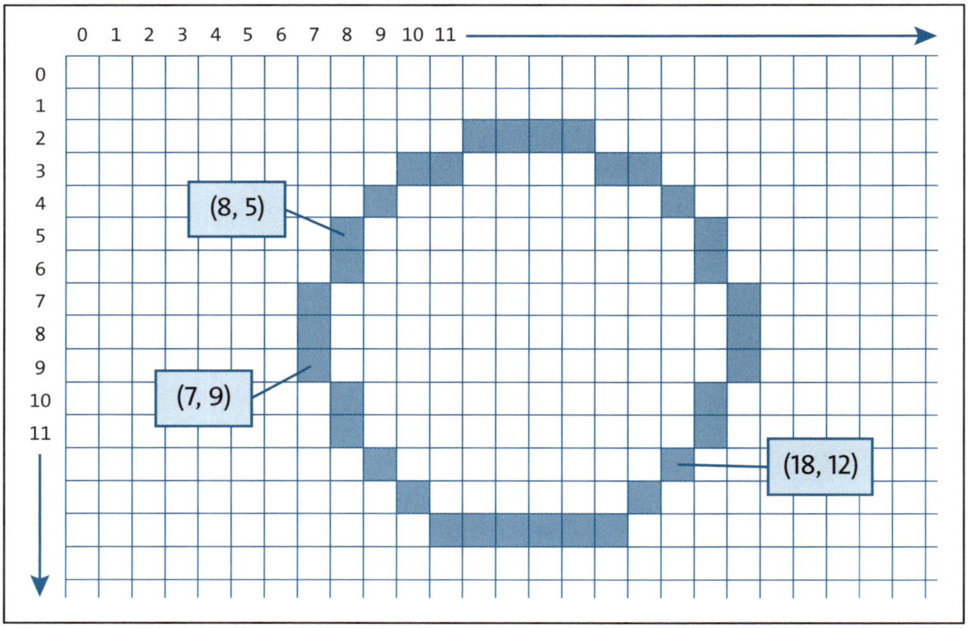

Abbildung 15.4 Pixel und Koordinaten

Auch hier geht die y-Achse wieder (anders als im Matheunterricht) von oben nach unten. Eine Koordinate von (8, 5) heißt also: 8 Pixel nach rechts und 5 Pixel nach unten.

Wenn wir eine Grafik oder Text ausgeben, beziehen sich die Koordinaten, die wir angeben, immer auf die linke obere Ecke unserer Grafik bzw. unseres Texts.

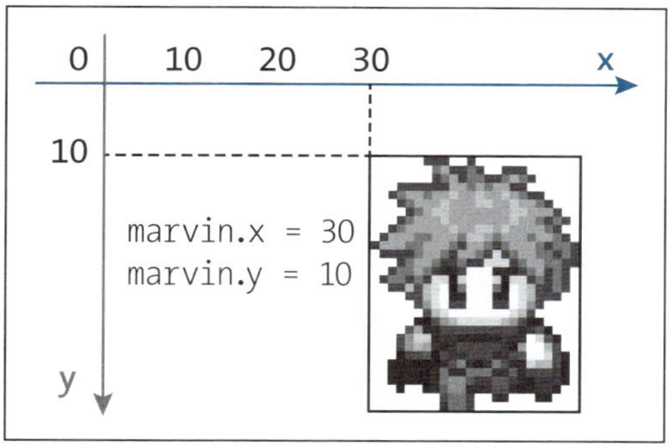

Abbildung 15.5 Das Koordinatensystem in Löve

Wenn wir also `love.graphics.print("Hallo Welt!", 200, 100)` schreiben, dann ist die linke obere Ecke des Texts 200 Pixel vom linken Rand und 100 Pixel vom oberen Rand entfernt.

Callbacks

Callbacks sind im Löve-Framework Funktionen, die wir definieren, die das Löve-Framework aber aufruft. Im `love.draw()`-Callback sollten wir uns darum kümmern, alles, was auf dem Bildschirm erscheinen soll, auszugeben: unsere Hintergründe, unseren Helden, die Gegner, Geschosse usw. Wir werden später noch im Detail besprechen, wie du das machen kannst.

Neben `love.draw()` gibt es noch viele weitere Callbacks in Lua. Manche Callbacks werden aufgerufen, wenn der Spieler mit dem Game interagiert, also beispielsweise die Maus bewegt oder eine Taste auf der Tastatur drückt. Der `love.keypressed()`-Callback wird zum Beispiel immer dann aufgerufen, wenn eine Taste auf der Tastatur gedrückt wird. Dieses Programm gibt immer aus, welche Taste der Spieler zuletzt gedrückt hat:

```
local pressedKey = ""

function love.keypressed(key)
    pressedKey = key
end

function love.draw()
    love.graphics.print("Gedrückte Taste: " .. pressedKey, 200, 100)
end
```

Listing 15.4 Welche Taste wurde gedrückt?

Immer wenn eine Taste gedrückt wird, wird die `love.keypressed()`-Funktion aufgerufen. Als Argument bekommt `love.keypressed()` einen String, der angibt, welche Taste gedrückt wurde. Diesen String speichern wir in der Variablen `pressedKey` und geben das dann in der `love.draw()`-Funktion aus.

Die Hauptschleife

Wie schon erwähnt, spielt sich der Hauptteil eines Games (fast) immer in einer *Hauptschleife* bzw. *Game Loop* ab. Die Game Loop ist im Grunde einfach eine Endlosschleife. In jeder Runde wird geschaut, ob der Spieler Eingaben gemacht hat, der Spieler und die Gegner werden gegebenenfalls bewegt, und zum Schluss wird das Ganze auf den Bildschirm gemalt. Dann geht es wieder von vorne los.

Einen Durchlauf dieser Schleife nennt man einen *Frame*. Damit dein Spiel flüssig läuft, sollte es mindestens 24 Frames in einer Sekunde geben. Das heißt, deine Hauptschleife sollte nicht länger als 0,04 Sekunden dauern. Wenn ein Durchlauf länger dauert, fängt das Spiel an zu ruckeln. Zum Glück ist das in der Regel kein Problem, weil Lua und Löve verdammt schnell sind.

Die Hauptschleife musst du nicht selbst programmieren, das übernimmt Löve für dich. Du packst deinen Code einfach in den passenden Callback. Hier siehst du, welche Callbacks in der Löve-Hauptschleife eine Rolle spielen:

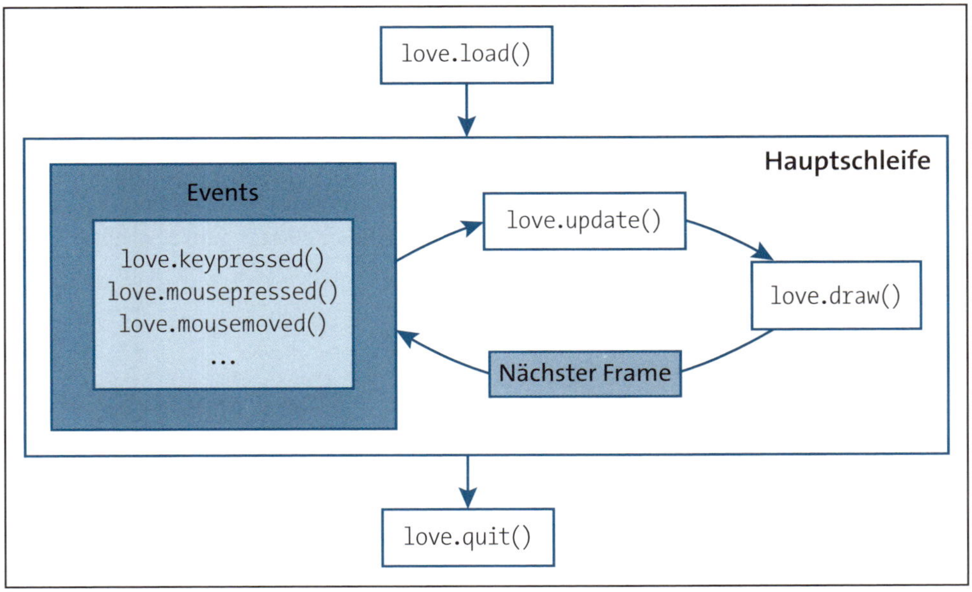

Abbildung 15.6 Callbacks und die Hauptschleife

- Wenn dein Löve-Programm startet, wird einmal der `love.load()`-Callback aufgerufen. Hier kannst du dich darum kümmern, dein Spiel zu initialisieren, also alles in den Anfangszustand zu bringen. Außerdem ist hier ein guter Platz, um Grafiken und Sounds zu laden, die später ausgegeben werden sollen. Anschließend geht es in die Hauptschleife.
- In der Hauptschleife ruft Löve erst mal alle Event-Callbacks auf. Events sind:
  - Tastendrücke (`love.keypressed()`)
  - Klicks mit der Maus (`love.mousepressed()`)
  - Bewegung der Maus (`love.mousemoved()`)
  - usw.[1]
- Der `love.update()`-Callback wird in jedem Frame einmal aufgerufen. Hier kannst du den Zustand des Spiels updaten, das heißt zum Beispiel Spieler und Gegner bewegen, Geschosse bewegen, prüfen, ob es Treffer gab, usw.
- Am Ende von `love.update()` sollte alles auf dem neuesten Stand sein, sodass du dich in `love.draw()` nur noch um die Ausgabe kümmern musst. Wenn die Ausgabe erfolgt ist, beginnt der nächste Frame, das heißt, die Hauptschleife ist einmal durchgelaufen und beginnt wieder von vorn.
- Wird das Spiel beendet, wird die Hauptschleife verlassen und `love.quit()` aufgerufen. Hier kannst du beispielsweise eine Abschiedsnachricht ausgeben.

Muss ich in meinem Game alle Callbacks benutzen?

Nein, musst du nicht. Du hast in diesem Abschnitt einen groben Überblick über die verschiedenen Callbacks bekommen, die es in Löve gibt. Benutze einfach die, die für dein Game relevant sind, die anderen lässt du weg.

In der Regel wird dein Game aber zumindest die Callbacks `love.load()`, `love.update()` und `love.draw()` benötigen.

Ein kleines Beispiel-Game

Um dir ein Gefühl für das Zusammenspiel der verschiedenen Callbacks zu geben, kannst du dir folgendes Beispiel anschauen. Die Grafik (*marvin.png*) findest du unter *www.rheinwerk-verlag.de/5979* zum Download, du kannst aber natürlich auch eine eigene Grafik verwenden. Wichtig ist, dass sich die Grafikdatei im selben Ordner befindet wie die Lua-Datei.

1 Wenn du eine vollständige Liste sehen willst, schau am besten direkt im Löve-Wiki nach. Unter *https://love2d.org/wiki/Category:Callbacks* findest du eine Auflistung.

```
local player

function love.load()
    player = {
        x = 400,
        y = 300,
        image = love.graphics.newImage("marvin.png")
    }
end

function love.keypressed(key)
    if key == "escape" then
        love.event.quit()
    end
end

function love.update(dt)
    if love.keyboard.isDown("left") then
        player.x = player.x - 200 * dt
    end
    if love.keyboard.isDown("right") then
        player.x = player.x + 200 * dt
    end
    if love.keyboard.isDown("up") then
        player.y = player.y - 200 * dt
    end
    if love.keyboard.isDown("down") then
        player.y = player.y + 200 * dt
    end
end

function love.draw()
    love.graphics.draw(player.image, player.x, player.y)
end

function love.quit()
    love.window.showMessageBox("Spiel Beenden", "Tschüss!")
end
```

Listing 15.5 Ein kleines Beispiel-»Game«

In `love.load()` laden wir ein Bild für den Spieler und legen seine Anfangsposition fest. In `love.update()` updaten wir die Position des Spielers, je nachdem, ob er eine der Cursortasten nach links, rechts, nach oben oder unten drückt.

Mach dir keine Sorgen, wenn du nicht jedes Details verstehst, wir werden die Funktionen noch detaillierter besprechen. Hier geht es nur darum, dass du ein Gefühl für das Framework bekommst.

Wenn du es ausprobieren willst, erstellst du einen Ordner mit Namen *BeispielGame* und speicherst den Code oben in einer Datei namens *main.lua*. Anschließend kannst du das Game aufrufen mit

```
C:\Users\LetsCodeLua\Documents\LuaPrograms> love BeispielGame
```

Das Ergebnis sollte in etwa so aussehen:

Abbildung 15.7 Der Charakter bewegt sich, wenn du die Pfeiltasten drückst.

Zusammenfassung

Du weißt jetzt, was Löve ist und wie du es benutzt. Du hast gesehen, dass die Funktionen von Löve in verschiedene Module aufgeteilt sind. Außerdem verstehst du, was Callbacks sind und wie du sie benutzen kannst, um dein Game zu programmieren. Als Nächstes machen wir uns daran, *Cave of Doom* Schritt für Schritt nach Löve zu portieren. Dabei wirst du viele Teile des Löve-Frameworks kennenlernen.

Kapitel 16

Bewegung auf Tastendruck

Ab diesem Kapitel werden wir »Cave of Doom« ins Löve-Framework portieren. Im ersten Schritt befreien wir das Spiel vom Input-Prompt, sodass Marvin einfach mit den Cursortasten bewegt werden kann.

Das Ziel dieses und der nächsten Kapitel ist es, *Cave of Doom* nach Löve zu portieren. Die Spiellogik bleibt dieselbe, aber der Input soll über die Cursortasten passieren, die Textgrafik soll durch eine bunter Retro-Pixel-Optik ersetzt werden, und außerdem soll es noch Hintergrundmusik und Sounds geben, die das Spiel richtig zum Leben erwecken!

Am Anfang wird das Terminal noch nebenbei laufen, und wir werden es nutzen, um Teile des Games auszugeben. Der Vorteil ist, dass wir so schon unsere Veränderungen testen können, bevor alles fertig ist. In den nächsten Kapiteln werden wir dann die Ausgabe Schritt für Schritt durch richtige Grafik ersetzen, bis wir auf das Terminal ganz verzichten können.

In diesem Kapitel geht es darum, den Projektordner einzurichten und die *main.lua* so umzuschreiben, dass sie zum Einstiegspunkt für eine Löve-Anwendung werden kann. Außerdem kannst du Marvin am Ende dieses Kapitels mit den Cursortasten durch die Höhle bewegen und das Spiel mit einem einfachen Druck der Esc-Taste jederzeit beenden. Kein umständlicher Input-Prompt mehr!

Einrichten des Projekts

Wenn du ein neues Löve-Projekt erstellen willst, musst du als Erstes immer einen Ordner für das Projekt anlegen. Ich schlage vor, dass du für dieses Projekt einen Ordner mit dem Namen *CaveOfDoom* erstellst.

Wir werden die Quelltextdateien aus der Terminal-Version von *Cave of Doom* als Ausgangspunkt für die 2D-Version verwenden. Daher kopieren wir sie in unseren Projektordner.

In dem Projektordner erstellst du außerdem einen Ordner mit Namen *assets*. Als *Assets* bezeichnet man in der Spieleentwicklung zusätzliche Dateien, die dein Game verwendet, also zum Beispiel Grafiken, Schriftarten und Sounddateien. Die Assets, die wir für *Cave of Doom* brauchen werden, kannst du von *www.rheinwerk-verlag.de/5979* herunterladen. Am Ende sollte der Projektordner so aussehen:

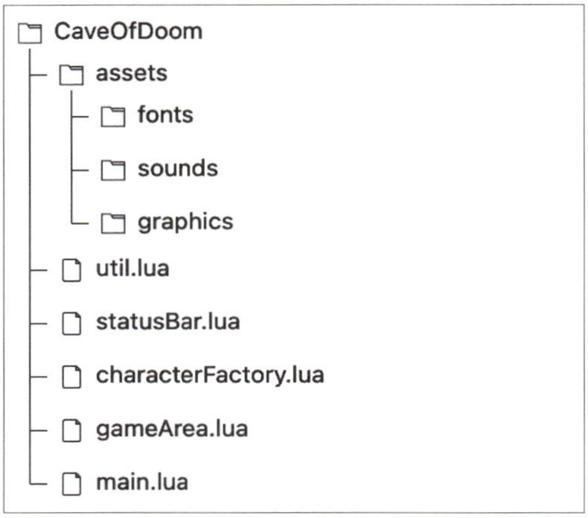

Abbildung 16.1 Unser Projektordner für »Cave of Doom«

Jetzt sind wir bestens vorbereitet, um die Power of Löve voll auszunutzen!

Wir laden das Spiel in Löve

Im ersten Schritt wollen wir *Cave of Doom* von seinem Input-Prompt befreien. Anstelle mühselig `w`, `a`, `s` oder `d` einzugeben und dann [↵] zu drücken, soll Marvin sich mit Drücken der Pfeiltasten um ein Feld bewegen.

Die einzige Datei, die wir dafür verändern müssen, ist die *main.lua*.

Der Einstiegspunkt für ein Löve-Programm sind immer die Callbacks. Anders als bei einem reinen Lua-Programm sollte kein Code außerhalb einer Funktion stehen. Denk daran, dass sich Löve selbst um die Hauptschleife kümmert (siehe Abbildung 15.5)!

Der Code, der vor dem Betreten der Hauptschleife ausgeführt werden soll, kommt in den `love.load()`-Callback:

```
local util = require("util")
local gameArea = require("gameArea")
local statusBar  = require("statusBar")
```

```
function love.load()
    math.randomseed(os.time())

    -- Lade das Spielfeld ...
    gameArea.load()
    -- ... und gib die Anfangsnachricht aus.
    statusBar.gameStartMessage()

    -- Am Anfang leeren wir das Terminal und geben Spielfeld und Statusbar aus.
    util.clearTerminal()
    gameArea.printGameArea()
    statusBar.printStatusBar()
end
```

Listing 16.1 Die main.lua ohne Input-Prompt (Teil 1)

Dieser Code wir nun aufgerufen, bevor Löve die Hauptschleife startet.

Warum der Aufruf von »math.randomseed()«?

Vielleicht erinnerst du dich noch an die Erklärungen zu `math.randomseed()` im Abschnitt »Spiel mit dem Zufall«?

Dort hatte ich erklärt, dass man den Zufallszahlengenerator in Lua-Versionen vor Version 5.4 selbst initialisieren muss, weil man ansonsten immer die gleichen Zufallszahlen bekommt. In Löve-Anwendungen ist das auch der Fall.

Woran liegt das? Verwendet Löve eine veraltete Lua-Version? Ja und nein. Löve benutzt intern *LuaJIT* (*Lua-Just-In-Time-Compiler*). Das sind im Grunde gute Nachrichten, weil LuaJIT so etwas wie Lua im Turbomodus ist. LuaJIT benutzt komplizierte Tricks und Kniffe, um deinen Code noch viel schneller auszuführen als der normale Lua-Interpreter. Das ist für die Spieleentwicklung natürlich super!

Der Haken: LuaJIT basiert auf der Version 5.1 von Lua, das heißt, es kann sein, dass manche Features von Lua 5.4 nicht so einfach funktionieren. Aber mach dir keine Sorgen: Die Unterschiede zwischen den Lua-Versionen sind nicht sehr groß, und der Code in diesem Buch funktioniert unter Lua 5.1 genauso gut wie unter Lua 5.4 oder eben unter LuaJIT.

16

Bei jedem Tastendruck eine neue Runde

Die interessante Frage ist jetzt: Wohin kommt der Code, der bisher in der Hauptschleife war? Im letzten Kapitel hatte ich erklärt, dass die Logik in den `love.update()`-Callback und die Grafikausgabe in den love.draw()-Callback kommt. Beide Callbacks werden in jeder Runde der Hauptschleife aufgerufen, also mehrere Male in jeder Sekunde.

In der Regel ist das auch richtig so, aber weil *Cave of Doom* rundenbasiert ist, gibt es ein paar Besonderheiten:

- Es genügt, das Spielfeld anzuzeigen, nachdem der Spieler einen Zug gemacht hat.
- Die Dämonen sollen sich nur bewegen, nachdem der Spieler sich bewegt hat.

Es soll also nur dann etwas passieren, wenn der Spieler eine Taste gedrückt hat.

Glücklicherweise gibt es den love.keypressed()-Callback, der von Löve genau dann aufgerufen wird, wenn der Spieler eine Taste gedrückt hat.

love.keypressed(key)

Dieser Callback wird immer dann aufgerufen, wenn der Spieler eine Taste auf der Tastatur drückt. Das key-Argument enthält die gedrückte Taste als String, also beispielsweise "a", wenn die [A]-Taste gedrückt wurde, "up", wenn der [↑] gedrückt wurde, oder "escape", wenn die [Esc]-Taste gedrückt wurde.[1]

Dort können wir nun den Code platzieren, der Marvin und die Dämonen bewegt. Solange wir das Spiel im Terminal ausgeben, findet auch die Ausgabe hier statt:

```
function love.keypressed(key)
    -- Die Escape-Taste beendet das Spiel.
    if key == "escape" then
        love.event.quit()
    end

    -- Alte Nachrichten löschen.
    statusBar.clear()

    -- Bewege Marvin.
    if key == "up" then
        gameArea.moveMarvin("up")
    elseif key == "left" then
        gameArea.moveMarvin("left")
    elseif key == "down" then
        gameArea.moveMarvin("down")
```

1 Eine vollständige Liste der Tasten gibt es auf *https://love2d.org/wiki/KeyConstant*.

```
    elseif key == "right" then
        gameArea.moveMarvin("right")
    end

    -- Bewege alle gegnerischen Charaktere.
    gameArea.moveEnemies()

    -- Wenn das Spiel vorbei ist, wird die entsprechende Nachricht ausgegeben.
    if gameArea.isGameLost() then
        statusBar.gameLostMessage()
    elseif gameArea.isGameWon() then
        statusBar.gameWonMessage()
    end

    -- Den aktuellen Stand des Spiels ausgeben.
    util.clearTerminal()
    gameArea.printGameArea()
    statusBar.printStatusBar()
end
```

Listing 16.2 Die main.lua ohne Input-Prompt (Teil 2)

Fertig. *Cave of Doom* ist jetzt eine richtige Löve-Anwendung. Um das Spiel auszuführen, rufst du nicht mehr den Lua-Interpreter direkt auf, sondern, wie schon in Kapitel 15, »What is Löve?«, das Löve-Framework. Denk daran, dass du nicht die Einstiegsdatei, sondern den Projektordner angeben musst, um dein Spiel zu starten:

```
C:\Users\LetsCodeLua\Documents\LuaPrograms>lovec CaveOfDoom
```

Warum lovec? Ist das ein Tippfehler?

Nein, das ist kein Tippfehler. Es gibt zwei Befehle, mit denen du eine Löve-Anwendung starten kannst: `love` und `lovec`. Das `c` in `lovec` steht für *console*, ein anderes Wort für das Terminal.

Damit ahnst du vielleicht auch schon den Unterschied zwischen beiden: Nur wenn du deine Löve-Anwendung mit `lovec` startest, zeigt Löve dir den Terminal-Output, der mit `print()` oder `io.write()` ausgegeben wird.

Natürlich hat ein fertiges Löve-Spiel in der Regel keinen Terminal-Output. Aber gerade wenn du ein neues Spiel entwickelst, kann es hilfreich sein, wenn du dir den Inhalt einer Variablen mal schnell mit `print()` ausgeben lassen kannst. Das Debugging wird so deutlich einfacher!

Wenn du das Spiel gestartet hast, solltest du zwei Fenster sehen: das leere Löve-Fenster und das Terminal, in dem *Cave of Doom* läuft.

Jedes Mal, wenn du eine der Cursortasten drückst, bewegt sich Marvin um ein Feld. Achte darauf, dass das Löve-Fenster im Vordergrund ist, ansonsten kann Löve die Tastendrücke nicht richtig verarbeiten.

Eine Löve-Anwendung beenden

Wenn du auf [Esc] drückst, wird das Spiel beendet. Bisher haben wir dafür `os.exit()` aufgerufen.

Um eine Löve-Anwendung sauber zu beenden, solltest du aber lieber `love.event.quit()` aufrufen. So kann Löve sich gegebenenfalls noch darum kümmern, letzte Aufräumarbeiten durchzuführen, bevor das Spiel beendet wird.

`love.event.quit()`
Beendet die Löve-Anwendung.

Eine Hauptschleife, viele Zustände

Jetzt spielt sich *Cave of Doom* schon deutlich flüssiger! Aber leider hat die aktuelle Version einen Fehler. Wenn das Spiel gewonnen oder verloren wurde, geht es einfach weiter! Selbst wenn Marvin tot ist, kann er weiter durch die Höhle bewegt werden. Das ist natürlich nicht das gewünschte Verhalten. Sinnvoller wäre es, wenn weiterer Input ignoriert wird, nachdem das Spiel vorbei ist.

In der Terminal-Version haben wir dieses Problem gelöst, indem wir die Hauptschleife einfach verlassen haben und dadurch das Spiel beendet wurde. Das wollen wir jetzt ändern: Wenn der Spieler gewonnen oder verloren hat, soll das Spiel noch so lange weiterlaufen, bis der Spieler auf [Esc] drückt. Profi-Games werden ja auch nicht plötzlich beendet, wenn der Spieler gewinnt oder verliert.

Im Löve-Framework (und in den meisten anderen Game-Frameworks auch) gibt es nur *eine* Hauptschleife. Dieselbe Hauptschleife wird ausgeführt, egal ob wir uns mitten im Spiel befinden, ob das Spiel vorbei ist oder ob wir uns im Hauptmenü befinden (wenn dein Spiel ein Hauptmenü hat)!

Wie können wir dafür sorgen, dass sich unser Programm zu verschiedenen Zeitpunkten völlig unterschiedlich verhält, obwohl es nur eine Hauptschleife gibt?

Die Lösung sind *States*, also verschiedene Zustände für dein Spiel. Es ergibt Sinn, eine Variable `state` in deiner *main.lua* zu haben, die den aktuellen Zustand speichert. Den Zustand können wir einfach als String-Konstante speichern. Mögliche Zustände könnten `"MAIN_MENU"`, `"LOADING"`, `"GAME_RUNNING"` usw. sein.

In den Callbacks kannst du dann prüfen, in welchem Zustand sich das Spiel gerade befindet. Je Zustand können die Callbacks dann unterschiedlich auf Eingaben reagieren und unterschiedlichen Output generieren.

Da wir *Cave of Doom* relativ einfach halten wollen und es z. B. kein Hauptmenü gibt, genügen uns zwei Zustände:

Zustand	Verhalten
`"GAME_RUNNING"`	Marvin kann mit den Cursortasten bewegt werden, die Dämonen werden bewegt. [Esc] beendet das Spiel.
`"GAME_OVER"`	Die Sieg- oder Verlustnachricht wird angezeigt. Marvin kann nicht bewegt werden. Die Dämonen sollen sich auch nicht mehr bewegen. [Esc] beendet das Spiel.

Tabelle 16.1 Verschiedene States für »Cave of Doom«

Im Code sieht das dann so aus:

```
local util = require("util")
local gameArea = require("gameArea")
local statusBar  = require("statusBar")

-- Mögliche States: "GAME_RUNNING" oder "GAME_OVER"
local state

function love.load()
    -- Lade das Spielfeld ...
    gameArea.load()
    -- ... und gib die Anfangsnachricht aus.
    statusBar.gameStartMessage()

    -- Am Anfang leeren wir das Terminal und geben Spielfeld und Statusbar aus.
    util.clearTerminal()
    gameArea.printGameArea()
    statusBar.printStatusBar()
```

```
    -- Anfangszustand setzen.
    state = "GAME_RUNNING"
end

function love.keypressed(key)
    -- Die Escape-Taste beendet das Spiel (unabhängig vom State).
    if key == "escape" then
        love.event.quit()
    end

    if state == "GAME_RUNNING" then
        -- Alte Nachrichten löschen.
        statusBar.clear()

        -- Bewege Marvin.
        if key == "up" then
            gameArea.moveMarvin("up")
        elseif key == "left" then
            gameArea.moveMarvin("left")
        elseif key == "down" then
            gameArea.moveMarvin("down")
        elseif key == "right" then
            gameArea.moveMarvin("right")
        end

        -- Bewege alle gegnerischen Charaktere.
        gameArea.moveEnemies()

        -- Wenn das Spiel vorbei ist, Nachricht ausgeben und State ändern.
        if gameArea.isGameLost() then
            statusBar.gameLostMessage()
            state = "GAME_OVER"
        elseif gameArea.isGameWon() then
            statusBar.gameWonMessage()
            state = "GAME_OVER"
        end
    elseif state == "GAME_OVER" then
        -- Tue nichts!
    end
```

```
    -- Den aktuellen Stand des Spiels ausgeben (unabhängig vom State).
    util.clearTerminal()
    gameArea.printGameArea()
    statusBar.printStatusBar()
end
```

Listing 16.3 main.lua

Der Trick mit den Zuständen funktioniert auch bei komplizierteren Games. Vielleicht hat dein Spiel eine Planungsphase und eine Action-Phase. Oder es gibt eine Kartenansicht, auf der der Spieler sich bewegt, und bei Kämpfen eine besondere Kampfansicht. Oder der Spieler kann immer wieder zwischen einer Menüansicht und der Spielansicht wechseln.

In jedem Fall lohnt es sich, wenn du dir Gedanken machst über die verschiedenen Zustände deines Spiels und unter welchen Umständen der Zustand geändert werden soll.

Zusammenfassung

Cave of Doom ist jetzt eine Löve-Anwendung! Du hast gelernt, wie du `love.load()`-Callbacks nutzt, um dein Spiel zu laden. Außerdem hast du gesehen, wie du den `love.keypressed()`-Callback anwenden kannst, um in deinem Spiel auf Tastendrücke zu reagieren.

Zum Schluss haben wir noch darüber gesprochen, wie du Zustände (`state`) benutzen kannst, damit dein Spiel zwischen unterschiedlichen Modi wechseln kann, auch wenn es nur eine Hauptschleife gibt.

Als Nächstes wenden wir uns der Grafik zu!

Kapitel 17

Cave of Doom wird bunt

Du verwandelst die ASCII-Zeichen von »Cave of Doom« in echte Grafik. Du lernst, wie man ein Tileset benutzt, und Marvin sowie die Dämonen werden animiert. Zum Schluss übertragen wir auch den Text-Output nach Löve und lassen das Terminal ganz hinter uns.

Jetzt wird es bunt. Wir verlassen die graue Welt des Terminals und lassen *Cave of Doom* in voller Farbenpracht erscheinen. In diesem Kapitel wirst du lernen, wie du Tiles benutzt, um interessante Levels zu designen.

Außerdem werden wir die Grundlagen der Animation besprechen. Damit Marvin und die Dämonen etwas lebendiger erscheinen, sollen sie sich bewegen, und zwar auch dann, wenn der Spieler nichts tut. Darum kümmern wir uns später in diesem Kapitel.

Und auch die Textausgabe müssen wir noch mal besprechen. Denn `print()` und `io.write()` können wir im grafischen Umfeld leider nicht mehr verwenden. Deswegen werden wir uns kurz mit Fonts und der grafischen Ausgabe von Text beschäftigen. Aber alles der Reihe nach.

Hübsche Kacheln für die Höhle

Über *Tiles* (was übersetzt so viel wie »Kacheln« bedeutet) haben wir schon im Abschnitt »Mehrdimensionale Arrays« gesprochen. Dort hast du gesehen, wie du zweidimensionale Arrays benutzen kannst, um ein Level zu codieren.

Auch wenn die Levels bisher nur aus Textzeichen bestanden haben: An der grundlegenden Technik ändert sich nichts. Allerdings wollen wir unsere Tiles jetzt grafisch ausgeben. Aus Textzeichen sollen Grafiken werden:

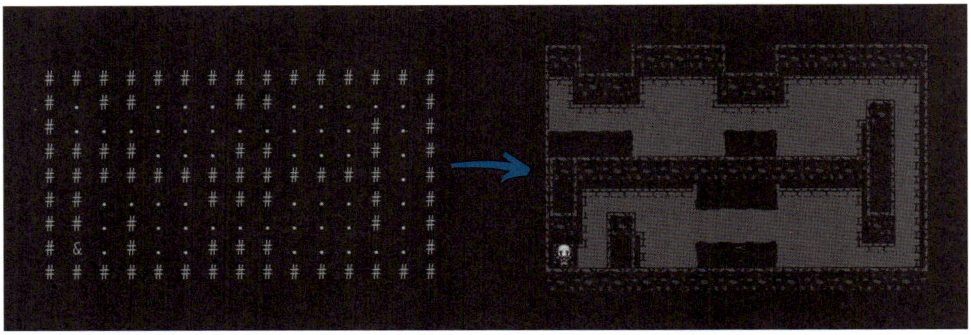

Abbildung 17.1 Gleiches Level, unterschiedliches Aussehen

Die Vorbereitung

Bevor wir uns an die eigentliche Ausgabe machen, bereiten wir schon mal alles vor. Als Erstes bestimmen wir die Auflösung, die das Spiel haben soll.

Die Auflösung setzt du mit der `setMode()`-Funktion aus dem `love.window`-Modul:

`love.window.setMode(width, height, flags)`

Setzt die Breite und Höhe des Spielfensters (in Pixeln) fest. Das `flags`-Argument ist eine Table, mit der du zusätzliche Optionen setzen kannst, beispielsweise ob das Spiel im Vollbildmodus laufen soll oder ob man die Größe des Spielfensters verändern können soll.

In der Regel ist es sinnvoll, `love.window.setMode()` einmal zu Beginn des Spiels, also im `love.load()`-Callback, aufzurufen. *Cave of Doom* soll eine bunte Retro-Pixel-Optik bekommen, daher reicht uns eine Auflösung von 640 × 480 Pixeln. Die Table mit den `flags` lassen wir erst mal leer, wir werden uns später darum kümmern, dass *Cave of Doom* im Vollbildmodus läuft:

```
...
function love.load()
    love.window.setMode(640, 480, {})
    math.randomseed(os.time())

    -- Lade das Spielfeld ...
    gameArea.load()
```

```
    ...
end
...
```

Listing 17.1 Setzen der Auflösung (main.lua)

Die Ausgabe des Spielfelds soll jetzt nicht mehr im Terminal stattfinden, sondern im Löve-Spielfenster. Dazu werden wir im `gameArea`-Modul eine `draw()`-Funktion schreiben, die sich um die Ausgabe des Spielfelds kümmert. Diese `draw()`-Funktion soll im `love.draw()`-Callback aufgerufen werden. Die alte Ausgabefunktion (`gameArea.printGameArea()`) brauchen wir dann nicht mehr.

```
...
function love.load()
    ...
    -- Am Anfang leeren wir das Terminal und geben Spielfeld und Statusbar aus.
    util.clearTerminal()
    -- gameArea.printGameArea()
    statusBar.printStatusBar()
    ...
end

function love.draw()
    gameArea.draw()
end

function love.keypressed(key)
   ...

    -- Den aktuellen Stand des Spiels ausgeben (unabhängig vom State).
    util.clearTerminal()
    -- gameArea.printGameArea()
    statusBar.printStatusBar()
end
```

Listing 17.2 Die Ausgabe findet jetzt in love.draw() statt. (main.lua)

Jetzt ist alles vorbereitet. Wir müssen »nur noch« die `draw()`-Funktion im `gameArea`-Modul implementieren.

Das Tileset

Jetzt wollen wir uns darum kümmern, dass aus den schlichten Textzeichen bunte Kacheln werden. Um das zu erreichen, benutzen wir ein sogenanntes *Tileset*. Ein Tileset ist nichts anderes als eine Grafikdatei, die alle Tiles enthält, die wir für unser Leveldesign verwenden wollen. Das Tileset, das wir für *Cave of Doom* einsetzen werden, sieht so aus:

Abbildung 17.2 Das Tileset für »Cave of Doom«

Vielleicht siehst du schon, dass diese Grafik aus vielen kleinen quadratischen Teilen zusammengesetzt ist, den Tiles. In diesem Fall ist jedes Quadrat 32 × 32 Pixel groß, und es gibt insgesamt 64 Quadrate bzw. Tiles.

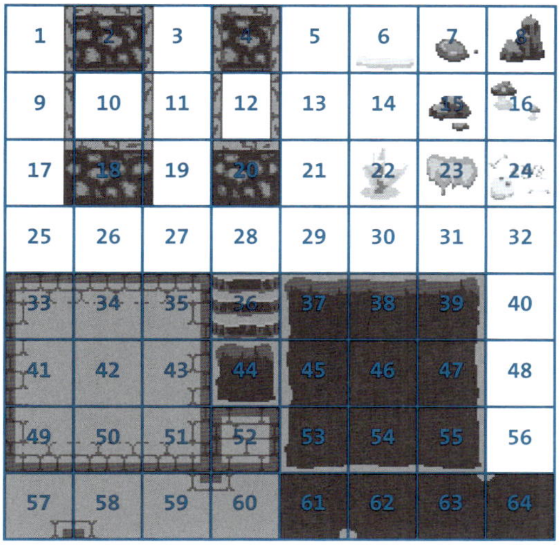

Abbildung 17.3 Die 64 Tiles des Tilesets

Grafiken laden und ausgeben

In der *gameArea.lua* können wir uns jetzt darum kümmern, das Tileset zu laden und auszugeben:


```
...

local tileset
local marvin, enemies

local function load()
    tileset = love.graphics.newImage("assets/graphics/tileset_dungeon.png")

    marvin = characterFactory.createMarvin(2, 2)
    statusBar.setMarvin(marvin)

    ...
end

...

local function draw()
    love.graphics.draw(tileset, 0, 0)
end
```

```
...
return {
    load = load,
    moveMarvin = moveMarvin,
    moveEnemies = moveEnemies,
    printGameArea = printGameArea,
    draw = draw,
    isGameWon = isGameWon,
    isGameLost = isGameLost
}
```

Listing 17.3 Änderungen in gameArea.lua

Wenn du das Programm nun mit Löve ausführst, solltest du das gesamte Tileset in der linken oberen Ecke des Bildschirms sehen. Das ist zwar noch nicht ganz das, was wir wollten, aber immerhin ein Anfang!

Zwei Funktionen aus dem `love.graphics`-Modul haben wir dafür verwendet:

`love.graphics.newImage(path)`

Diese Funktion lädt ein Bild vom angegebenen Pfad und gibt das geladene Bild als Image-Objekt zurück.

Das Laden eines Bilds nimmt relativ viel Zeit in Anspruch. Daher sollte es nicht in jedem Frame neu vorgenommen werden. Es kann sonst passieren, dass dein Spiel ruckelt. Der `love.load()`-Callback ist ein guter Ort, um Bilder zu laden.

In diesem Fall haben wir das Bild in der `load()`-Funktion des `gameArea`-Moduls geladen. Diese `load()`-Funktion wird im love.load()-Callback der *main.lua* aufgerufen.

`love.graphics.draw(image, x, y)`

Bekommt ein Image-Objekt und die x- und y-Koordinaten, an der das Bild ausgegeben werden soll. Die Koordinaten beziehen sich dabei auf die linke obere Ecke des Bilds.

Quads zur Hilfe!

Das ist natürlich noch nicht das, was wir wollen. Wir möchten in der Lage sein, einzelne Tiles, also nur bestimmte Ausschnitte des Tilesets, auszugeben. Dazu brauchen wir etwas, das sich in Löve *Quad* nennt. Ein Quad ist ein rechteckiger Bereich in unserem Bild.

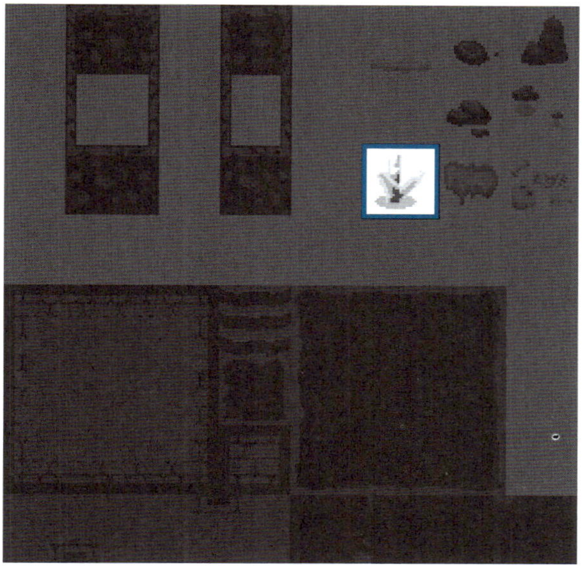

Abbildung 17.4 Ein Quad im Tileset

Wenn wir zum Beispiel den Diamanten ausgeben wollen (Tile 22 in Abbildung 17.3), können wir ein Quad definieren, das diesen Bereich unseres Tilesets enthält:


```
...
local function draw()
    -- Um den Diamanten zu finden, müssen wir fünf Zeilen nach rechts und
    -- zwei Zeilen nach unten.
    local quad = love.graphics.newQuad(5 * 32, 2 * 32, 32, 32, tileset)

    love.graphics.draw(tileset, quad, 0, 0)
end
...
```

Listing 17.4 gameArea.lua

Die relevanten Funktionen funktionieren so:

`love.graphics.newQuad(x, y, width, height, image)`
Erstellt ein Quad-Objekt für das übergebene Image-Objekt. Die Argumente geben an, an welcher Position im Bild das Quad beginnen soll, sowie die Breite und Höhe des Quads. Außerdem übergeben wir das Image-Objekt, auf das sich das Quad bezieht.

Im Fall oben ist es hilfreich, sich zu erinnern, dass jedes Tile in dem Tileset eine Größe von 32 × 32 Pixeln hat. Dadurch können wir die Position des Quads relativ einfach berechnen.

Wenn wir ein Quad erstellt haben, können wir dieses Quad als zusätzliches Argument in `love.graphics.draw()` angeben:

love.graphics.draw(image, quad, x, y)

Viele Funktionen in Löve haben unterschiedliche Varianten, je nachdem mit was für Argumenten man sie aufruft. Die `draw()`-Funktion haben wir schon kennengelernt. Übergibt man der `draw()`-Funktion als zweites Argument ein Quad, dann wird nur der Inhalt dieses Quads ausgegeben.

Mit diesem Wissen wollen wir für jedes der Tiles in unserem Tileset ein Quad erstellen und diese Quads in einem Array speichern. Die Reihenfolge soll so sein wie in Abbildung 17.3:

```
...
local tileset
local tileQuads = {}

local marvin, enemies

local function load()
    tileset = love.graphics.newImage("assets/graphics/tileset_dungeon.png")

    for i = 0, 7 do
        for j = 0, 7 do
            local quad =  love.graphics.newQuad(j * 32, i * 32, 32, 32, tileset)
            table.insert(tileQuads, quad)
        end
    end
    ...
end
...
```

Listing 17.5 Ein Array mit einem Quad für jedes Tile des Tilesets

Wenn wir jetzt den Diamanten ausgeben wollen, geht das einfach so:

```
...
local function draw()
    love.graphics.draw(tileset, tileQuads[22], 0, 0)
end
...
```

Listing 17.6 Wir wollen das Tile Nummer 22 ausgeben.

Jetzt können wir jedes Tile anhand seiner Nummer ausgeben. Perfekte Voraussetzungen, um die Leveldaten auf den neuesten Stand zu bringen.

Neue Daten für das Level

Auch für die Grafikversion von *Cave of Doom* benutzen wir ein zweidimensionales Array, um das Level zu speichern. Anstelle von Strings speichern wir allerdings die Nummer des Tiles, das wir an dieser Stelle ausgeben wollen. Das neue Array sieht so aus:

```
local mapData = {
    { 1,  2,  3,  9,  2,  2,  2,  3,  1,  2,  2,  2,  2,  2,  3},
    { 1, 35,  2, 20, 33, 34, 35, 18, 18, 33, 34, 34, 34, 35,  3},
    { 1, 59, 34, 34, 60, 42, 59, 34, 34, 60, 42, 57,  4, 43,  3},
    { 1, 38, 38, 39, 42, 42, 42, 37, 39, 42, 42, 43, 12, 43,  3},
    { 1,  4, 18, 18, 18, 18, 18, 18, 18, 18, 18, 18, 12, 43,  3},
    { 1, 12, 33, 34, 34, 34, 53, 54, 55, 34, 34, 35, 12, 43,  3},
    { 1, 20, 41,  4, 58, 42, 42, 42, 42, 42, 42, 43, 20, 43,  3},
    { 9, 52, 60, 12, 41, 42, 37, 38, 39, 42, 42, 59, 34, 43,  3},
    { 17, 18, 18, 18, 18, 18, 18, 18, 18, 18, 18, 18, 18, 18, 19},
}
```

Listing 17.7 Der Code für unser Level (gameArea.lua)

Welche Nummer für welches Tile steht, kannst du Abbildung 17.3 entnehmen.

Leider ist die Codierung des Levels deutlich komplizierter geworden als vorher ... Das liegt daran, dass es jetzt viel mehr verschiedene Tiles gibt als vorher. Zum Beispiel benutzen wir unterschiedliche Tiles für Wände, je nachdem, ob die Wand nach oben oder zur Seite geht. Und damit das Level nicht langweilig aussieht, verwenden wir an unterschiedlichen Stellen unterschiedliche Boden-Tiles, die sich zum Beispiel in den Schattierungen unterscheiden. Dadurch müssen wir die `isFloorTile()`-Funktion etwas anpassen.

```
local function isFloorTile(x, y)
    local floorTiles = { 33, 34, 35, 41, 42, 43, 49, 50, 51, 57, 58, 59, 60 }
    local tile = getTile(x, y)

    for i = 1, #floorTiles do
        if floorTiles[i] == tile then
            return true
        end
    end

    return false
end
```

Listing 17.8 Es gibt jetzt mehrere begehbare Tiles! (gameArea.lua)

Aber wie sieht das Level denn nun aus?

Um das Level endlich zu sehen, müssen wir nur noch die `draw()`-Funktion anpassen. Die Grundidee ist einfach: Wir gehen die Leveldaten Tile für Tile durch und geben das entsprechende Tile an der richtigen Stelle aus.

Dazu definieren wir eine Hilfsfunktion, die uns hilft, aus der Position eines Tiles im Array die Pixelkoordinaten im Löve-Fenster zu berechnen. Die Funktion gibt x- und y-Koordinate zurück. Um mehrere Werte zurückzugeben, erlaubt Lua es, diese Werte mit einem Komma zu trennen. Das Prinzip dahinter wurde im Abschnitt »Mehrfachdeklaration und -zuweisung« erklärt. (Zur Erinnerung: Jedes Tile ist 32 Pixel breit und 32 Pixel hoch.)

```
local function computeCoordinates(x, y)
    -- Links bleiben 80 Pixel Rand.
    local pixelX = (x - 1) * 32 + 80
    local pixelY = (y - 1) * 32

    return pixelX, pixelY
end

local function draw()
    for y = 1, getMapHeight() do
        for x = 1, getMapWidth() do
            local tile = getTile(x, y)
            local pixelX, pixelY = computeCoordinates(x, y)
```

```
            love.graphics.draw(tileset, tileQuads[tile], pixelX, pixelY)
        end
    end
end
```

Listing 17.9 Die neue draw()-Funktion für das Level (gameArea.lua)

Das Ergebnis kann sich sehen lassen:

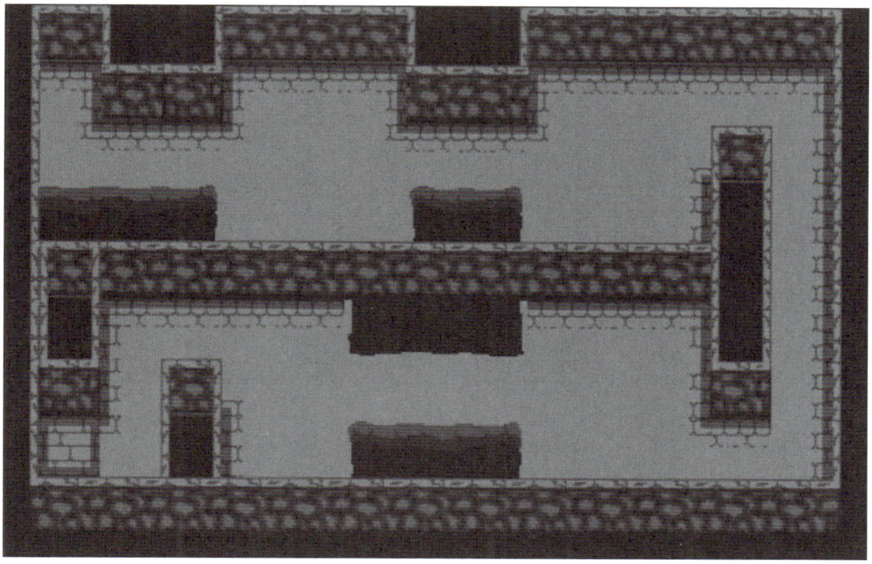

Abbildung 17.5 Das fertige Level

17

Was jetzt noch fehlt, ist die Darstellung des Alten. Dafür laden wir die Bilddatei, in der sich die Grafiken für diesen Charakter befinden. Da es sich wieder um eine Grafik handelt, die aus mehreren Grafiken zusammengesetzt ist (ähnlich wie das Tileset), müssen wir erneut ein Quad anlegen, um den richtigen Bereich auszugeben. Ich überspringe hier die Details, aber das Prinzip ist dasselbe:

```
...
local tileset
local tileQuads = {}
local oldManSpriteSheet, oldManQuad

local marvin, enemies
```

```
local function load()
    tileset = love.graphics.newImage("assets/graphics/tileset_dungeon.png")

    for i = 0, 7 do
        for j = 0, 7 do
            local quad =  love.graphics.newQuad(j * 32, i * 32, 32, 32, tileset)
            table.insert(tileQuads, quad)
        end
    end

    oldManSpriteSheet = love.graphics.newImage("assets/graphics/Male 12-1.png")
    oldManQuad = love.graphics.newQuad(32, 0, 32, 32, oldManSpriteSheet)

    marvin = characterFactory.createMarvin(2, 2)
    statusBar.setMarvin(marvin)

    ...
end

...

local function draw()
    for y = 1, getMapHeight() do
        for x = 1, getMapWidth() do
            local tile = getTile(x, y)
            local pixelX, pixelY = computeCoordinates(x, y)

            love.graphics.draw(tileset, tileQuads[tile], pixelX, pixelY)
        end
    end

    local pixelX, pixelY = computeCoordinates(2, 8)
    love.graphics.draw(oldManSpriteSheet, oldManQuad, pixelX, pixelY)
end
...
```

Listing 17.10 Der Alte wartet auf seine Rettung. (gameArea.lua)

Damit ist die Höhle von *Cave of Doom* bereit. Fehlen nur noch Gegner. Und natürlich ein Held ...

Charaktere und Animation

Als nächstes wenden wir uns der Ausgabe der Charaktere zu. Alle Löve-Funktionen, die dafür nötig sind, hast du bereits kennengelernt. Später wollen wir die Charaktere animieren. Sie sollen sich ein wenig bewegen, auch wenn der Spieler keine Eingabe macht. So kann man die Charaktere besser vom Hintergrund unterscheiden und das Spiel wirkt viel lebendiger. Aber alles der Reihe nach ...

Spritesheets und Sprites

Für die Levels deines Games gibt es Tilesets. Für die Charaktere eines 2D-Games benutzt man eine ähnliche Technik. Allerdings spricht man hier anstelle von einem Tileset von einem *Spritesheet*. Ein einzelner Teil des Spritesheets nennt sich *Sprite*. Dieses Spritesheet stammt wieder vom Nutzer Pipoya auf *itch.io*. Pipoya hat mir freundlicherweise erlaubt, seine Arbeit zu verwenden. Du findest das Spritesheet im *assets*-Ordner des Projekts unter *graphics/Male 16-2.png*.[1]

Abbildung 17.6 Das Spritesheet für Marvin

In diesem Fall haben die einzelnen Sprites eine Größe von 32 × 32 Pixeln – genau wie die Tiles, die wir für die Map verwendet haben.

1 *https://pipoya.itch.io/pipoya-free-rpg-character-sprites-32x32*

Die Charakter-Objekte lernen, sich zu malen

Die Charakter-Objekte können schon prüfen, ob sie noch lebendig sind (`char:isDead()`), eine kurze Beschreibung von sich zurückgeben (`char:description()`) und einen anderen Charakter angreifen (`char:attack()`). Jetzt lernen sie noch, sich selbst auf den Bildschirm zu malen. Dafür wollen wir sie um eine `draw()`-Methode erweitern.

Aber wie schon erwähnt: Das Laden der Grafiken sollte am besten nur einmal passieren und nicht jedes Mal, wenn wir einen Charakter ausgeben, weil es relativ zeitaufwendig ist. Daher schreiben wir zuerst eine `load()`-Funktion für unser `characterFactory`-Modul, in der wir die Grafiken laden, die wir brauchen, und die passenden Quads für unser Spritesheet anlegen:

```
local util = require("util")
local statusBar = require("statusBar")

local spriteSheetMarvin, spriteSheetsEnemies
local spriteQuads = {}

local tileset, corpseQuad

local function load()
    -- Wir laden das Spritesheet für Marvin.
    spriteSheetMarvin =  love.graphics.newImage("assets/graphics/Male 16-2.png")
    -- Für die Dämonen gibt es sieben verschiedene Spritesheets, die
    -- wir in einem Array speichern.
    spriteSheetsEnemies = {
        love.graphics.newImage("assets/graphics/Enemy 01-1.png"),
        love.graphics.newImage("assets/graphics/Enemy 02-1.png"),
        love.graphics.newImage("assets/graphics/Enemy 03-1.png"),
        love.graphics.newImage("assets/graphics/Enemy 04-1.png"),
        love.graphics.newImage("assets/graphics/Enemy 05-1.png"),
        love.graphics.newImage("assets/graphics/Enemy 06-1.png"),
        love.graphics.newImage("assets/graphics/Enemy 07-1.png")
    }

    -- Die Quads speichern wir diesmal in einem zweidimensionalen Array.
    -- spriteQuad[2][1] soll das Sprite in der 2. Zeile und 1. Spalte enthalten.
    for i = 1, 4 do
        spriteQuads[i] = {}
        for j = 1, 3 do
```

```
            local quad = love.graphics.newQuad(
                (j - 1) * 32,
                (i - 1) * 32,
                32,
                32,
                spriteSheetMarvin
            )
            spriteQuads[i][j] = quad
        end
    end

    -- Um die Überreste besiegter Charaktere auszugeben, benutzen wir eine
    -- Grafik aus dem Tileset.
    tileset = love.graphics.newImage("assets/graphics/tileset_dungeon.png")
    corpseQuad = love.graphics.newQuad(7 * 32, 2 * 32, 32, 32, tileset)
end
...
return {
    load = load,
    createMarvin = createMarvin,
    createDemon = createDemon
}
```


Listing 17.11 Laden der Spritesheets für Marvin und die Dämonen (characterFactory.lua)

Weil die Spritesheets alle die gleiche Struktur haben, müssen wir die Quads nur einmal anlegen. Wir können dieselben Quads dann für alle Spritesheets verwenden. Anstatt die Quads wie bei den Tiles in einem langen Array anzulegen, benutzen wir diesmal ein zweidimensionales Array. So können wir mit `spriteQuad[2][3]` das Sprite ausgeben, das sich in der zweiten Zeile und der dritten Reihe befindet. Das wird später noch nützlich sein.

Jetzt müssen wir noch dafür sorgen, dass die `load()`-Funktion auch aufgerufen wird. Weil es das `gameArea`-Modul ist, das sich um die Verwaltung der Charaktere kümmert, ist die `load()`-Funktion des `gameArea`-Moduls ein guter Ort dafür:

```
...
local function load()
    characterFactory.load()
    tileset = love.graphics.newImage("assets/graphics/tileset_dungeon.png")
```

```
    ...
end
...
```

Listing 17.12 Bevor die Grafiken für das Spielfeld geladen werden, werden die Grafiken für die Charaktere geladen. (gameArea.lua)

Jetzt sind wir gut vorbereitet, um das Charakter-Objekt zu erweitern. Jedes Objekt bekommt als zusätzliche Eigenschaft ein Spritesheet zugewiesen (mit allen Grafiken für diesen Charakter). Außerdem wird das Objekt um eine `draw()`-Methode erweitert:

```
local function createCharacter(name, level, totalHp, symbol, x, y, spriteSheet)
    return {
        ...
        x = x,
        y = y,

        spriteSheet = spriteSheet,

        draw = function(self, x, y)
            if self:isDead() then
                -- Wenn der Charakter tot ist, male die Gebeine aus dem Tileset.
                love.graphics.draw(tileset, corpseQuad, x, y)
            else
                -- Sonst malen wir den Sprite oben in der Mitte des Spritesheets.
                local quad = spriteQuads[1][2]
                love.graphics.draw(self.spriteSheet, quad, x, y)
            end
        end,

        isDead = function(self)
            return self.hp <= 0
        end,

        ...
    }
end

local function createDemon(level, x, y)
    ...
```

```
    -- Ein zufälliges Spritesheet wird ausgewählt.
    local spriteSheet = spriteSheetsEnemies[math.random(#spriteSheetsEnemies)]

    return createCharacter(name, level, totalHp, symbol, x, y, spriteSheet)
end

local function createMarvin (x, y)
    -- Marvin hat Level 1 und 100 HP. Auf dem Spielfeld erscheint er als "@".
    local marvin = createCharacter("Marvin", 1, 100, "@", x, y, spriteSheetMarvin)

    ...

    return marvin
end
```

Listing 17.13 Unser Charakter-Objekt kann sich jetzt selbst ausgeben.

Diese `draw()`-Methode müssen wir nun nur noch beim Malen des Spielfelds aufrufen:

```
local function draw()
    for y = 1, getMapHeight() do
        for x = 1, getMapWidth() do
            local tile = getTile(x, y)
            local pixelX, pixelY = computeCoordinates(x, y)

            love.graphics.draw(tileset, tileQuads[tile], pixelX, pixelY)

            -- Wenn sich (mindestens) ein toter Charakter auf dem Feld befindet,
            -- rufen wir die draw()-Methode auf, damit die Gebeine gemalt werden.
            local deadChar = findDeadCharacter(x, y)
            if deadChar ~= nil then
                deadChar:draw(pixelX, pixelY)
            end

            -- Wenn sich ein lebender Charakter auf dem Feld befindet, wird er
            -- gemalt.
            local char = findLivingCharacter(x, y)
            if char ~= nil then
                char:draw(pixelX, pixelY)
            end
```

17

```
        end
    end

    local pixelX, pixelY = computeCoordinates(2, 8)
    love.graphics.draw(oldManSpriteSheet, oldManQuad, pixelX, pixelY)
end
```

Listing 17.14 Beim Malen des Spielfelds werden auch die Charaktere gemalt bzw. ihre Gebeine. (gameArea.lua)

Übrigens ist die Reihenfolge, in der du die verschiedenen Elemente des Spielfelds auf den Bildschirm malst, entscheidend: Immer wenn du etwas ausgibst, wird alles, was darunterliegt, »übermalt«. Du musst also erst die Dinge malen, die im Hintergrund erscheinen sollen, und später die Dinge, die vorne erscheinen sollen.

Wenn alles funktioniert hat, solltest du jetzt eine spielbare Version von *Cave of Doom* mit allen Charakteren haben, die in etwa so aussieht:

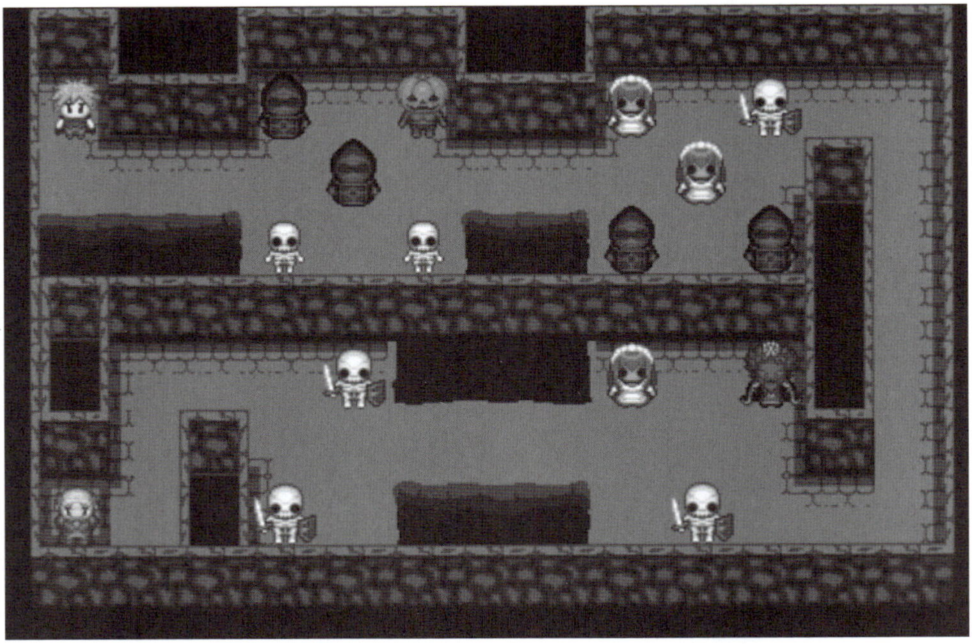

Abbildung 17.7 »Cave of Doom« mit allen Charakteren

Animationen

Der einzige Haken: Es sieht noch etwas »tot« aus. Viel cooler wäre es, wenn sich die Charaktere bewegen würden.

Vielleicht hast du schon mal gesehen, wie ein Trickfilm funktioniert: Es werden mehrere Bilder gemacht, und dann werden die Bilder ganz schnell hintereinander angezeigt. So entsteht die Illusion von Bewegung. In Computerspielen benutzen wir dasselbe Prinzip.

Für *Cave of Doom* wollen wir, dass es so aussieht, als würden die Charaktere auf der Stelle gehen. Dafür wechseln wir alle 0,5 Sekunden zwischen erstem und drittem Sprite im Spritesheet:

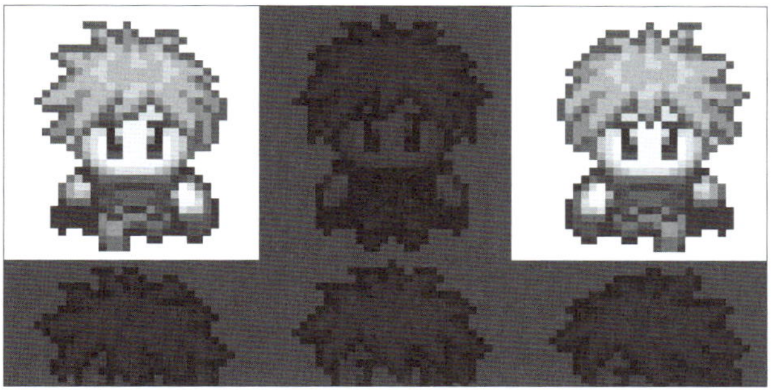

Abbildung 17.8 Diese beiden Sprites sollen für die Animation benutzt werden.

Aber wie setzen wir dieses Verhalten um? Die Grundidee ist einfach: Wir machen das Charakter-Objekt noch ein bisschen schlauer und merken uns den Index des Sprites, der gerade ausgegeben werden soll:

```
local function createCharacter(name, level, totalHp, symbol, x, y, spriteSheet)
    return {
        ...
        spriteSheet = spriteSheet,
        spriteIndex = 1,

        draw = function(self, x, y)
            if self:isDead() then
                love.graphics.draw(tileset, corpseQuad, x, y)
            else
                local quad = spriteQuads[1][self.spriteIndex]
                love.graphics.draw(self.spriteSheet, quad, x, y)
            end
        end,
```

```
        ...
    }
end
```

Listing 17.15 Die draw()-Methode wird langsam schlauer.

Jetzt können wir steuern, welcher Sprite ausgegeben wird, indem wir die `spriteIndex`-Eigenschaft entsprechend setzen: Alle 0,5 Sekunden soll der `spriteIndex` von 1 auf 3 und dann wieder von 3 auf 1 wechseln. So entsteht der Eindruck, als würde der Charakter gehen.

Aber wie können wir uns darum kümmern, dass das alle 0,5 Sekunden passiert? Und auch dann, wenn der Spieler keine Taste drückt?

Vielleicht erinnerst du dich an die Erklärungen zur Löve-Game-Loop im Abschnitt »Die Hauptschleife«:

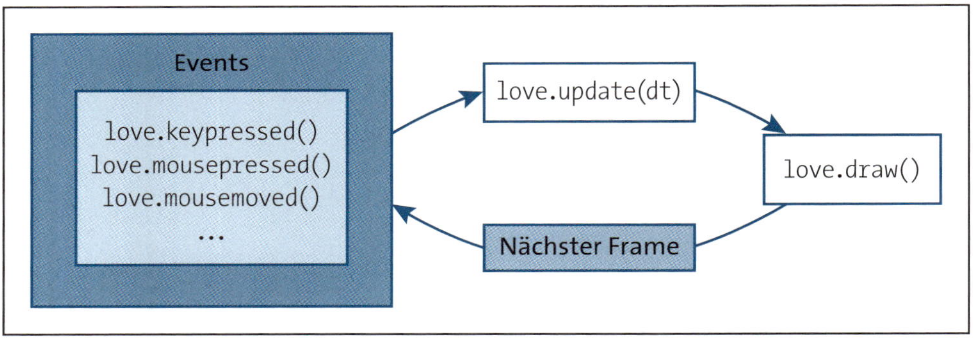

Abbildung 17.9 Die Löve-Game-Loop

Der perfekte Callback, um sich um Animationen zu kümmern, ist der `love.update()`-Callback. Er wird in jedem Frame (also in jedem Durchlauf der Hauptschleife) einmal aufgerufen und bekommt ein Argument `dt`, in dem gespeichert ist, wie viele Sekunden seit dem letzten Aufruf vergangen sind. Das ist wichtig, weil die Frames nicht unbedingt immer gleich lang sind. Wenn in deinem Spiel gerade viel passiert, kann es auch mal sein, dass ein Durchlauf der Hauptschleife etwas länger dauert.

Die Idee ist jetzt folgende: Der `love.update()`-Callback ruft eine `update()`-Funktion im `gameArea`-Modul auf, und diese `update()`-Funktion ruft eine `update()`-Methode an den Charakter-Objekten auf. Und diese letzte `update()`-Methode kümmert sich dann darum, alle 0,5 Sekunden das Sprite zu wechseln. Das klingt vielleicht etwas umständlich, aber die *main.lua* hat ja gar keinen Zugriff auf die Charakter-Objekte! Daher müssen wir diesen Umweg gehen.

Fangen wir mit der `update()`-Methode im Charakter-Objekt an, die die eigentliche Arbeit macht.

```
local function createCharacter(name, level, totalHp, symbol, x, y, spriteSheet)
    return {
        ...

        spriteSheet = spriteSheet,
        spriteIndex = 1,
        t = 0,      -- Eine Hilfsvariable, um die verstrichene Zeit zu speichern.

        update = function(self, dt)
            self.t = self.t + dt

            -- Wenn 0,5 Sekunden vergangen sind, wechseln wir das Sprite ...
            if self.t > 0.5 then
                if self.spriteIndex == 1 then
                    self.spriteIndex = 3
                else
                    self.spriteIndex = 1
                end
                -- ... und setzen t um 0,5 Sekunden zurück.
                self.t = self.t - 0.5
            end
        end,

        draw = function(self, x, y)
            if self:isDead() then
                love.graphics.draw(tileset, corpseQuad, x, y)
            else
                local quad = spriteQuads[1][self.spriteIndex]
                love.graphics.draw(self.spriteSheet, quad, x, y)
            end
        end,
        ...
    }
end
```

Listing 17.16 Die update()-Methode kümmert sich um die Animation der Charaktere. (characterFactory.lua)

Wie angekündigt, müssen wir uns jetzt noch darum kümmern, dass die Methode für Marvin und die Dämonen aufgerufen wird:

```
...
local function update(dt)
    marvin:update(dt)

    for i = 1, #enemies do
        enemies[i]:update(dt)
    end
end

...

return {
    ...
    update = update,
    ...
}
```

Listing 17.17 Im gameArea-Modul rufen wir die update()-Methoden der Charaktere auf. (gameArea.lua)

Und diese Funktion rufen wir im `love.update()`-Callback in der *main.lua* auf:

```
...
function love.update(dt)
    gameArea.update(dt)
end
...
```

Listing 17.18 Der love.update()-Callback (main.lua)

Fertig. Wenn du das Game jetzt ausführst, sehen die Charaktere schon deutlich lebendiger aus.

Warum gucken die Charaktere immer nach unten? Auf dem Spritesheet gab es doch viel mehr Sprites?

Vielleicht ist dir aufgefallen, dass die Charaktere bisher immer nach unten schauen statt in die Richtung, in die sie sich zuletzt bewegt haben.

Das lässt sich aber relativ leicht ändern, da die Spritesheets, die wir für *Cave of Doom* verwenden, Grafiken für die verschiedenen Blickrichtungen enthalten. Schau dir noch mal den Code an, der den Charakter auf den Bildschirm malt:

```
draw = function(self)
    love.graphics.draw(
        self.spriteSheet,
        spriteQuads[1][self.spriteIndex],
        (self.x - 1) * 32,
        (self.y - 1) * 32
    )
end
```

Wie du siehst, benutzen wir immer nur die Sprites aus der ersten Zeile des Spritesheets. Wenn du für die Ausgabe die Quads aus der dritten Zeile verwendest, schauen die Charaktere stattdessen nach rechts:

```
draw = function(self)
    love.graphics.draw(
        self.spriteSheet,
        spriteQuads[3][self.spriteIndex],
        (self.x - 1) * 32,
        (self.y - 1) * 32
    )
end
```

Wir haben die Quads so angelegt, dass der erste Index die Blickrichtung des Charakters bestimmt.

Dadurch ist es gar nicht so schwierig, die Blickrichtung der Charaktere passend zu wählen. In diesem Kapitel werden wir das aber nicht umsetzen, weil du dadurch nicht wirklich etwas Neues lernen würdest. Vielleicht kommst du selbst auf eine Lösung. Ansonsten kannst du in Anhang B, »Der komplette Code für Cave of Doom«, nachschauen. Der Code dort enthält eine mögliche Lösung.

Textausgabe

Das Einzige, wofür unser Game jetzt noch das Terminal verwendet, ist die Text- und Statusanzeige. Das soll sich ändern. Der Text soll jetzt unterhalb des Spielfelds angezeigt werden.

Außerdem soll der Status von Marvin und seinem aktuellen Gegner etwas übersichtlicher ausgegeben werden. Dafür wollen wir links und rechts in der Statusanzeige jeweils ein Kästchen malen, in dem das Level und die HP von Marvin und seinem aktuellen Gegner angezeigt werden. Am Ende soll das Ganze so aussehen:

Abbildung 17.10 Cave of Doom mit Statusanzeige

Um das umzusetzen, müssen wir uns mit zwei Dingen auseinandersetzen:

- Wir müssen die Rahmen zeichnen, in denen Text und Charakter-Status angezeigt werden.
- Wir müssen uns mit der Textausgabe beschäftigen und dafür sorgen, dass der Text an der richtigen Stelle ausgegeben wird.

Ein Rechteck für den Rahmen, bitte!

Als Erstes kümmern wir uns um die Ausgabe der Rahmen. Die Rahmen sollen rechteckig sein. (Wir werden später dafür sorgen, dass die Ecken leicht abgerundet werden, damit das Ganze etwas hübscher aussieht.)

Um Rechtecke zu malen, bietet uns Löve eine Funktion im `love.graphics`-Modul. Zum Zeichnen eines normales Rechtecks braucht die `rectangle()`-Funktion fünf Argumente:

`love.graphics.rectangle(mode, x, y, width, height)`

Zeichnet ein Rechteck. Dabei ist `mode` ein String: entweder `"fill"` für ein ausgefülltes Rechteck oder `"line"`, wenn du nur den Rahmen des Rechtecks malen möchtest.

Mit `x` und `y` gibst du die obere linke Ecke des Rechtecks an und mit `width` und `height` die Breite bzw. Höhe des Rechtecks in Pixeln.

Für die Statusanzeige von *Cave of Doom* brauchen wir drei Rechtecke: zwei für die Statusanzeige und eins für den Text.

Diese Arbeit teilen wir auf zwei Funktionen auf:

- `drawTextbox()` soll die Textanzeige in der Mitte malen. Position sowie Breite und Höhe der Textbox sollen als Argumente übergeben werden.
- `drawCharacterInfo()` soll den Status eines Charakters ausgeben, also Name, Level und HP. Außerdem soll der Charakter selbst in den Kasten gemalt werden. Deswegen wird als zusätzliches Argument das Charakter-Objekt übergeben.

Den Code dafür setzen wir in *statusBar.lua* ein:

```
local function drawTextbox(x, y, width, height)
    -- Wir lassen 5 Pixel Rand zu allen Seiten, damit sich die Rechtecke nicht
    -- berühren.
    love.graphics.rectangle("line", x + 5, y + 5, width - 10, height - 10)
end

local function drawCharacterInfo(x, y, width, height, char)
    love.graphics.rectangle("line", x + 5, y + 5, width - 10, height - 10)

    if char then
        -- Der Charakter soll mittig gemalt werden mit 40 Pixeln Abstand zum
        -- oberen Rand.
        char:draw(x + (width - 32) / 2, y + 40)
    end
end
```

Listing 17.19 Zwei Hilfsfunktionen zur Ausgabe der Statusanzeige (statusBar.lua)

Jetzt müssen wir noch wissen, an welchen Koordinaten unsere Boxen ausgegeben werden sollen. Dazu müssen wir ein bisschen rechnen. Wir wissen, dass unsere Map eine Höhe von 9 Tiles hat. Jedes Tile hat eine Höhe von 32 Pixeln. Daher ist die Map 9 × 32 = 288 Pixel hoch. Weil das Fenster 480 Pixel hoch ist, bleiben 480 – 288 = 192 Pixel für die Höhe der Statusanzeige.

Die Boxen für den Charakter-Status sollen je 100 Pixel breit sein. Weil das Fenster 640 Pixel breit ist, bleiben 440 Pixel für die Textbox.

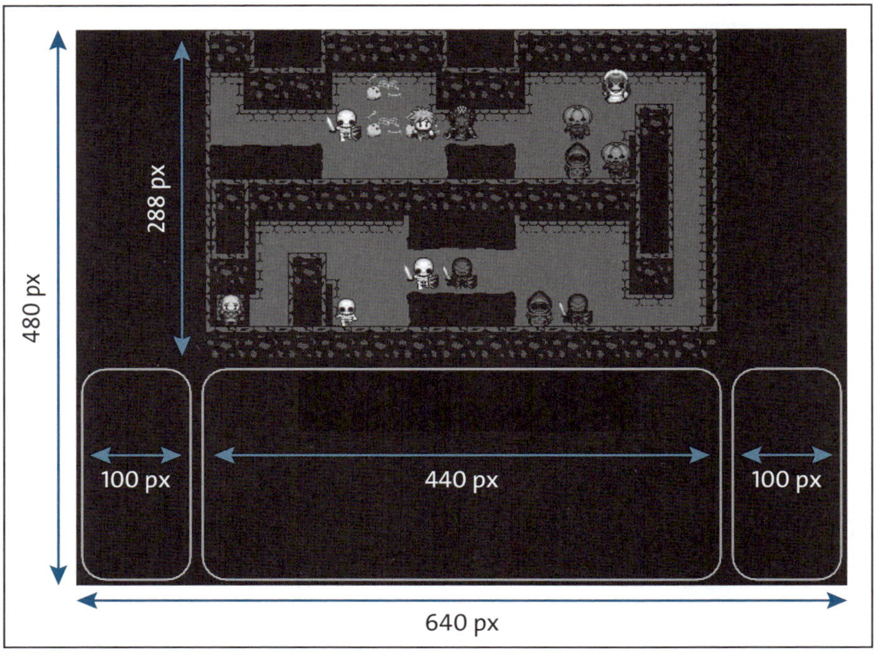

Abbildung 17.11 Die Maße für die Boxen

Mit diesem Wissen können wir jetzt die eigentliche `draw()`-Funktion für die Statusanzeige schreiben:

```
local function draw()
    drawCharacterInfo(0, 288, 100, 192, marvin)
    drawTextbox(100, 288, 440, 192)
    drawCharacterInfo(540, 288, 100, 192, enemy)
end

return {
```

```
    ...
    draw = draw
}
```

Listing 17.20 Die draw()-Funktion (statusBar.lua)

Damit unsere Statusanzeige auch wirklich ausgegeben wird, müssen wir diese `draw()`-Funktion jetzt nur noch im `love.draw()`-Callback in *main.lua* aufrufen:

```
...
function love.draw()
    gameArea.draw()
    statusBar.draw()
end
...
```

Listing 17.21 Der love.draw()-Callback ist die Funktion, in der alle anderen draw()-Funktionen aufgerufen werden. (main.lua)

Das Ergebnis kann sich sehen lassen:

Abbildung 17.12 Die Rahmen sind schon mal da. Jetzt fehlt nur noch der Text.

Einen Haken hat unsere Ausgabe bisher: Die Kästen sehen ganz schön eckig aus. Glücklicherweise kann uns Löve dabei helfen, die Ecken etwas abzurunden. Die `love.graphics.rectangle()`-Funktion erlaubt nämlich noch zusätzliche Argumente, die wir dafür nutzen können:

`love.graphics.rectangle(mode, x, y, width, height, radius)`

Mit dem zusätzlichen Argument `radius` können wir einen Radius für das Abrunden der Ecken angeben. Je kleiner der Radius, desto spitzer die Ecke.

Ich finde, dass ein Radius von 20 Pixeln ganz gut aussieht. Du kannst den Wert aber natürlich beliebig anpassen.

```
...
local function drawTextbox(x, y, width, height)
    -- Wir lassen 5 Pixel Rand zu allen Seiten, damit sich die Rechtecke nicht
    -- berühren.
    love.graphics.rectangle("line", x + 5, y + 5, width - 10, height - 10, 20)
end

local function drawCharacterInfo(x, y, width, height, char)
    love.graphics.rectangle("line", x + 5, y + 5, width - 10, height - 10, 20)

    if char then
        -- Der Charakter soll mittig gemalt werden mit 40 Pixeln Abstand zum
        -- oberen Rand.
        char:draw(x + (width - 32) / 2, y + 40)
    end
end
...
```

Listing 17.22 Abgerundete Ecken für unsere Statusanzeige (statusBar.lua)

Damit sind wir bestens vorbereitet für die Textausgabe.

Fonts und Text

Im Terminal mussten wir uns keine Gedanken machen um Schriftarten, die genaue Positionierung oder die Größe unserer Schrift.

Im grafischen Umfeld ist das anders. Du kannst Text ausgeben in allen möglichen Schriftarten, Schriftgrößen und an beliebigen Positionen auf dem Bildschirm. Dadurch wird alles etwas komplizierter, aber das gibt uns natürlich auch ganz neue Möglichkeiten!

Bevor du Text ausgibst, ist es sinnvoll, sich Gedanken darüber zu machen, in welcher Schriftart dein Text erscheinen soll. Die Information zum Aussehen der Schrift nennt man *Font*. Wenn du nicht explizit einen anderen Font setzt, benutzt Löve seinen Standard-Font *Noto Sans* in Schriftgröße 13:

Abbildung 17.13 Noto Sans ist der Standard-Font in Löve.

Für *Cave of Doom* werden wir einen Font verwenden, der besser zur pixeligen Retrografik passt. Der Font heißt *Press Start 2P* und sieht so aus:

Abbildung 17.14 Der Font für unser Game

So wie man in Löve Bilder laden muss, bevor man sie ausgeben kann, muss auch ein Font geladen werden, bevor man ihn benutzen kann. Im *assets*-Ordner des Projekts findest du die Font-Datei *PressStart2P-Regular.ttf*. Die passenden Funktionen dafür finden wir wieder im `love.graphics`-Modul:

`font = love.graphics.newFont(filename, size)`

Erzeugt ein Font-Objekt aus der angegebenen Datei. Zusätzlich kann eine Schriftgröße in Pixeln angegeben werden.

Nachdem der Font geladen ist, können wir die `love.graphics.setFont()`-Funktion verwenden, um Löve mitzuteilen, dass wir diesen Font für die Textausgabe verwenden wollen:

`love.graphics.setFont(font)`

Bekommt ein Font-Objekt und setzt den Font in Löve. Der gesetzte Font wird dann automatisch verwendet bei nachfolgenden Aufrufen von `love.graphics.print()`.

Wie auch schon bei den Grafiken sollte das Laden des Fonts innerhalb des `love.load()`-Callbacks passieren und nicht im `love.draw()`-Callback, damit die Datei nur einmal geladen wird.

Um den Font zu laden, erweitern wir das `statusBar`-Modul um eine `load()`-Funktion:

```
...
local function load()
    local font = love.graphics.newFont("assets/fonts/PressStart2P-Regular.ttf", 8)
    love.graphics.setFont(font)
end
...
return {
    ...
    load = load,
    draw = draw
}
```

Listing 17.23 Der Code zum Laden und Setzen des Fonts (statusBar.lua)

Diese Funktion rufen wir dann im `love.load()`-Callback auf:

```
...
function love.load()
    ...
    -- Lade das Spielfeld und die Statusanzeige ...
    gameArea.load()
    statusBar.load()
    ...
end
...
```

Listing 17.24 Aufruf von statusBar.load() im love.load()-Callback (main.lua)

Jetzt, da der richtige Font gesetzt ist, können wir uns um die Textausgabe kümmern. Die eigentliche Ausgabe erfolgt mit der Funktion `love.graphics.print()`, die du schon kennengelernt hast.

Anders als im Terminal müssen wir uns hier selbst um die genaue Position des Texts kümmern. Glücklicherweise bietet uns das Font-Objekt ein paar Methoden, die dafür nützlich sind.

Wenn wir mehrere Zeilen ausgeben wollen, müssen wir selbst ausrechnen, wie sich die y-Koordinate unseres Texts verändern soll. Damit wir das tun können, ist es gut zu wissen, wie hoch eine Zeile Text in der aktuellen Schriftart ist.

font:getHeight()

Die getHeight()-Methode gibt an, wie hoch eine Textzeile mit diesem Font höchstens ist.

Außerdem wollen wir den Text mittig ausgeben. Damit wir die passende x-Koordinate dafür ausrechnen können, müssen wir wissen, wie breit unsere Textzeile wird.

font:getWidth(text)

Die getWidth()-Methode gibt an, wie breit der übergebene Text mit diesem Font ist.

Jetzt gibt es noch einen Haken: Wir haben das Font-Objekt zwar in der load()-Funktion geladen und mit love.graphics.setFont() gesetzt, wir haben es aber nur in einer lokalen Variablen gespeichert. Aber natürlich weiß Löve, welcher Font aktuell gesetzt ist, und bietet uns eine Funktion, die das aktuelle Font-Objekt zurückgibt:

love.graphics.getFont()

Gibt das aktuell gesetzte Font-Objekt zurück.

Mit diesen Informationen können wir ausrechnen, wo wir den Text platzieren müssen. Manchmal muss man ein wenig knobeln und probieren, um die passende Position zu finden. Ich war mit folgendem Code zufrieden:

```
...
local function drawTextbox(x, y, width, height)
    -- Wir lassen 5 Pixel Rand zu allen Seiten, damit sich die Rechtecke nicht
    -- berühren.
    love.graphics.rectangle("line", x + 5, y + 5, width - 10, height - 10, 20)

    local font = love.graphics.getFont()
    -- Wir lassen drei zusätzliche Pixel Abstand zwischen den Zeilen.
    local textHeight = font:getHeight() + 3

    for i = 1, #messages do
        local textWidth  = font:getWidth(messages[i])
        love.graphics.print(
            messages[i],
```

```
                x + (width - textWidth) / 2,     -- Der Text soll mittig erscheinen.
                y + 10 + i * textHeight          -- 10 Pixel Abstand vom oberen Rand.
            )
        end
    end

    local function drawCharacterInfo(x, y, width, height, char)
        love.graphics.rectangle("line", x + 5, y + 5, width - 10, height - 10, 20)

        if char then
            -- Der Charakter soll mittig gemalt werden mit 40 Pixeln Abstand zum
            -- oberen Rand.
            char:draw(x + (width - 32) / 2, y + 40)

            local texts = {
                char.name,
                '',
                'Level ' .. char.level,
                'HP ' .. char.hp,
            }

            local font = love.graphics.getFont()
            local textHeight = font:getHeight() + 3

            for i = 1, #texts do
                local textWidth  = font:getWidth(texts[i])
                love.graphics.print(
                    texts[i],
                    x + (width - textWidth) / 2,
                    y + 90 + i * textHeight     -- 90 Pixel Abstand vom oberen Rand
                )
            end
        end
    end
    ...
```

Listing 17.25 Die Statusanzeige mit Textausgabe (statusBar.lua)

Damit läuft *Cave of Doom* komplett ohne Terminal! Die Teile des Codes, die sich um die Ausgabe im Terminal kümmern, können wir an dieser Stelle getrost löschen. Außerdem können wir das Spiel jetzt im Vollbildmodus ausführen!

Der Vollbildmodus

Ob das Spiel in einem Fenster oder im Vollbildmodus ausgeführt werden soll, kannst du in der `love.window.setMode()`-Funktion festlegen, die du schon im Abschnitt »Die Vorbereitung« kennengelernt hast. Dort hatte ich bereits erwähnt, dass es ein weiteres Argument gibt, mit dem man zusätzliche Optionen setzen kann:

`love.window.setMode(width, height, flags)`

Das `flags`-Argument ist eine Table, mit der du viele verschiedene Einstellungen für das Fenster festlegen kannst, in dem die Löve-Anwendung läuft. Für uns relevant sind diese Schlüssel:

- `fullscreen` – kann entweder **`true`** oder **`false`** sein.
- `fullscreentype` – kann `"exclusive"` oder `"desktop"` sein. Der `"exclusive"`-Modus ist der echte Vollbildmodus: Das heißt, hier wird unter Umständen auch die Auflösung des Monitors verändert. Im `"desktop"`-Modus läuft die Anwendung in einem großen Fenster ohne Rand, das den kompletten Bildschirm ausfüllt.

In unserem Fall wollen wir den `"exclusive"`-Modus verwenden:

```
...
function love.load()
    love.window.setMode(640, 480, { fullscreen = true, fullscreentype =
 "exclusive" })
    ...
end
...
```

Listing 17.26 Vollbild oder nicht? (main.lua)

Fertig! Ein richtiger Dungeon-Crawler in glorreicher Retro-Pixel-Optik! Aber irgendwie fehlt noch etwas ...

Zusammenfassung

In diesem Kapitel hast du gelernt, was Tiles sind und wie man ein Tileset benutzt. Du hast gelernt, wie man in Löve Grafiken lädt und ausgibt und wie man Quads einsetzen kann, um nur einen Teil einer Grafik auszugeben. Damit konnten wir das Tileset nutzen, um die Map unseres Games auszugeben.

Außerdem hast du gelernt, was Sprites und Spritesheets sind und wie man sie benutzen kann, um einfache Animationen anzuzeigen.

Zum Schluss habe wir uns noch mal mit der Textausgabe beschäftigt. Du hast gelernt, wie man Fonts lädt und setzt, wie man die relevanten Metriken wie Höhe und Breite eines Texts bestimmen kann und wie man diese Informationen nutzt, um den Text an der richtigen Stelle auszugeben. Außerdem hast du gelernt, wie man in Löve Rechtecke malt!

Kapitel 18

Es ist so still im Dungeon ...

Du lernst, wie du »Cave of Doom« mit Hintergrundmusik und Soundeffekten anreicherst, und wir verpassen dem Spiel den letzten Schliff.

Soundeffekte und Musik tragen wesentlich zur Atmosphäre eines Games bei. Egal ob dein Spiel actionreich, gruselig oder eher entspannend und meditativ sein soll: Der richtige Sound ist die halbe Miete.

Für den Sound von *Cave of Doom* bleiben wir beim Retrothema. Ich habe mich an einer Sammlung mit dem Namen *107 Free Retro Game Sounds* von Dominik Braun bedient.[1] Darin finden sich Sounds für Sprünge, Schüsse, Power-ups und auch ein paar Musikdateien, alles im typischen Nintendo-Sound. Die perfekte Sammlung für ein Retro-Game!

Die Dateien, die für *Cave of Doom* relevant sind, findest du im Projektordner unter *assets\sounds*.

Sounds laden und abspielen

Genau wie Grafiken müssen auch Soundeffekte aus Dateien geladen werden, bevor sie abgespielt werden können. Das Modul, das in Löve für den Umgang mit Sound- und Musikdateien verantwortlich ist, heißt `love.audio`. Die erste Funktion, die wir brauchen werden, heißt `love.audio.newSource`:

```
source = love.audio.newSource(filename, type)
```

Lädt eine Sounddatei und gibt diese als Source-Objekt zurück. Der `filename` ist der Name der Sounddatei (erlaubt sind *mp3*, *wav*, *ogg* und noch viele weiter Dateiformate[2]). Der `type` ist entweder ...

- `"static"`, das heißt, dass die komplette Sounddatei auf einmal geladen wird. Das Abspielen geht dann etwas flüssiger, aber dafür dauert das Laden bei großen Dateien länger. Für kurze Soundeffekte und kleinere Dateien die bessere Option.

1 *https://dominik-braun.net/retro-sounds/*

2 Eine vollständige Liste gibt es auf *https://love2d.org/wiki/Audio_Formats*.

source = love.audio.newSource(filename, type)

- "stream", das heißt, dass die Datei während des Abspielens geladen wird. Das ist für größere Musikdateien (wie z. B. Hintergrundmusik) sinnvoll, um die Ladezeit des Spiels zu verringern.

Und genau wie bei Grafiken und Fonts sollte das Laden der Sounds nur einmal zu Beginn des Spiels erfolgen und nicht innerhalb der Hauptschleife.

Als Erstes kümmern wir uns um die Soundeffekte für *Cave of Doom*. Die Hintergrundmusik werden wir später hinzufügen. Es sollen Sounds abgespielt werden, wenn ...

- ... ein Angriff passiert und Erfolg hat,
- ... ein Angriff passiert und danebengeht,
- ... Marvin ein Level aufsteigt
- ... und wenn ein Gegner stirbt.

Bei den Angriffen gibt es eine Besonderheit: Damit es etwas dynamischer klingt, soll es sowohl für erfolgreiche Treffer als auch für Angriffe, die danebengehen, je zwei Sounds geben. Jedes Mal wird zufällig einer der beiden ausgewählt.

Der Code für diese Ereignisse befindet sich in die Datei *characterFactory.lua*. Daher ist es sinnvoll, wenn wir dort auch die Sounds laden:

```
...
local attackSounds, missSounds, levelUpSound, deathSound

local function load()
    attackSounds = {
        love.audio.newSource("assets/sounds/Turn Off.mp3", "static"),
        love.audio.newSource("assets/sounds/Zapping.mp3", "static"),
    }
    missSounds = {
        love.audio.newSource("assets/sounds/Blop 1.mp3", "static"),
        love.audio.newSource("assets/sounds/Blop 2.mp3", "static"),
    }
    levelUpSound = love.audio.newSource("assets/sounds/Beam Me Up 2.mp3", "static")
    deathSound = love.audio.newSource("assets/sounds/Digital Pain 1.mp3", "static")
```

```
    ...
end
...
```

Listing 18.1 Sounds für die Kämpfe! (characterFactory.lua)

Das Source-Objekt, das von `love.audio.newSource()` zurückgegeben wird, stellt Methoden zur Verfügung, um den geladenen Sound abzuspielen, anzuhalten oder die Lautstärke zu verändern. Für uns relevant ist vor allem die `play()`-Methode, mit der wir den Sound abspielen können:

success = source:play()

Spielt das Source-Objekt ab. Gibt **true** zurück, wenn das Abspielen erfolgreich war, und **false**, wenn nicht.

Nachdem wir die Sounds in der `load()`-Funktion geladen haben, müssen wir sie jetzt nur noch an der richtigen Stelle abspielen. Beim erfolgreichen bzw. verfehlten Angriff spielen wir zufällig einen der beiden Sounds aus dem Array ab:

```
...
local function createCharacter(name, level, totalHp, symbol, x, y, spriteSheet)
    return {
        ...
        attack = function(self, enemy)
            statusBar.addMessage(self.name .. " greift " .. enemy.name .. " an!")

            -- Zufallszahl zwischen 1 und 4 ...
            if (math.random(1, 4) == 1) then
                -- ... bei 1 verfehlt der Angriff
                statusBar.addMessage("Aber der Angriff geht daneben!")
                missSounds[math.random(#missSounds)]:play()
                statusBar.addMessage("")
            else
                -- ... ansonsten entsteht Schaden.
                local damage = math.random(self.level * 5, self.level * 10)
                statusBar.addMessage("Er macht " .. damage .. " Schaden!")
                attackSounds[math.random(#attackSounds)]:play()
                enemy.hp = enemy.hp - damage
```

```
                if enemy.hp <= 0 then
                    -- Wir stellen sicher, dass die HP nicht unter null sind.
                    enemy.hp = 0
                    statusBar.addMessage(enemy.name .. " ist tot.")
                    deathSound:play()
                end

                statusBar.addMessage("")
            end
        end,
    }
end
...
local function createMarvin (x, y)
    ...
    -- Wenn er einen Gegner besiegt, steigen seine XP und HP.
    marvin.increaseStats = function(self, defeatedEnemy)
        ...
        -- Marvin braucht das 50-Fache seines Levels an XP für das nächste Level.
        -- (Zum Beispiel 150 XP, um von Level 3 auf Level 4 zu kommen.)
        while self.xp >= self.level * 50 do
            self.level = self.level + 1
            self.xp = self.xp - self.level * 50
            statusBar.addMessage("Marvin ist ein Level aufgestiegen!")
            levelUpSound:play()
        end
        ...
    end
    ...
end
```

Listing 18.2 Bam, Blup, Aaargh ... (characterFactory.lua)

Schon ist deutlich mehr los in *Cave of Doom*!

Nacheinander oder übereinander?

Was passiert eigentlich, wenn mehrere Sounds gleichzeitig mit der play()-Methode abgespielt werden? Wartet Löve dann? Wird einer der Sounds abgebrochen? Oder werden alle Sounds gleichzeitig abgespielt?

Letzteres ist der Fall. Das heißt, Löve hat zum Glück kein Problem damit, mehrere Sounds gleichzeitig abzuspielen. In der Regel ist das auch das gewünschte Verhalten. Für *Cave of Doom* ist es aber nicht optimal, weil *Cave of Doom* rundenbasiert ist. Es kann sein, dass in derselben Runde ein Angriff passiert, ein Gegner stirbt und Marvin ein Level aufsteigt. Die Sounds für diese Ereignisse werden dann alle gleichzeitig gespielt!

Im Abschnitt »Auch Sounds können Schlange stehen« wirst du einen cleveren Mechanismus kennenlernen, mit dem du dafür sorgen kannst, dass diese Ereignisse ordentlich »Schlange stehen« und *nacheinander* statt *gleichzeitig* ausgeführt werden.

Spiel denselben Song noch mal!

Als Nächstes kümmern wir uns um die Hintergrundmusik. Das Prinzip ist genau dasselbe wie bei den Soundeffekten, allerdings gibt es zwei Besonderheiten:

1. Musikdateien sind meist größer, weswegen wir beim Laden den `"stream"`-Typ verwenden.
2. Die Musik soll nicht aufhören. Wenn der Sound durchgespielt ist, soll er wieder von vorn anfangen. Man nennt das *Looping*.

Glücklicherweise hat Löve die passende Methode für uns:

`source:setLooping(loop)`

Das Argument `loop` kann **`true`** oder **`false`** sein. Wenn es **`true`** ist, wird der Sound ständig wiederholt. Er muss mit `source:play()` nur einmal abgespielt werden.

Mit diesem Wissen ausgestattet, können wir uns an das Laden und Vorbereiten der Musik machen. Es soll Hintergrundmusik geben. Außerdem soll ein kurzer Musiktrack abgespielt werden, wenn das Spiel gewonnen oder verloren wurde. Geloopt wird aber nur die Hintergrundmusik. Den Code dafür schreiben wir direkt in die *main.lua*:

```
...
local music, gameLostSound, gameWonSound

function love.load()
    ...
    music = love.audio.newSource("assets/sounds/Let Me See Ya Bounce.mp3", "stream")
    music:setLooping(true)
    music:play()
```

```
    gameLostSound = love.audio.newSource("assets/sounds/Game Over Music 3.mp3", "static")
    gameWonSound = love.audio.newSource("assets/sounds/Jackpot Melody 3.mp3", "static")

    -- Anfangszustand setzen.
    state = "GAME_RUNNING"
end
...
```

Listing 18.3 Die Hintergrundmusik wird vorbereitet für die Dauerschleife. (main.lua)

Jetzt fehlen nur noch die Sounds, die du hören willst, wenn das Spiel gewonnen oder verloren wurde. Weil die Hintergrundmusik immer weiterläuft, müssen wir sie erst anhalten, bevor wir die andere Musik abspielen. Dafür gibt es die `stop()`-Methode:

`source:stop()`
Stoppt das Abspielen des Sounds.

Jetzt müssen wir den Code lediglich an der passenden Stelle einfügen:

```
...
function love.keypressed(key)
    ...
    if state == "GAME_RUNNING" then
        ...
        -- Wenn das Spiel vorbei ist, Nachricht ausgeben und state ändern.
        if gameArea.isGameLost() then
            music:stop()
            statusBar.gameLostMessage()
            gameLostSound:play()
            state = "GAME_OVER"
        elseif gameArea.isGameWon() then
            music:stop()
            statusBar.gameWonMessage()
            gameWonSound:play()
            state = "GAME_OVER"
        end
    elseif state == "GAME_OVER" then
        -- Tue nichts!
    end
end
```

Listing 18.4 Auch Sieg und Niederlage haben musikalische Untermalung verdient! (main.lua)

Jetzt weißt du, wie du dein Spiel mit Sound und Musik versehen kannst! Ich finde es erstaunlich, wie viel ein paar gute Sounds ausmachen können!

An dieser Stelle ist *Cave of Doom* ein vollwertiges Spiel mit vernünftigem Input, einer schicken Retrografik und coolen 8-Bit-Soundeffekten. Sicherlich fallen dir noch Verbesserungen ein, aber grundsätzlich könnten wir es dabei belassen ...

Eine Sache ist aber noch etwas störend: Angriffe, Gegenangriffe und das Aufleveln passieren gleichzeitig. Dadurch müssen wir ziemlich viel lesen, wenn wir das Kampfgeschehen gut verfolgen wollen. Außerdem werden alle Sounds gleichzeitig abgespielt, was auch nicht optimal ist.

Bei Pokémon und anderen RPGs vergehen ein paar Sekunden zwischen den Angriffen. Das erhöht die Spannung. Vielleicht sollten wir uns davon inspirieren lassen.

Auch Sounds können Schlange stehen

Um *Cave of Doom* den letzten Schliff zu verpassen, werden wir die Statusanzeige mit einem neuen Feature versehen.

Bisher konnten wir mit `statusBar.addMessage()` eine neue Textzeile hinzufügen, und die ist dann beim nächsten Zeichnen der Statusanzeige erschienen.

Jetzt wollen wir das `statusBar`-Modul um eine neue Funktion ergänzen: `statusBar.addSoundMessage()` bekommt eine Textnachricht und einen Sound. Wenn der Text angezeigt wird, wird auch der Sound abgespielt.

18

Und nun kommt der Clou: Der nächste Text muss warten, bis der Sound fertig abgespielt ist. Wenn wir in unserem Code also diese beiden Nachrichten der Statusanzeige hinzufügen ...

```
statusBar.addSoundMessage("Der Gegner ist tot.", deathSound)

statusBar.addSoundMessage("Marvin ist ein Level aufgestiegen!", levelUpSound)
```

Listing 18.5 So könnte ein Aufruf der neuen Funktion aussehen.

... dann soll der Sound in `deathSound` abgespielt werden, und *erst danach* erscheint die nächste Nachricht zusammen mit dem Sound `levelUpSound`.

Dazu brauchen wir eine Möglichkeit, die Sounds »Schlange stehen« zu lassen. Die Datenstruktur, die wir dafür brauchen, nennt sich *Queue* (auf Englisch »Kju« ausgesprochen). Eine Queue ist so etwas wie eine Warteschlange für unsere Daten.

Wie aus einem Array eine Queue wird

Bevor wir uns mit der Sound-Queue für *Cave of Doom* beschäftigen, wollen wir uns kurz allgemein damit beschäftigen, wie man eine Queue in Lua programmieren kann.

In Lua können wir Arrays benutzen, um eine Queue zu programmieren. Damit aus einem Array eine Queue wird, brauchen wir zwei Funktionen:

- Eine `enqueue()`-Funktion, mit der wir ein Element »hinten anstellen« können.
- Eine `dequeue()`-Funktion, mit der wir das vorderste Element bekommen und aus der Schlage entfernen können.

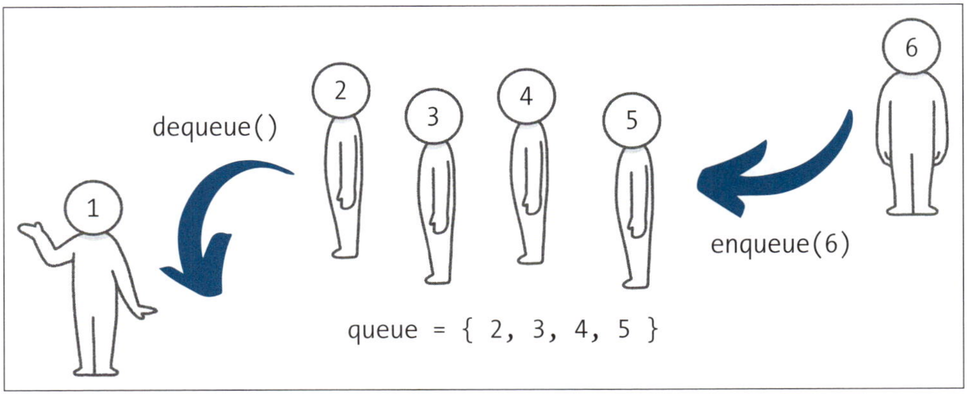

Abbildung 18.1 Eine Queue ist eine Warteschlange für Daten.

Am Anfang sieht unsere Queue vielleicht so aus:

```
local queue = { 1, 2, 3, 4, 5 }
```

Listing 18.6 Eine Queue

Die `1` steht ganz vorne, und hinten steht die `5`. Damit aus diesem Array eine Queue wird, brauchen wir eine Funktion, um neue Elemente hinten »anzustellen«. Wir wissen schon, wie das bei einem Array geht, nämlich mit `table.insert()`.

Damit können wir ganz einfach eine Funktion `enqueue()` schreiben, die ein Element an unsere Queue anhängt.

```
local function enqueue(el)
    table.insert(queue, el)
end
```

Wir können die neue Funktion gleich ausprobieren:

```
enqueue(6)      -- queue ist jetzt { 1, 2, 3, 4, 5, 6 }
```

Als Nächstes brauchen wir eine Funktion, mit der wir das erste Element aus der Queue herausnehmen können.

Das ist etwas kniffliger, aber vielleicht erinnerst du dich an die `table.remove()`-Funktion aus dem Abschnitt »Arrays wachsen und schrumpfen lassen«. Damit können wir das erste Element entfernen und zurückgeben. Die `dequeue()`-Funktion sieht dann so aus:

```
local function dequeue()
    return table.remove(queue, 1)
end
```

Damit können wir jetzt Elemente vom Anfang der Schlange entfernen:

```
print(dequeue())    --> 1
print(dequeue())    --> 2
-- queue ist jetzt { 3, 4, 5, 6 }
```

Fertig ist unsere Queue. Natürlich können wir eine Queue nicht nur für Zahlen verwenden.

Es gibt ganz viele Einsatzmöglichkeiten für Queues in der Spieleentwicklung. Ein Queue kann ...

- ... Gegner enthalten, die der Spieler nacheinander bekämpfen muss.
- ... die nächsten Spielzüge enthalten.
- ... eine Liste von Planeten enthalten, die der Spieler nacheinander bereist.
- ...

Für *Cave of Doom* wollen wir einen Queue programmieren, die Soundnachrichten enthält. Was das sein soll, erfährst du jetzt.

Eine Queue für Soundnachrichten

Für *Cave of Doom* soll es die Möglichkeit geben, manche Nachrichten mit einem Sound zu versehen. Wenn die Nachricht erscheint, soll gleichzeitig ein Sound ertönen. Die nächste Nachricht soll erst dann erscheinen, wenn der Sound vollständig abgespielt ist.

Unsere Soundnachrichten speichern wir als einfache Table:

```
local soundMessage = {
    message = "Marvin ist ein Level aufgestiegen",
    sound = levelUpSound
}
```

Listing 18.7 So sollen die Soundnachrichten gespeichert werden.

Den Code für die Queue fügen wir der *statusBar.lua* hinzu:

```
local messages = {}
local soundMessageQueue = {}

local function load()
    local font = love.graphics.newFont("assets/PressStart2P-Regular.ttf", 8)
    love.graphics.setFont(font)
end

local function enqueue(soundMessage)
    table.insert(soundMessageQueue, soundMessage)
end

local function dequeue()
    return table.remove(soundMessageQueue, 1)
end

local function clear()
    messages = {}
    soundMessageQueue = {}
end
...
```

Listing 18.8 Zusätzlicher Code für die Queue (statusBar.lua)

`enqueue()` und `dequeue()` sollen außerhalb des `statusBar`-Moduls nicht sichtbar sein. Wenn wir eine Soundnachricht hinzufügen, benutzen wir stattdessen `addSoundMessage()`. Wenn wir eine Nachricht ohne Sound zur Queue hinzufügen wollen, setzen wir den Sound einfach auf **`nil`**. Damit wir nicht unseren ganzen Code ändern müssen, definieren wir einfach die `addMessage()`-Funktion neu.

Außerdem soll es noch eine Funktion geben, mit der man prüfen kann, ob die Queue leer ist:

```
...
local function clear()
    messages = {}
    soundMessageQueue = {}
end

local function addSoundMessage(str, sound)
    local soundMessage = {
        message = str,
        sound = sound
    }
    enqueue(soundMessage)
end

local function addMessage(str)
    addSoundMessage(str, nil)
end

local function isMessageQueueEmpty()
    return #soundMessageQueue == 0
end

...
```


Listing 18.9 Jetzt können wir Soundnachrichten hinzufügen und prüfen, ob noch welche in der Queue sind. (statusBar.lua)

Damit die neue Funktionalität greift, müssen wir uns noch darum kümmern, zu prüfen, ob aktuell ein Sound gespielt wird. Wenn nicht, holen wir uns die nächste Soundnachricht aus der Queue und spielen sie ab.

Um zu prüfen, ob ein Sound aktuell gespielt wird, gibt es die `isPlaying()`-Methode:

`isPlaying = source:isPlaying()`
Gibt `true` zurück, wenn der Sound aktuell gespielt wird, ansonsten `false`.

Diese Prüfung müssen wir immer wieder machen, weil wir sonst nicht wissen können, wann ein Sound fertig abgespielt ist. Ein guter Ort ist daher der `love.update()`-Callback.

Wir erweitern also das `statusBar`-Modul um eine `update()`-Funktion, die sich so verhalten soll:

- Wenn der aktuelle Sound noch abgespielt wird, soll nichts passieren.
- Wenn aktuell kein Sound gespielt wird, die Queue aber leer ist, soll nichts passieren.
- Wenn der aktuelle Sound nicht mehr gespielt wird oder es keinen aktuellen Sound gibt, soll geprüft werden, ob noch Nachrichten in der Queue sind. Wenn das der Fall ist, soll die nächste Soundnachricht aus der Queue geholt werden. Den Text fügen wir dann dem `messages`-Array hinzu, und den Sound (wenn es einen gibt) spielen wir ab.

In Lua-Code sieht das dann so aus:

```
...
local function isSoundMessageQueueEmpty()
    return #soundMessageQueue == 0
end

-- Der Sound, der aktuell abgespielt wird.
local currentSound = nil

local function update()
    -- Prüfen, ob der aktuelle Sound noch abgespielt wird.
    if currentSound ~= nil then
        if not currentSound:isPlaying() then
            currentSound = nil
        end
    end

    -- Wenn gerade kein Sound abgespielt wird, die Queue aber noch nicht leer
    -- ist, dann wird die nächste Soundnachricht abgespielt.
    if currentSound == nil and not isSoundMessageQueueEmpty() then
        local soundMessage = dequeue()

        table.insert(messages, soundMessage.message)

        -- Wenn ein Sound zu der Nachricht gehört, soll er abgespielt werden.
        if soundMessage.sound ~= nil then
            currentSound = soundMessage.sound
```

```
            currentSound:play()
        end
    end
end
...
```

Listing 18.10 Die statusBar bekommt eine update()-Funktion. (statusBar.lua)

Wir dürfen nicht vergessen, die neuen Funktionen des Moduls am Ende zurückzugeben.

```
...
return {
    ...
    addSoundMessage = addSoundMessage,
    isSoundMessageQueueEmpty = isSoundMessageQueueEmpty,
    update = update
}
```

Listing 18.11 Die neuen Funktionen des Moduls (statusBar.lua)

Außerdem müssen wir die neue `update()`-Funktion noch in der *main.lua* aufrufen:

```
...
function love.update(dt)
    gameArea.updateAnimation(dt)
    statusBar.update()
end
...
```

Listing 18.12 Mit jedem Update soll auch statusBar.update() aufgerufen werden. (main.lua)

Jetzt ist alles vorbereitet, und wir können das neue Feature im restlichen Code einfach nutzen. Es gibt drei Stellen, an denen wir ab jetzt eine Soundnachricht verwenden wollen:

1. bei Angriffen (erfolgreichen und fehlgeschlagenen)
2. wenn ein Charakter stirbt
3. wenn Marvin ein Level aufsteigt

Den Code dafür findest du in *characterFactory.lua*:

```
local function createCharacter(name, level, totalHp, symbol, x, y, spriteSheet)
    return {
        ...

        attack = function(self, enemy)
            statusBar.addMessage(self.name .. " greift " .. enemy.name .. " an!")

            -- Zufallszahl zwischen 1 und 4 ...
            if (math.random(1, 4) == 1) then
            -- ... bei 1 verfehlt der Angriff
                statusBar.addSoundMessage(
                    "Aber der Angriff geht daneben!",
                    missSounds[math.random(#missSounds)]
                )
                statusBar.addMessage("")
            else
                -- ... ansonsten entsteht Schaden.
                local damage = math.random(self.level * 5, self.level * 10)
                statusBar.addSoundMessage(
                    "Er macht " .. damage .. " Schaden!",
                    attackSounds[math.random(#attackSounds)]
                )

                enemy.hp = enemy.hp - damage

                if enemy.hp <= 0 then
                    -- Wir stellen sicher, dass die HP nicht unter null sind.
                    enemy.hp = 0
                    statusBar.addSoundMessage(
                        enemy.name .. " ist tot.",
                        deathSound
                    )
                end

                statusBar.addMessage("")
            end
        end,
    }
end

...
```

```
local function createMarvin (x, y)
    ...
    -- Wenn er einen Gegner besiegt, steigen seine XP und HP.
    marvin.increaseStats = function(self, defeatedEnemy)
        ...
        -- Marvin braucht das 50-
Fache seines Levels an XP für das nächste Level.
        -- (Zum Beispiel 150 XP, um von Level 3 auf Level 4 zu kommen.)
        while self.xp >= self.level * 50 do
            self.level = self.level + 1
            self.xp = self.xp - self.level * 50
            statusBar.addSoundMessage(
                "Marvin ist ein Level aufgestiegen!",
                levelUpSound
            )
        end
        ...
    end
    ...
end
```

Listing 18.13 So verwenden wir das neue Feature in unserem Code.

Fertig! Aber es gibt noch ein Problem: Bei jeder Bewegung rufen wir statusBar.clear() auf. Das heißt, es kann passieren, dass einige Nachrichten und Sounds nicht abgespielt werden, wenn der Spieler sich zu schnell bewegt. Deswegen soll der Spieler sich nicht bewegen können, solange noch Nachrichten in der Queue sind. Nach unserer Vorarbeit ist das zum Glück nicht mehr schwierig umzusetzen:

```
...
function love.keypressed(key)
    ...
    if state == "GAME_RUNNING" then
        if not statusBar.isSoundMessageQueueEmpty() then
            -- Wenn noch Nachrichten in der Queue sind, soll nichts passieren.
            return
        end

        -- Alte Nachrichten löschen.
        statusBar.clear()
```

```
        ...
    end
end
```

Listing 18.14 Das Spiel geht erst weiter, wenn alle Nachrichten bearbeitet wurden. (main.lua)

Viel besser! Wenn man das Spiel jetzt spielt, muss man auf den Text kaum noch achten. Die Soundeffekte »erzählen« dem Spieler, was passiert.

Damit ist die Entwicklung von *Cave of Doom* abgeschlossen. Den kompletten Code findest du in Anhang B, »Der komplette Code für Cave of Doom«. Du kannst ihn aber auch auf *www.rheinwerk-verlag.de/5979* herunterladen.

Zusammenfassung

In diesem Kapitel hast du gelernt, wie man Sounds lädt und abspielt. Außerdem hast du erfahren, wie man dafür sorgen kann, dass ein Sound immer wiederholt (also geloopt) wird.

Zum Schluss haben wir eine Technik gelernt, mit der man Sounds (und andere Daten) »Schlange stehen« lassen kann. Die Queue ist eine Datenstruktur, die in der Informatik immer wieder auftaucht und die wir uns hier zunutze gemacht haben, um das Spiel spannender und übersichtlicher zu machen. Mit der Queue für Soundnachrichten haben wir dafür gesorgt, dass neue Nachrichten erst erscheinen, wenn der Sound, der zur vorherigen Nachricht gehört, vollständig abgespielt wurde.

Kapitel 19

Zum Abschluss

Wenn du bis hierhin gelesen hast, weißt du jetzt, wie man ein komplettes kleines Roguelike in Retro-Pixel-Optik programmiert.

Sicherlich hast du auch gemerkt, dass es ziemlich aufwendig ist, Games zu programmieren. Nicht umsonst arbeiten an den großen Blockbuster-Games riesige Teams zusammen! Trotzdem ist es auch für einzelne Hobbyprogrammierer oder kleine Teams möglich, geniale Games zu schaffen, und das Löve-Framework ist eine gute Wahl dafür, wie zahlreiche Steam-Games beweisen.

Leider können wir in diesem Buch nicht alle Details von Löve besprechen. Es gibt noch viel mehr zu entdecken! Glücklicherweise hat Löve eine großartige Dokumentation, in der alle Funktionen des Frameworks erklärt werden. Außerdem betreibt die Löve-Community ein Forum, in dem Einsteiger und Fortgeschrittene Fragen stellen und Antworten geben können.

Was du mit deinen neu erworbenen Lua-Skills jetzt machst, bleibt dir überlassen: Vielleicht hast du eine geniale Idee für ein 2D-Game. Oder du möchtest Lua benutzen, um in Minecraft zu programmieren. Vielleicht bist du aber auch ein Roblox-Fan und interessierst dich dafür, eigene Roblox-Erlebnisse zu erstellen.

Für alle diese Fälle findest du ein paar Hinweise im nächsten Kapitel.

Anhang A

Wie geht es von hier weiter?

Lua ist eine vielseitige Sprache, die zu einer festen Instanz in der Spieleentwicklung geworden ist. In diesem Kapitel erfährst du, was du noch alles mit Lua machen kannst und wo du Ressourcen dazu findest.

Lua ist eine Sprache, die dir im Gaming-Bereich immer wieder begegnen wird. Ein Grund dafür sind die hervorragenden Frameworks, die es für Lua gibt und die es möglich machen, professionelle 2D-Games in Lua zu programmieren. Eines davon hast du mit Löve in diesem Buch kennengelernt.

Ein weiterer Bereich, in dem Lua dir begegnen könnte, ist die Modding-Szene. Viele Games benutzen Lua als Scripting-Sprache. Das heißt, dass du die Spielwelt mit Lua-Code umprogrammieren, also *modden* kannst.

Auch *Minecraft* bietet eine Mod, mit der du Computer craften kannst, die sich dann in Lua programmieren lassen.

Und schließlich gibt es *Roblox*, das bei der Entwicklung von neuen Erlebnissen komplett auf Lua setzt. Dafür bietet Roblox sogar eine eigene Entwicklungsumgebung, die du kostenfrei herunterladen kannst.

In den nächsten Abschnitten gebe ich dir ein paar Hinweise auf gute Ressourcen zur Lua-Programmierung in diesen Bereichen.

2D-Games

In diesem Buch hast du gesehen, wie du Löve benutzen kannst, um ein rundenbasiertes Roguelike zu programmieren. Es gibt aber natürlich noch viele, viele andere Genres im 2D-Gaming: Tower Defense, Jump'n'Runs, Strategiespiele, Adventure Games ...

Auf *https://berbasoft.com/simplegametutorials/love/* findest du eine Sammlung von Tutorials für Löve, in denen einige Klassiker der Videospielgeschichte, wie *Tetris*, *Flappy Bird* und *Asteroids*, nachprogrammiert werden. Vielleicht findest du hier Impulse für deine Spielidee!

Die Tutorials zielen darauf ab, möglichst einfach zu sein, lass sich also nicht von der etwas rustikalen Grafik der Spiele abschrecken.

CC:Tweaked

Auch in der Welt von Minecraft kann man in Lua programmieren. Dafür ist 2011 eine Mod unter dem Namen *ComputerCraft* erschienen. Weil der Entwickler aber 2017 aufgehört hat, die Mod zu pflegen, wird sie seit 2017 unter dem Namen *CC:Tweaked* von anderen Entwicklerinnen und Entwicklern weitergeführt. Mit dieser Mod wird die Minecraft-Welt um Computer erweitert.

Abbildung A.1 Computer in Minecraft?!

Diese Computer kannst du dann mittels eines Terminals in Lua programmieren.

Du kannst aber nicht nur Programme schreiben, die das Terminal beeinflussen, sondern auch kleine Roboter, die sogenannten *Turtles*, programmieren und ihnen beibringen, kleine Aufgaben zu verrichten, wie etwa eine Treppe zu bauen. Wie das geht, wird zum Beispiel auf YouTube in den Tutorials von *direwolf20* erklärt. Die erste Episode des Tutorials findest du unter *www.youtube.com/watch?v=wrUHUhfCY5A*.

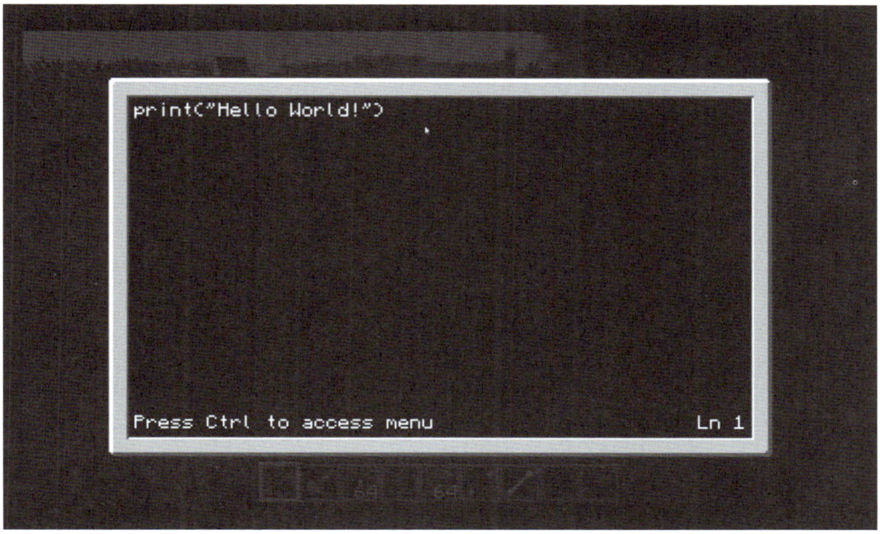

Abbildung A.2 Das Terminal in CC:Tweaked

Um *CC:Tweaked* zu installieren, brauchst du entweder die *CurseForge*-App (*www.curseforge.com*) oder die *Modrinth*-App (*https://modrinth.com*). Wenn du eine dieser beiden Apps installiert hast, musst du dort nach *CC:Tweaked* suchen und die Mod dann installieren.

Roblox

Wenn du Erlebnisse bzw. Experiences in Roblox selbst erschaffen möchtest, dann kommst du um Lua nicht herum.

Wenn du für Roblox entwickeln möchtest, musst du dir *Roblox Studio* herunterladen. *Roblox Studio* ist eine Entwicklungsumgebung (engl. *IDE*), die speziell zum Entwickeln von Roblox-Content erzeugt wurde. Auf *https://create.roblox.com/docs/studio/setting-up-roblox-studio* findest du Installationsanweisungen für Roblox Studio.

Du kannst entweder bei null anfangen, oder du lädst eines der vorhandenen Beispielprojekte (engl. *Templates*).

Außerdem kannst du in *Roblox Studio* auch den Lua-Code bearbeiten, in dem die Regeln festgehalten sind, nach denen deine Roblox-Welt funktionieren soll.

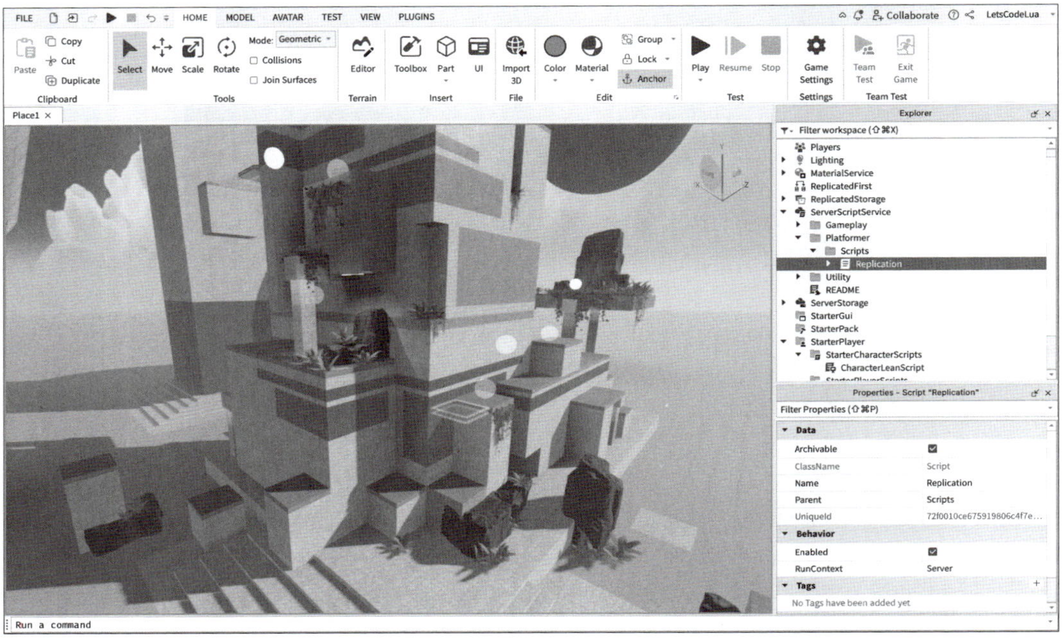

Abbildung A.3 Ein Platformer in Roblox Studio

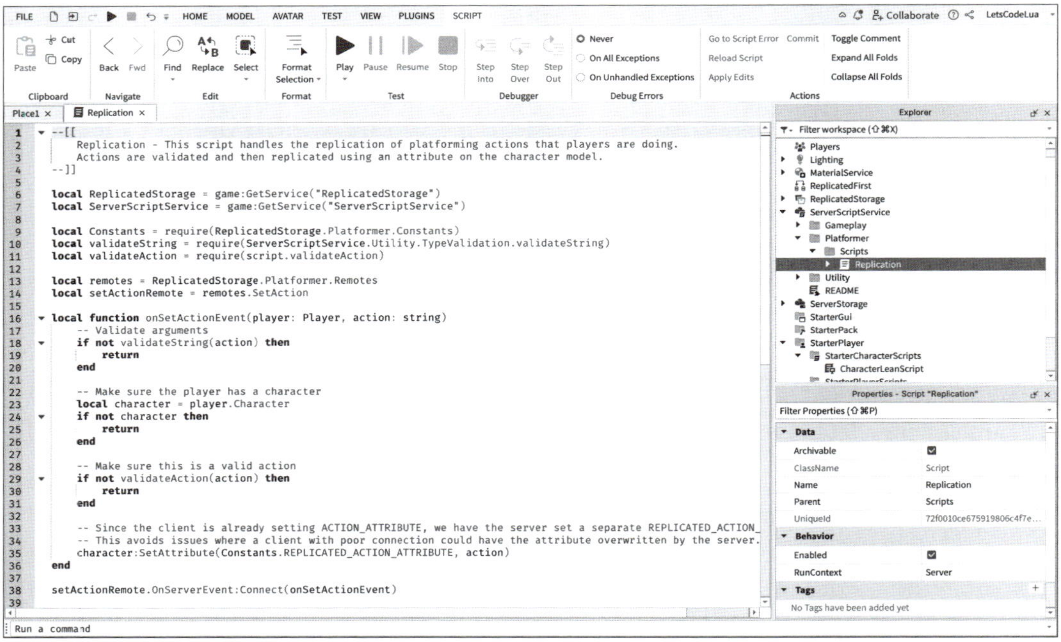

Abbildung A.4 In Roblox Studio kannst du auch den Code für dein Erlebnis bearbeiten.

Denk daran, dass Roblox einen Dialekt von Lua verwendet, der *Luau* heißt. Aber keine Sorge: Alles, was du in diesem Buch über Lua gelernt hast, gilt auch für Luau. Allerdings hat Luau ein paar zusätzliche Features. Zum Beispiel darfst du in Luau angeben, welchen Typ (String, Zahl, Charakter-Objekt ...) die Argumente einer Funktion haben dürfen. Auf diese Weise kann der Luau-Interpreter dich warnen, wenn du versehentlich versuchst, eine Zahl an eine Funktion zu übergeben, die eigentlich einen String erwartet! Mehr Informationen über Luau findest du unter *https://luau-lang.org/*.

Dadurch, dass in Roblox komplexe 3D-Welten erschaffen werden können, ist die Verwendung von Roblox Studio nicht ganz einfach. Allerdings gibt es zahlreiche Tutorials, die dir beim Start helfen können. Auf *https://create.roblox.com/docs/tutorials* solltest du fündig werden. Auch Roblox Studio selbst bietet eine Tour an, in der du durch die Grundfunktionen des Programms geleitet wirst.

Anhang B

Der komplette Code für Cave of Doom

Hier findest du noch mal den kompletten Code für die Löve-Version von »Cave of Doom« zum Nachschlagen. Du kannst den Code und die benötigten Assets auch auf www.rheinwerk-verlag.de/5979 herunterladen.

Im dritten Teil dieses Buches wird der Code von *Cave of Doom* Stück für Stück besprochen. Da kann man schnell den Überblick verlieren. Aus diesem Grund findest du hier nochmal den kompletten Code der verschiedenen Module des Spiels abgedruckt.

In der *characterFactory.lua* findest du außerdem Code, der dafür sorgt, dass die Charaktere in die Richtung schauen, in die sie sich zuletzt bewegt haben. Dieser Code wird im Buch nicht explizit besprochen, mit deinem Wissen solltest du aber keine Probleme haben die entsprechenden Passagen zu verstehen.

util.lua

```
-- Gibt einen Prompt aus und fragt den Nutzer nach einer Eingabe.
local function prompt(str)
    io.write(str)
    return io.read()
end

-- Leert das Terminal, indem es einige Leerzeilen ausgibt.
local function clearTerminal()
    for i = 1, 30 do
        io.write("\n")
    end
end

-- Gibt einen zufälligen Buchstaben aus dem übergebenen String zurück.
local function randomLetter(s)
    local i = math.random(1, #s)
    return string.sub(s, i, i)
end
```

```
-- Erzeugt einen zufälligen Namen.
local function randomName()
    local vocals = "aeiou"
    local consonants = "bcdfghjklmnpqrstvwxyz"

    return string.upper(randomLetter(consonants))
            .. randomLetter(vocals)
            .. randomLetter(consonants)
            .. randomLetter(vocals)
            .. randomLetter(consonants)
end

return {
    prompt = prompt,
    clearTerminal = clearTerminal,
    randomName = randomName
}
```

characterFactory.lua

```
local util = require("util")
local statusBar = require("statusBar")

local spriteSheetMarvin, spriteSheetsEnemies
local spriteQuads = {}

local tileset, corpseQuad

local attackSounds, missSounds, levelUpSound, deathSound

local function load()
    attackSounds = {
        love.audio.newSource("assets/sounds/Turn Off.mp3", "static"),
        love.audio.newSource("assets/sounds/Zapping.mp3", "static"),
    }
    missSounds = {
        love.audio.newSource("assets/sounds/Blop 1.mp3", "static"),
        love.audio.newSource("assets/sounds/Blop 2.mp3", "static"),
    }
```

```
    levelUpSound = love.audio.newSource("assets/sounds/Beam Me Up 2.mp3", "static")
    deathSound = love.audio.newSource("assets/sounds/Digital Pain 1.mp3", "static")

    -- Wir laden das Spritesheet für Marvin.
    spriteSheetMarvin =  love.graphics.newImage("assets/graphics/Male 16-2.png")
    -- Für die Dämonen gibt es sieben verschiedene Spritesheets, die
    -- wir in einem Array speichern.
    spriteSheetsEnemies = {
        love.graphics.newImage("assets/graphics/Enemy 01-1.png"),
        love.graphics.newImage("assets/graphics/Enemy 02-1.png"),
        love.graphics.newImage("assets/graphics/Enemy 03-1.png"),
        love.graphics.newImage("assets/graphics/Enemy 04-1.png"),
        love.graphics.newImage("assets/graphics/Enemy 05-1.png"),
        love.graphics.newImage("assets/graphics/Enemy 06-1.png"),
        love.graphics.newImage("assets/graphics/Enemy 07-1.png")
    }

    -- Die Quads speichern wir diesmal in einem zweidimensionalen Array.
    -- spriteQuad[2][1] soll das Sprite in der 2. Zeile und 1. Spalte enthalten.
    for i = 1, 4 do
        spriteQuads[i] = {}
        for j = 1, 3 do
            local quad = love.graphics.newQuad(
                (j - 1) * 32,
                (i - 1) * 32,
                32,
                32,
                spriteSheetMarvin
            )
            spriteQuads[i][j] = quad
        end
    end

    -- Im Tileset gab es ein Tile, auf dem Knochen waren.
    -- Das benutzen wir später, um tote Charaktere auszugeben.
    tileset = love.graphics.newImage("assets/graphics/tileset_dungeon.png")
    corpseQuad = love.graphics.newQuad(7 * 32, 2 * 32, 32, 32, tileset)
end
```

```
local function createCharacter(name, level, totalHp, symbol, x, y, spriteSheet)
    return {
        name = name,
        level = level,
        totalHp = totalHp,
        hp = totalHp,

        symbol = symbol,    -- Der Buchstabe, der auf dem Spielfeld erscheint.
        x = x,
        y = y,

        spriteSheet = spriteSheet,
        spriteIndex = 1,
        faceDirection = 1,  -- Steuert, in welche Richtung der Charakter schaut.
        t = 0,      -- Eine Hilfsvariable, um die verstrichene Zeit zu speichern.

        update = function(self, dt)
            self.t = self.t + dt

            -- Wenn 0,5 Sekunden vergangen sind, wechseln wir das Sprite ...
            if self.t > 0.5 then
                if self.spriteIndex == 1 then
                    self.spriteIndex = 3
                else
                    self.spriteIndex = 1
                end
                -- ... und setzen t um 0,5 Sekunden zurück.
                self.t = self.t - 0.5
            end
        end,

        draw = function(self, x, y)
            if self:isDead() then
                love.graphics.draw(tileset, corpseQuad, x, y)
            else
                local quad = spriteQuads[self.faceDirection][self.spriteIndex]
                love.graphics.draw(self.spriteSheet, quad, x, y)
            end
        end,
```

```
isDead = function(self)
    return self.hp <= 0
end,

description = function (self)
    return self.name .. " (lvl " .. self.level .. ", "
        .. self.hp .. "/" .. self.totalHp .. " HP)"
end,

attack = function(self, enemy)
    statusBar.addMessage(self.name .. " greift " .. enemy.name .. " an!")

    -- Zufallszahl zwischen 1 und 4 ...
    if (math.random(1, 4) == 1) then
    -- ... bei 1 verfehlt der Angriff
        statusBar.addSoundMessage(
            "Aber der Angriff geht daneben!",
            missSounds[math.random(#missSounds)]
        )
        statusBar.addMessage("")
    else
        -- ... ansonsten entsteht Schaden.
        local damage = math.random(self.level * 5, self.level * 10)
        statusBar.addSoundMessage(
            "Er macht " .. damage .. " Schaden!",
            attackSounds[math.random(#attackSounds)]
        )

        enemy.hp = enemy.hp - damage

        if enemy.hp <= 0 then
            -- Wir stellen sicher, dass die HP nicht unter null sind.
            enemy.hp = 0
            statusBar.addSoundMessage(
                enemy.name .. " ist tot.",
                deathSound
            )
        end

        statusBar.addMessage("")
```

```
            end
        end
    }
end

local function createDemon(level, x, y)
    -- Dämonen bekommen einen zufälligen Namen.
    local name = util.randomName()
    -- Als Symbol verwenden wir den ersten Buchstaben des Namens.
    local symbol = string.sub(name, 1, 1)
    -- Die HP werden in Abhängigkeit vom Level ausgewürfelt.
    local totalHp = math.random(level * 10, level * 15)
    -- Ein zufälliges Spritesheet wird ausgewählt.
    local spriteSheet = spriteSheetsEnemies[math.random(#spriteSheetsEnemies)]


    return createCharacter(name, level, totalHp, symbol, x, y, spriteSheet)
end

local function createMarvin (x, y)
    -- Marvin hat Level 1 und 100 HP. Auf dem Spielfeld erscheint er als "@".
    local marvin = createCharacter("Marvin", 1, 100, "@", x, y, spriteSheetMarvin)

    -- Im Gegensatz zu anderen Charakteren kann Marvin XP sammeln.
    marvin.xp = 0

    -- Wenn er einen Gegner besiegt, steigen seine XP und HP.
    marvin.increaseStats = function(self, defeatedEnemy)
        -- Die HP steigen um ein Drittel der gegnerischen Gesamt-HP.
        local newHp = math.floor(defeatedEnemy.totalHp / 3)
        self.hp = self.hp + newHp
        statusBar.addMessage("Marvin absorbiert " .. newHp .. "HP!")

        -- Die XP ergeben sich aus dem Level und den Gesamt-HP des Gegners.
        local newXp = defeatedEnemy.level * defeatedEnemy.totalHp
        self.xp = self.xp + newXp
        statusBar.addMessage("Marvin erhält " .. newXp .. "XP.")

        -- Marvin braucht das 50-Fache seines Levels an XP für das nächste Level.
        -- (Zum Beispiel 150 XP, um von Level 3 auf Level 4 zu kommen)
```

```
        while self.xp >= self.level * 50 do
            self.level = self.level + 1
            self.xp = self.xp - self.level * 50
            statusBar.addSoundMessage(
                "Marvin ist ein Level aufgestiegen!",
                levelUpSound
            )
        end

        statusBar.addMessage("")
    end

    return marvin
end

return {
    load = load,
    createMarvin = createMarvin,
    createDemon = createDemon
}
```

gameArea.lua

```
local characterFactory = require("characterFactory")
local statusBar = require("statusBar")

local mapData = {
    {  1,  2,  3,  9,  2,  2,  2,  3,  1,  2,  2,  2,  2,  2,  3},
    {  1, 35,  2, 20, 33, 34, 35, 18, 18, 33, 34, 34, 34, 35,  3},
    {  1, 59, 34, 34, 60, 42, 59, 34, 34, 60, 42, 57,  4, 43,  3},
    {  1, 38, 38, 39, 42, 42, 42, 37, 39, 42, 42, 43, 12, 43,  3},
    {  1,  4, 18, 18, 18, 18, 18, 18, 18, 18, 18, 18, 12, 43,  3},
    {  1, 12, 33, 34, 34, 34, 53, 54, 55, 34, 34, 35, 12, 43,  3},
    {  1, 20, 41,  4, 58, 42, 42, 42, 42, 42, 42, 43, 20, 43,  3},
    {  9, 52, 60, 12, 41, 42, 37, 38, 39, 42, 42, 59, 34, 43,  3},
    { 17, 18, 18, 18, 18, 18, 18, 18, 18, 18, 18, 18, 18, 18, 19},
}
```

```
local function getMapHeight()
    return #mapData
end

local function getMapWidth()
    return #mapData[1]
end

local function getTile(x, y)
    return mapData[y][x]
end

local function isFloorTile(x, y)
    local floorTiles = { 33, 34, 35, 41, 42, 43, 49, 50, 51, 57, 58, 59, 60 }
    local tile = getTile(x, y)

    for i = 1, #floorTiles do
        if floorTiles[i] == tile then
            return true
        end
    end

    return false
end

local tileset
local tileQuads = {}
local oldManSpriteSheet, oldManQuad

local marvin, enemies

local function load()
    characterFactory.load()
    tileset = love.graphics.newImage("assets/graphics/tileset_dungeon.png")

    for i = 0, 7 do
        for j = 0, 7 do
            local quad =  love.graphics.newQuad(j * 32, i * 32, 32, 32, tileset)
            table.insert(tileQuads, quad)
        end
    end
```

```
    oldManSpriteSheet = love.graphics.newImage("assets/graphics/Male 12-1.png")
    oldManQuad = love.graphics.newQuad(32, 0, 32, 32, oldManSpriteSheet)

    marvin = characterFactory.createMarvin(2, 2)
    statusBar.setMarvin(marvin)

    enemies = {
        -- Im ersten Raum verteilen wir Dämonen mit Level 1.
        characterFactory.createDemon(1, 5, 2),
        characterFactory.createDemon(1, 7, 2),
        characterFactory.createDemon(1, 6, 3),
        characterFactory.createDemon(1, 5, 4),
        characterFactory.createDemon(1, 7, 4),

        -- Im nächsten Raum Dämonen mit Level 3.
        characterFactory.createDemon(3, 10, 2),
        characterFactory.createDemon(3, 12, 2),
        characterFactory.createDemon(3, 11, 3),
        characterFactory.createDemon(3, 10, 4),
        characterFactory.createDemon(3, 12, 4),

        -- Danach kommen Level-5-Dämonen.
        characterFactory.createDemon(5, 10, 6),
        characterFactory.createDemon(5, 11, 8),
        characterFactory.createDemon(5, 12, 6),

        -- Und zum Schluss zwei Level-12-Dämonen!
        characterFactory.createDemon(12, 6, 6),
        characterFactory.createDemon(12, 5, 8)
    }
end

local function findLivingCharacter(x, y)
    if marvin.x == x and marvin.y == y and not marvin:isDead() then
        return marvin
    end

    for i = 1, #enemies do
        if enemies[i].x == x and enemies[i].y == y
           and not enemies[i]:isDead()
```

```
        then
            return enemies[i]
        end
    end

    return nil
end

local function findDeadCharacter(x, y)
    if marvin.x == x and marvin.y == y and marvin:isDead() then
        return marvin
    end

    for i = 1, #enemies do
        if enemies[i].x == x and enemies[i].y == y and enemies[i]:isDead() then
            return enemies[i]
        end
    end

    return nil
end


local function moveMarvin(direction)
    -- Berechne die Koordinaten des Zielfelds.
    local newX = marvin.x
    local newY = marvin.y

    if direction == "up" then
        newY = newY - 1
        marvin.faceDirection = 4
    elseif direction == "left" then
        newX = newX - 1
        marvin.faceDirection = 2
    elseif direction == "down" then
        newY = newY + 1
        marvin.faceDirection = 1
    elseif direction == "right" then
        newX = newX + 1
        marvin.faceDirection = 3
```

```
    else
        return  -- fehlerhaftes Argument
    end

    -- Prüfe, ob sich ein Gegner auf dem Zielfeld befindet.
    local enemy = findLivingCharacter(newX, newY)

    if enemy ~= nil then
        statusBar.setEnemy(enemy)
        marvin:attack(enemy)

        -- Wenn der Gegner jetzt tot ist, bekommt Marvin XP und HP.
        if enemy:isDead() then
            marvin:increaseStats(enemy)
        end
    -- Ansonsten bewege Marvin auf das Zielfeld, wenn es begehbar ist.
    elseif isFloorTile(newX, newY) then
        marvin.x = newX
        marvin.y = newY
    end
end

local function moveEnemy(enemy, direction)
    -- Berechne die Koordinaten des Zielfelds.
    local newX = enemy.x
    local newY = enemy.y

    if direction == "up" then
        newY = newY - 1
        enemy.faceDirection = 4
    elseif direction == "left" then
        newX = newX - 1
        enemy.faceDirection = 2
    elseif direction == "down" then
        newY = newY + 1
        enemy.faceDirection = 1
    elseif direction == "right" then
        newX = newX + 1
        enemy.faceDirection = 3
    else
```

```
        return  -- fehlerhaftes Argument
    end

    -- Wenn Marvin auf dem Zielfeld ist, dann wird Marvin angegriffen.
    if newX == marvin.x and newY == marvin.y then
        statusBar.setEnemy(enemy)
        enemy:attack(marvin)
    -- Wenn das Zielfeld leer ist, bewege den Gegner dorthin.
    elseif isFloorTile(newX, newY)
       and findLivingCharacter(newX, newY) == nil
    then
        enemy.x = newX
        enemy.y = newY
    end
end

local function moveEnemies()
    -- Bewege alle lebenden Gegner in eine zufällige Richtung.
    for i = 1, #enemies do
        if not enemies[i]:isDead() then
            local dir = math.random(4)

            if dir == 1 then
                moveEnemy(enemies[i], "up")
            elseif dir == 2 then
                moveEnemy(enemies[i], "left")
            elseif dir == 3 then
                moveEnemy(enemies[i], "down")
            elseif dir == 4 then
                moveEnemy(enemies[i], "right")
            end
        end
    end
end

local function update(dt)
    marvin:update(dt)

    for i = 1, #enemies do
        enemies[i]:update(dt)
```

```
    end
end

local function computeCoordinates(x, y)
    local pixelX = (x - 1) * 32 + 80
    local pixelY = (y - 1) * 32

    return pixelX, pixelY
end

local function draw()
    for y = 1, getMapHeight() do
        for x = 1, getMapWidth() do
            local tile = getTile(x, y)
            local pixelX, pixelY = computeCoordinates(x, y)

            love.graphics.draw(tileset, tileQuads[tile], pixelX, pixelY)

            -- Wenn sich (mindestens) ein toter Charakter auf dem Feld befindet,
            -- rufen wir die draw()-Methode auf, damit die Gebeine gemalt werden.
            local deadChar = findDeadCharacter(x, y)
            if deadChar ~= nil then
                deadChar:draw(pixelX, pixelY)
            end

            -- Wenn sich ein lebender Charakter auf dem Feld befindet, wird er
            -- gemalt.
            local char = findLivingCharacter(x, y)
            if char ~= nil then
                char:draw(pixelX, pixelY)
            end
        end
    end

    local pixelX, pixelY = computeCoordinates(2, 8)
    love.graphics.draw(oldManSpriteSheet, oldManQuad, pixelX, pixelY)
end

local function isGameLost()
    return marvin:isDead()
```

```
end

local function isGameWon()
    -- Das Spiel ist gewonnen, wenn Marvin vor dem Alten steht.
    return marvin.x == 3 and marvin.y == 8
end


return {
    load = load,
    moveMarvin = moveMarvin,
    moveEnemies = moveEnemies,
    update = update,
    draw = draw,
    isGameWon = isGameWon,
    isGameLost = isGameLost
}
```

statusBar.lua

```
local messages = {}
local soundMessageQueue = {}

local function load()
    local font = love.graphics.newFont("assets/fonts/PressStart2P-Regular.ttf", 8)
    love.graphics.setFont(font)
end

local function enqueue(soundMessage)
    table.insert(soundMessageQueue, soundMessage)
end

local function dequeue()
    return table.remove(soundMessageQueue, 1)
end


local function addSoundMessage(str, sound)
    local soundMessage = {
```

```
        message = str,
        sound = sound
    }
    enqueue(soundMessage)
end

local function addMessage(str)
    addSoundMessage(str, nil)
end

local function clear()
    messages = {}
    soundMessageQueue = {}
end

local function isSoundMessageQueueEmpty()
    return #soundMessageQueue == 0
end

-- Der Sound, der aktuell abgespielt wird.
local currentSound = nil

local function update()
    -- Prüfen, ob der aktuelle Sound noch abgespielt wird.
    if currentSound ~= nil then
        if not currentSound:isPlaying() then
            currentSound = nil
        end
    end

    -- Wenn gerade kein Sound abgespielt wird, die Queue aber noch nicht leer
    -- ist, dann wird die nächste Soundnachricht abgespielt.
    if currentSound == nil and not isSoundMessageQueueEmpty() then
        local soundMessage = dequeue()

        table.insert(messages, soundMessage.message)

        -- Wenn ein Sound zu der Nachricht gehört, soll er abgespielt werden.
        if soundMessage.sound ~= nil then
            currentSound = soundMessage.sound
```

```
            currentSound:play()
        end
    end
end

local marvin = nil
local enemy = nil

local function setMarvin(char)
    marvin = char
end

local function setEnemy(char)
    enemy = char
end

local function drawTextbox(x, y, width, height)
    -- Wir lassen 5 Pixel Rand zu allen Seiten, damit sich die Rechtecke nicht
    -- berühren.
    love.graphics.rectangle("line", x + 5, y + 5, width - 10, height - 10, 20)

    local font = love.graphics.getFont()
    -- Wir lassen drei zusätzliche Pixel Abstand zwischen den Zeilen.
    local textHeight = font:getHeight() + 3

    for i = 1, #messages do
        local textWidth  = font:getWidth(messages[i])
        love.graphics.print(
            messages[i],
            x + (width - textWidth) / 2,    -- Der Text soll mittig erscheinen.
            y + 10 + i * textHeight         -- 10 Pixel Abstand vom oberen Rand.
        )
    end
end

local function drawCharacterInfo(x, y, width, height, char)
    love.graphics.rectangle("line", x + 5, y + 5, width - 10, height - 10, 20)

    if char then
        -- Der Charakter soll mittig gemalt werden mit 40 Pixeln Abstand zum
```

```
        -- oberen Rand.
        char:draw(x + (width - 32) / 2, y + 40)

        local texts = {
            char.name,
            '',
            'Level ' .. char.level,
            'HP ' .. char.hp,
        }

        local font = love.graphics.getFont()
        local textHeight = font:getHeight() + 3

        for i = 1, #texts do
            local textWidth  = font:getWidth(texts[i])
            love.graphics.print(
                texts[i],
                x + (width - textWidth) / 2,
                y + 90 + i * textHeight     -- 90 Pixel Abstand vom oberen Rand
            )
        end
    end
end


local function draw()
    drawCharacterInfo(0, 288, 100, 192, marvin)
    drawTextbox(100, 288, 440, 192)
    drawCharacterInfo(540, 288, 100, 192, enemy)
end

local function gameStartMessage()
    clear()
    addMessage("Marvin betritt die Höhle.")
    addMessage("")
    addMessage("Das Raunen von Dämonen dringt an seine Ohren.")
    addMessage("")
    addMessage("Aus der Ferne hört er die Hilferufe des Alten...")
end
```

```
local function gameWonMessage()
    clear()
    addMessage("Herzlichen Glückwunsch!")
    addMessage("Du hast es geschafft.")
    addMessage("")
    addMessage("Die Dämonen sind besiegt.")
    addMessage("")
    addMessage("Zusammen verlasst ihr die Höhle.")
    addMessage("")
    addMessage("")
    addMessage("")
    addMessage("Drücke ESC zum Beenden")
end

local function gameLostMessage()
    clear()
    addMessage("Marvin fällt erschöpft zu Boden...")
    addMessage("")
    addMessage("Seine Reise endet hier.")
    addMessage("")
    addMessage(" # ")
    addMessage("###")
    addMessage(" # ")
    addMessage(" # ")
    addMessage("")
    addMessage("")
    addMessage("")
    addMessage("Drücke ESC zum Beenden")
end

return {
    load = load,
    addSoundMessage = addSoundMessage,
    addMessage = addMessage,
    clear = clear,
    isSoundMessageQueueEmpty = isSoundMessageQueueEmpty,
    setMarvin = setMarvin,
    setEnemy = setEnemy,
    update = update,
    draw = draw,
```

```
    gameStartMessage = gameStartMessage,
    gameWonMessage = gameWonMessage,
    gameLostMessage = gameLostMessage
}
```

main.lua

```
local gameArea = require("gameArea")
local statusBar  = require("statusBar")

-- Mögliche States: "GAME_RUNNING" oder "GAME_OVER"
local state
local music, gameLostSound, gameWonSound

function love.load()
    love.window.setMode(640, 480, { fullscreen = true, fullscreentype = "exclusive" })
    math.randomseed(os.time())

    -- Lade das Spielfeld und die Statusanzeige ...
    gameArea.load()
    statusBar.load()
    -- ... und gib die Anfangsnachricht aus.
    statusBar.gameStartMessage()

    music = love.audio.newSource("assets/sounds/ Let Me See Ya Bounce.mp3", "stream")
    music:setLooping(true)
    music:play()

    gameLostSound = love.audio.newSource("assets/sounds/ Game Over Music 3.mp3", "static")
    gameWonSound = love.audio.newSource("assets/sounds/ Jackpot Melody 3.mp3", "static")

    -- Anfangszustand setzen.
    state = "GAME_RUNNING"
end

function love.update(dt)
    gameArea.update(dt)
    statusBar.update()
end
```

```
function love.draw()
    gameArea.draw()
    statusBar.draw()
end

function love.keypressed(key)
    -- Die Escape-Taste beendet das Spiel (unabhängig vom State).
    if key == "escape" then
        love.event.quit()
    end

    if state == "GAME_RUNNING" then
        if not statusBar.isSoundMessageQueueEmpty() then
            -- Wenn noch Nachrichten in der Queue sind, soll nichts passieren.
            return
        end

        -- Alte Nachrichten löschen.
        statusBar.clear()

        -- Bewege Marvin.
        if key == "up" then
            gameArea.moveMarvin("up")
        elseif key == "left" then
            gameArea.moveMarvin("left")
        elseif key == "down" then
            gameArea.moveMarvin("down")
        elseif key == "right" then
            gameArea.moveMarvin("right")
        end

        -- Bewege alle gegnerischen Charaktere.
        gameArea.moveEnemies()

        -- Wenn das Spiel vorbei ist, Nachricht ausgeben und State ändern.
        if gameArea.isGameLost() then
            music:stop()
            statusBar.gameLostMessage()
            gameLostSound:play()
```

```
            state = "GAME_OVER"
        elseif gameArea.isGameWon() then
            music:stop()
            statusBar.gameWonMessage()
            gameWonSound:play()
            state = "GAME_OVER"
        end
    elseif state == "GAME_OVER" then
        -- Tue nichts!
    end
end
```

Anhang C

Die Lua-Standardbibliothek

Die wichtigsten Funktionen der Lua-Standardbibliothek zum Nachschlagen.

Hier findest du Erklärungen zu einigen der Funktionen aus der Lua-Standardbibliothek, die für dein Game nützlich sein könnten. Eine vollständige Liste aller Funktionen der Standardbibliothek findest du für Lua 5.4 unter *www.lua.org/manual/5.4/manual.html#6*.

Eine kleine Warnung: Manche der dort beschriebenen Funktionen gehen über das hinaus, was in diesem Buch behandelt wurde. Du wirst diese Funktionen aber in der Regel nicht brauchen, um eigene Games zu schreiben.

Viele dieser Funktionen sind eher relevant für diejenigen, die beispielsweise eigene Frameworks entwickeln wollen. Falls du dennoch mehr darüber wissen möchtest, empfehle ich das Buch *Programming in Lua* von R. Ierusalimschy, dem Erfinder von Lua. Dort werden alle Aspekte der Sprache detailliert besprochen. Eine ältere Version dieses Buchs findest du auch online unter *www.lua.org/pil/contents.html*.

Grundfunktionen

Diese Funktionen gehören zu keinem Modul und sind trotzdem in jedem Lua-Programm verfügbar.

Funktion	Beschreibung

`assert (v, message)`	Prüft, ob `v` erfüllt ist. Wenn nicht, wirft die Funktion eine Fehlermeldung (`message`) und bricht dein Programm ab.
	Beispiel:
	`assert(`
	`    tonumber(input) ~= nil,`
	`    "Fehler: Die Eingabe muss eine Zahl sein!"`
	`)`

`error(message)`	Wirft eine Fehlermeldung und bricht dein Programm ab.

Funktion	Beschreibung
`dofile (filename)`	Öffnet eine Lua-Datei und führt den darin enthaltenen Code aus.
`tonumber(v)`	Versucht, das übergebene Argument in eine Zahl zu verwandeln. Wenn das nicht klappt, gibt die Funktion **`nil`** zurück.
`tostring(v)`	Versucht, das übergebene Argument in einen String zu verwandeln.

`type(v)`	Gibt den Typ des Arguments als String zurück. Mögliche Typen sind:
	`"number"`
	`"string"`
	`"nil"`
	`"boolean"`
	`"table"`
	`"function"`

`require(modname)`	Lädt ein Modul aus einer Datei und gibt es zurück. Dazu sucht Lua im aktuellen Ordner nach einer Datei mit Namen *modname.lua*. Wenn dein Modul in einem Unterordner gespeichert ist, wie *meine_module\modul.lua*, musst du Unterordner und Modulnamen durch Punkte trennen, also zum Beispiel `require("meine_module.modul")`.

Das string-Modul

Wie der Name schon vermuten lässt, enthält das Modul einige nützliche Funktionen zum Umgang mit Strings.

Ein paar dieser Funktionen können aber etwas unerwartete Ergebnisse liefern, wenn deine Strings Zeichen enthalten, die nicht zum ASCII-Standard gehören, also z. B. Umlaute, weil diese Zeichen zum Teil durch mehrere Bytes codiert werden. Das `utf8`-Modul aus dem nächsten Abschnitt kann hier Abhilfe schaffen.

Funktion	Beschreibung
`string.byte(c)`	Gibt den Zahlenwert eines Buchstabens zurück, z. B. gibt `string.byte("A")` die Zahl 65 zurück.

Funktion	Beschreibung
`string.char(b)`	Gibt den Buchstaben zu einem Zahlenwert zurück. Beispielsweise gibt `string.char(65)` den String `"A"` zurück.
`string.find(str1, str2)`	Prüft, ob `str2` in `str1` auftaucht. Wenn ja, wird der Index zurückgegeben, an dem `str2` gefunden wurde. Wenn nein, wird **`nil`** zurückgegeben.
`string.len(str)`	Gibt zurück, aus wie vielen Bytes der übergebene String besteht.
`string.lower(str)`	Verwandelt alle Buchstaben im übergebenen String in Kleinbuchstaben und gibt das Ergebnis zurück.
`string.upper(str)`	Verwandelt alle Buchstaben im übergebenen String in Großbuchstaben und gibt das Ergebnis zurück.
`string.rep(str, n)`	Hängt `n` Kopien des Strings `str` aneinander und gibt das Ergebnis zurück.
`string.reverse(str)`	Kehrt den String `str` um und gibt das Ergebnis zurück.
`string.sub(str, i, j)`	Gibt den Unterstring von `str` zurück vom `i`-ten bis zum `j`-ten Byte oder, wenn das `j`-Argument weggelassen wird, bis zum Ende des Strings.

Das utf8-Modul

Im ASCII-Standard lässt sich jeder Buchstabe durch ein einziges Byte darstellen. Allerdings kommt der ASCII-Standard aus einer Zeit, in der noch nicht klar war, welche Rolle Computer international spielen werden. Heutzutage reichen die Zeichen des ASCII-Standards für moderne und mehrsprachige Anwendungen längst nicht mehr aus. Deswegen wurden neue Standards entwickelt. Der am meisten verbreitete ist der UTF-8-Standard. Er ist eine Erweiterung des ASCII-Standards und kann 1.112.064 verschiedene Zeichen codieren.

Allerdings braucht ein UTF-8-codierter String für manche Buchstaben mehr als ein Byte. Beispielsweise wird der Buchstabe »ä« durch die zwei Bytes 195 und 164 dargestellt. Dadurch arbeiten einige der Funktionen aus dem `string`-Modul nicht richtig, weil hier davon ausgegangen wird, dass jeder Buchstabe nur aus einem Byte besteht. Aus diesem Grund wurde das `utf8`-Modul zu Lua hinzugefügt, das ein paar Funktionen zum Umgang mit UTF-8-codiertem Text zur Verfügung stellt.

Funktion	Beschreibung
`utf8.len(str)`	Gibt die Anzahl der Buchstaben in dem übergebenen String zurück.
`utf8.offset(str, n)`	Gibt zurück, bei welchem Byte der `n`-te Buchstabe des übergebenen Strings anfängt. Kann zum Beispiel nützlich sein, um den richtigen Index zu finden, an dem ein Unterstring anfängt, um diesen dann mit `string.sub()` zu extrahieren.

Das table-Modul

Das `table`-Modul ist etwas irreführend benannt, weil die darin enthaltenen Funktionen nicht auf allgemeinen Tables, sondern nur auf Arrays, also Tables mit den Schlüsseln 1, 2, 3 ... funktionieren. Die darin enthaltenen Funktionen sind aber sehr nützlich.

Funktion	Beschreibung
`table.concat(arr, sep)`	Bekommt ein Array und hängt alle Einträge des Arrays zu einem langen String zusammen. Optional kann ein Trennzeichen `sep` angegeben werden. Beispiel: `table.concat({"a", "b", "c"}, "/")` gibt den String `"a/b/c"` zurück.
`table.insert(arr, value)` `table.insert(arr, pos, value)`	Fügt den Wert `value` am Ende des Arrays ein. Optional kann ein Argument `pos` übergeben werden, um eine Stelle anzugeben, an der der Wert eingefügt werden soll.
`table.remove(arr)` `table.remove(arr, pos)`	Entfernt den letzten Eintrag eines Arrays. Optional kann ein Argument `pos` angegeben werden. Dann wird der Eintrag an der Stelle `pos` entfernt. Der entfernte Wert wird zurückgegeben.
`table.sort(arr)`	Sortiert das übergebene Array.

Das math-Modul

Enthält mathematische Funktionen und Konstanten.

Funktion	Beschreibung

`math.abs(x)`	Gibt den absoluten Wert von `x` zurück.
	Beispiel:
	`print(math.abs(-5))    --> 5`
	`print(math.abs(5))    --> 5`

`math.ceil(x)`	Gibt den aufgerundeten Wert zurück.
`math.floor(x)`	Gibt den abgerundeten Wert zurück.
`math.cos(x)`	Gibt den Kosinus von `x` zurück.
`math.sin(x)`	Gibt den Sinus von `x` zurück.
`math.tan(x)`	Gibt den Tangens von `x` zurück.
`math.max(a, b, ...)`	Erhält eine Liste von Zahlen als Argument und gibt die größte davon zurück.
`math.min(a, b, ...)`	Erhält eine Liste von Zahlen als Argument und gibt die kleinste davon zurück.
`math.maxinteger`	Konstante, die die größtmögliche Ganzzahl enthält.
`math.mininteger`	Konstante, die die kleinstmögliche Ganzzahl enthält.
`math.pi`	Konstante, die einen Annäherungswert für die Kreiskonstante Pi enthält.
`math.randomseed(x)`	Setzt eine Saat für Zufallszahlen. In Lua-Versionen, die älter sind als Lua 5.4, empfiehlt es sich, diese Funktion mit `os.time()` als Argument aufzurufen, um bei jedem Programmstart neue Zufallszahlen zu erhalten. Ab Lua 5.4 ist das nicht mehr notwendig.
`math.random(n)` `math.random(n, m)`	Gibt eine zufällige Zahl zwischen (einschließlich) 1 und `n` zurück. Optional kann ein zweites Argument angegeben werden. Dann wird eine Zahl zurückgegeben, die zwischen `n` und `m` liegt.

Das io-Modul

Das `io`-Modul enthält Funktionen für die Ein- und Ausgabe von Text.

Funktion	Beschreibung
`io.read()`	Wartet auf eine Eingabe im Terminal und gibt den eingegebenen String zurück.
`io.write(str)`	Gibt den String im Terminal aus.

Das os-Modul

Enthält Funktionen, die Zugriff auf das Betriebssystem ermöglichen.

Funktion	Beschreibung
`os.clock()`	Gibt die Anzahl Sekunden an, die seit dem Start des Programms vergangen sind.
`os.execute(cmd)`	Führt den Befehl `cmd` im Terminal des Betriebssystems aus.
`os.exit()`	Beendet das laufende Programm.
`os.time()`	Gibt die aktuelle Zeit in Sekunden zurück.
`os.remove(filename)`	Löscht die angegebene Datei.

Index

A

Abbrechen eines Programms 99
and-Operator 87
Animation 245
Anweisung 40
Arrays 127
Arrays vergleichen 132
in Arrays suchen 131
mehrdimensionale Arrays 134
ASCII 50
Assets 217
Auflösung 228

B

Bit 21
Blöcke → Codeblöcke
Booleans 85
break 99
Bugs 59
Byte 21

C

Callbacks 209, 211–212
Cave of Doom 181
cd 33
Codeblöcke 77
Codeeditor 25, 29
Compiler 22

D

Datentypen 45
Debugging 59
Deklaration → Variablendeklaration
dir 31

E

Eingabe 55
Eingabeaufforderung 31
else 75
Endlosschleifen 99
Entwicklungsumgebung 25
Escape-Sequenzen 56
Event-Callbacks 213
Exportieren von Modulen 175

F

Fabrik-Funktionen 157
Factory 157
Fehlermeldungen 59
Floats → Kommazahlen
font:getHeight() 257
font:getWidth(text) 257
Fonts 254
for-Schleife 100, 130
generische for-Schleife 150
Frame 212
Framework 205
Funktionen 63, 111
Funktionsdefinition 112

G

Game Loop → Hauptschleife
Ganze Zahlen 45
Geany 29
Generische for-Schleife 150
Gleichheitszeichen 74
Globale Variablen 79

H

Hauptdatei 179
Hauptschleife 212
Hintergrundmusik → Musik

I

if-Anweisung ... 73
Importieren von Modulen ... 176
Index (Arrays) ... 127
Index (String) ... 65
Integers → Ganze Zahlen
Interactive Fiction ... 81
io-Modul ... 312
io.read() ... 55
io.write() ... 56

K

Kacheln → Tiles
Key ... 146
Key-Value-Pair ... 147
Klassen ... 157
Klassendiagramm ... 158
Kommandozeile ... 31
Kommazahlen ... 46
Kommentare ... 40
mehrzeilige ... 41
Konkatenation ... 49
Konkatenationsoperator ... 49
Konstante ... 120
Koordinaten ... 135, 210

L

Längenoperator ... 49, 128
Linux ... 33
local ... 41, 43
Logische Operatoren ... 88
Lokale Variablen ... 78
Looping (von Sounddateien) ... 265
Löve ... 205
love ... 221
love.audio ... 261
love.audio.newSource() ... 261
love.draw() ... 209
love.event
love.event.quit() ... 222
love.graphics
love.graphics.draw() ... 232, 234
love.graphics.getFont() ... 257
love.graphics.newFont() ... 255
love.graphics.newImage() ... 232
love.graphics.newQuad() ... 233
love.graphics.print() ... 209
love.graphics.rectangle() ... 251, 254
love.graphics.setFont() ... 255
love.keypressed() ... 211, 220
love.load() ... 213, 218
love.quit() ... 213
love.update() ... 213
love.window
love.window.setMode() ... 228, 259
lovec ... 221
ls ... 33
Lua ... 15
Lua-Interpreter ... 24–25
LuaJIT ... 219
Lua-Just-In-Time-Compiler → LuaJIT
Lua-Standardbibliothek ... 63, 173
Luau ... 16, 283

M

macOS ... 33
math-Modul ... 311
math.random() ... 67
math.randomseed() ... 67
Mehrdimensionale Arrays ... 134
Mehrfachdeklaration ... 44
Mehrfachzuweisung ... 44
Methoden ... 153
Minecraft ... 16, 280
mkdir ... 33
Modding ... 279
Module ... 173
Musik ... 261, 265

N

Negative Zahlen ... 45
nil ... 51
Notepad++ ... 29
not-Operator ... 88

O

Objekt ... 151
Objektorientierte Programmierung ... 151
OOP → Objektorientierte Programmierung
Ordner erstellen ... 33
Ordner wechseln ... 33
or-Operator ... 88
os-Modul ... 312
os.execute() ... 69
os.exit() ... 69
os.time() ... 68

P

Programmiersprachen ... 21
Assembler ... 22
Binärcode ... 21
C ... 23
High Level ... 16
interpretierte Sprachen ... 23
kompilierte Sprachen ... 23
Low Level ... 16, 23
Projektordner ... 217
Prompt ... 32
Prozedurale Programmierung ... 151
Prozeduren ... 114
Prozessor ... 21

Q

Quads ... 232
Queues ... 267

R

Rechtecke ... 250
repeat-Schleife ... 98
require() ... 176
return ... 175
Roblox ... 16, 281
Roblox Studio ... 281
Roguelikes ... 180
Rückgabewert ... 113
Rundungsfehler ... 47

S

Saat → Seed
Schleifen ... 97
Schlüssel ... 146
Schlüssel-Wert-Paar ... 147
Seed ... 67
self ... 154
Shadowing ... 78
Sokoban ... 139
Soundeffekte ... 261
source:isPlaying() ... 271
source:play() ... 263
source:setLooping() ... 265
source:stop() ... 266
Sprites ... 239
Spritesheet ... 239
Standardbibliothek → Lua-Standardbibliothek
Statement → Anweisung
States ... 223
string-Modul ... 308
string.find() ... 66
string.lower() ... 65
string.rep() ... 63
string.sub() ... 65
string.upper() ... 65
Strings ... 48
Syntax-Highlighting ... 29

T

table-Modul ... 310
table.insert() ... 128
table.remove() ... 129
Tables ... 145
Tables erweitern ... 147
Tabulator ... 57
Tastatur-Input ... 217, 219
Terminal ... 31
Text-Adventure ... 81
Tiles ... 136, 227, 230
Tileset ... 230
Typen → Datentypen

U

Unterprogramme 114
UTF-8 50
utf8-Modul 309
  utf8.len() 66

V

Value 146
Variablen 41
Variablendeklaration 41–42
Variablennamen 43
Variablen vertauschen 44
Vererbung 160
Vergleichsoperatoren 86
Visual Studio Code 29
Vollbildmodus 259

W

Wert 146
while-Schleife 98
Whitespace 40
Wissenschaftliche Notation 46

Z

Zahlen 45
Zählvariable 101
Zeilenumbruch 56
Zufallszahlen 67

Unity
Für 2D- und 3D-Spiele
Max Schlosser
Spieleentwicklung mit Unity
Das umfassende Handbuch
Spieleentwicklung
▸ Grundlagen, Tutorials, Best Practices
▸ Physik, User Interfaces, Animationen, Components, Audio
▸ Viele Beispielprojekte, C#-Kurs und Übungen mit Lösungen
Alle Beispielprojekte zum Download
Rheinwerk
Computing

Stephan Elter
Komplett in Farbe
Inkl. Downloads
Mit Syntax-Highlighting!
Schrödinger programmiert Python
Das etwas andere Fachbuch
Von „Hallo Welt" bis KI und Data Science
Mit umwerfenden Beispielen, fantastisch illustriert
ZWEITE AUFLAGE
10519